"¿MISTERIO O REVELACIÓN?...

Dr. Pablo S. Sánchez

Primera Edición 2023

Edición y corrección de estilo: Cesar Jordán.

Diseño de portada: Dr. Benjamín Sánchez

ISBN: 9798864473146

DEDICATORIA

Por algunos años he venido pidiendo la ayuda y la dirección del Rey de reyes y Señor de señores para hacer este trabajo; hoy que gracias a Él lo he dado por terminado, se lo dedico con toda la gratitud que mi ser entero pueda abrigar, esperando que me lo acepte y tenga a bien usarlo para bendición de quienes lo necesiten y gusten leerlo.

Con mucho cariño se lo dedico también a la compañera de mi vida, mi esposa Elizabeth, pues por 65 años hemos viajado juntos por esta tierra y continuaremos nuestra peregrinación hasta llegar a la gloria que se nos ha prometido.

A mis hijos, Josué, Benjamín, Roberto y Minerva (a quien toda la vida llamamos Lily), sin excluir a ninguno de mis nietos, a ninguno de mis bisnietos, ni a mis tataranietos y generaciones por venir. Este es mi legado, a todos se los estoy dedicando con la esperanza de que les pueda servir de algo, y que a la vez puedan imaginarse todo el esfuerzo sostenido por cinco años de trabajo extra.

AGRADECIMIENTOS

Desde hace muchos años he entendido que en este mundo nadie es independiente, que todos nos necesitamos y que, en muchas cosas y en muchos casos, nos complementamos unos con otros. Somos eminentemente gregarios, no podemos vivir los unos sin los otros, esa verdad me hace pensar que en lugar de revolver el agua para los demás, debemos colaborar para purificarla para todos. Entonces, mi primera y más profunda gratitud, es a mi Dios, mi Padre Celestial, al Señor Jesucristo y al Espíritu Santo, por concederme plasmar en papel, esto que en mí ha producido lo que bien puedo llamar la más gloriosa esperanza y una plena seguridad en mi diario vivir.

El Señor Jesucristo me concedió escuchar su mensaje de vida eterna en mis primeros diecisiete años de edad, cuando me encontraba fuera de un pequeño templo con media cara hacia dentro, mientras el pastor José Rodríguez Méndez, predicaba un sermón titulado "Una serie de cosas venideras". Desde entonces, son tantos los casos y tantas las cosas en las que, incondicionalmente, he recibido la ayuda, protección, y las bendiciones del Todopoderoso, en todos los aspectos de mi vida. Lamento que no he podido vivir y hacer todo como a Él le hubiera agradado, pero soy testigo experimental de su gran misericordia, de su amor y compasión, y eso me impulsa a compartir este mensaje que, quizás para alguien, pudiera ser de gran bendición.

Agradezco a mis maestros de primaria, sin ellos yo no supiera leer ni escribir, sin el trabajo de los investigadores y de los escritores de los libros, yo no tuviera ni idea de lo que hoy trato de decir. Tampoco sé cómo podría vivir sin la aportación de cada uno de los que, de una o de otra manera, hacen posible la vida para cada uno de los demás.

Para mí, expresar agradecimiento representa una tarea titánica, ardua y a la vez riesgosa, ya que es interminable la lista de a quienes debo repartir mis sinceros y más profundos votos de gratitud. Por lo tanto, tratando de cubrir ese indeseable riesgo de omisión, multiplico y reparto las porciones de mis agradecimientos a todos los que involuntariamente ignoré, o que en este momento no me hayan resonado sus nombres en mi juméntica memoria.

A mi señora esposa expreso mi gratitud por la paciencia que ha mostrado mientras he estado pegado a los libros y a mi ordenador, escribiendo mis notas para este modesto trabajo. En una que otra ocasión me ha dicho, "¿ya vas otra vez?"; y también, "viejito, un día te me vas a aparecer sentado detrás de ese escritorio". Mucho le agradezco por el gusto con que me da sus opiniones y también por los ricos licuados con que a veces me apapacha aquí donde estoy trabajando.

No podría olvidar la deuda de gratitud que tengo con cada uno de mis maestros de teología, escatología, hermenéutica, historia, investigación documental y de campo. Ellos me motivaron al estudio, me abrieron puertas, me mostraron el camino y me estimularon para escribir. Incluyo aquí a quienes me han prestado y regalado libros, que por cierto me han sido de gran utilidad.

También va mi gratitud a todos los que han escrito tratados completos de teología, y a los que han escrito específicamente obras sobre apocalipsis, manuales y documentos de Escatología, tratados de Hermenéutica y de Historia. Lamento que ya no vivan, ni Eusebio de Cesárea, padre de la historia eclesiástica, ni Flavio Josefo, historiador judío, para quienes exhalo un aromático elogio póstumo, por lo mucho y bien que me han servido sus fiables documentos históricos.

No quiero reservarme el voto de gratitud para quienes no he sido santo de su devoción, para quienes mucho disfrutarían mirando cómo se retuerce un ser humano entre el humo y las llamas de leña verde, o sentado entre las rojas brazas de carbón mineral; a quienes, sin éxito, quisieron borrar del mapa de su vida un error que les apareció en las líneas de su itinerario. Sin embargo, ¡cómo me han ayudado! De todo eso he aprendido muchas y muy buenas cosas que no sabía. ¡Gracias! Dios los bendiga.

Pablo S. Sánchez.

PRÓLOGO PRIMERO

Siendo un joven de 17 años y, sin conocer a Cristo, se acercó un día a una iglesia donde escuchó la predicación de la palabra de Dios.

El tema fue: "Una serie de acontecimientos venideros"; le llamó mucho la atención y escuchó de principio a fin el sermón aquella noche. Le impactó profundamente, tanto que decidió entregarse a Dios de todo corazón para servirle el resto de su vida, (eso dice él en su testimonio), a partir de entonces principió a leer la Biblia y a investigar más acerca de esos acontecimientos venideros.

Ese joven de aquel entonces es el autor del libro que usted tiene ahora en sus manos. Dedicó 65 años de su vida a estudiar la palabra de Dios: Teología y Escatología, enfocándose en la interpretación del libro de apocalipsis.

Fue un investigador nato, amante del estudio en general. Egresó de la Universidad Autónoma de Tamaulipas, México, con el título de Licenciado en Ciencias de la Educación y en la Normal Superior se tituló en Pedagogía, Psicología y Orientación Vocacional. Asistió a la Universidad Panamericana para aprender Idiomas. Eclesiásticamente obtuvo una Maestría en Consejería Bíblica Familiar en la Universidad Bautista de las Américas y un Doctorado en Teología en la Universidad de Hawái. Siendo fundador y director de

EICU (Eagles International Christian University) a través de la TACI (Transworld Accrediting Comission International) en CA, U.S.A.

El joven en cuestión, ahora Doctor Pablo S. Sánchez, mi esposo, invirtió toda su vida en el estudio y en la obra del Señor, pastoreando iglesias en México y Estados Unidos. Estableció y dirigió Institutos Bíblicos en Ciudad Reynosa, Tamaulipas y en Edinburg, Texas. Era visionario, pionero, iniciador y motivador dedicado a la investigación no solo en su lenguaje natal, sino también en Inglés, Griego, Hebreo y Latín.

Escribió libros bajo los títulos siguientes:

Todos podemos lograrlo, su testimonio que se colocó en Amazon y en Barnes and Noble.

Dos en uno, teológico.

Reflexiones, Libro de Profecía colocado en Amazon y Banes and Noble. Eso sin mencionar todos los materiales didácticos para las clases de educación cristiana de las iglesias locales y materias para los institutos bíblicos.

¿Misterio o revelación?..., este fue su último proyecto al cual le dedicó más de cinco años de su vida. Se pasó noches enteras en sus investigaciones. Yo me levantaba a media noche o en la madrugada porque no llegaba a la cama, pero todavía estaba en la oficina escribiendo en su laptop rodeado de libros. En fin, así fue su vida y lo honro por haberme permitido caminar con él 65 años.

Mis hijos Josué, Benjamín, Roberto, Lily y yo pasamos privaciones de cosas que necesitábamos al inicio porque la mayor parte del poco dinero que recibíamos se invertía en libros. Ellos todos están involucrados en el servicio al Señor. Por esa razón lo comprendíamos, porque amamos la obra de Dios y eso enseñábamos a nuestros hijos. Sabíamos que este proyecto era muy importante para él; quería darle al mundo cristiano libros y enseñanzas que explicaran acerca de la revelación que él había podido entender con la ayuda del Espíritu Santo acerca de los acontecimientos venideros.

Finalmente, Dios le concedió a la edad de 85 años terminar su obra maestra ya que buscaba intensamente el conocer y compartir sobre los acontecimientos presentes y los que están por venir. Los que lo conocimos sabemos que cumplió su tan famoso dicho que por años decía a los que le preguntaban, ¿cómo está?: "encantado de haber nacido en este mundo feo, pero estoy bien y a punto de estar mejor". Definitivamente hoy está mucho mejor.

Cumplió la promesa que le hizo a Dios aquella noche: servirle todos los días de su vida; y de eso yo soy testiga. Por la mañana del día seis de julio del 2020 escribió la dedicatoria de su libro y cerró su laptop. Se dispuso a descansar, porque ya se sentía cansado; por la media noche Dios lo llamó a su presencia. Sus últimas palabras toda esa tarde y hasta la media noche fueron: "Sí Señor, yo estoy listo" y cerrando sus ojos fue promovido para abrirlos en la presencia de su Señor.

Espero que este libro sea de mucha bendición para las personas que, como mi esposo, estén sedientos del conocimiento de los planes de Dios para el futuro.

Dra. Elizabeth Posada de Sánchez.

Esposa y Madre Fiel

Doctora en Teología y Licenciada en Derecho y Ciencias Sociales

PRÓLOGO SEGUNDO

El mensaje de Dios revelado a sus siervos es el fruto de una relación intima de amor, de confianza y fidelidad. El salmista inspirado por el Espíritu Santo declara: *"La comunión intima de Jehová es con los que le temen y a ellos hará conocer su pacto"* (SALMOS 25.14 RVR1960).

Si bien es cierto, el mensaje de este libro es el resultado de una vida dedicada a sondear el corazón de Dios e inquirir en sus caminos para ver el propósito eterno del plan de Dios para su pueblo. Luego de 68 años de escudriñar las Sagradas Escrituras e indagar acerca de un tema que lo cautivó desde el primer mensaje que escuchó del evangelio y lo llevó a la experiencia del nuevo nacimiento, se encierra en un título que provoca los corazones a considerar los eventos futuros, el tiempo del fin y la segunda venida de Cristo a esta tierra: "¿Misterio o Revelación?"

El autor plantea en esta pregunta la experiencia del lector después de analizar las páginas de este libro, si el mensaje acerca de los eventos futuros seguirá siendo un misterio o recibirá más entendimiento y revelación sobre los días que estamos viviendo y los que están por venir.

El sabio Salomón declaró en Proverbios 25:2 este concepto: *"Gloria de Dios es encubrir un asunto; pero honra del rey es escudriñar-lo."* Según nuestro llamamiento de ser *"reyes y sacerdotes para Dios"* (Apocalipsis 5:10), nuestra honra es escudriñar las verdades de Dios encubiertas en las Escrituras que revelan los eventos de los últimos días.

"¿Misterio o Revelación?"

La respuesta a esta pregunta, se responderá considerando la actitud del corazón de quien busca y escudriña lo que Dios ha planificado para nuestro futuro.

Dos características que vi manifestándose en la vida del autor durante el tiempo de gestación del libro fueron su capacidad de asombro y también el hambre espiritual por conocer y entender más del carácter y los caminos de Dios. Primero, fui maravillado por la actitud de asombro que el escritor Pablo Sánchez mostraba al recibir más entendimiento sobre este tema. Después vi que nunca dio por sentado nada, sino que buscaba al Señor y en las Escrituras mayor entendimiento.

Después de largas horas de compañerismo y búsqueda de Dios orando y leyendo las Escrituras, dialogábamos sobre lo que leíamos y era frecuente para mi escuchar al amado Pablo, autor de este libro, decir con asombro: "¡uno nunca deja de aprender!". Con cuánta razón decía mi amigo Pablo eso, aún más cuando se trata de un tema precioso como la manifestación del Señor en su segunda venida.

Su corazón se regocijaba y maravillaba con asombro al ver que el Señor, en su misericordia infinita, mostraba su favor para con él mostrándole verdades preciosas que tal vez otros podrían considerar menos importantes. Además, poseía un hambre por las cosas espirituales que lo impulsaba a seguir aprendiendo y nunca asumir la actitud de saberlo todo. A pesar de su edad avanzada y sus logros en el área de aprendizaje y enseñanza, continuaba presionando hacia delante buscando más profundidad en su relación con Dios y eso habla de humildad. Aprender es adquirir, analizar y comprender la información para luego aplicarla a nuestra propia vida y al hacerlo otros seguirán nuestro ejemplo. Al aprender, debemos olvidar las ideas preconcebidas y adquirir una nueva conducta. El aprendizaje nos obliga a cambiar nuestro carácter y reflejar el conocimiento obtenido en las experiencias presentes y futuras; y para aprender son esenciales tres actos imprescindibles que el autor de este libro poseía: Observar (Leer y oír la Palabra de Dios), Estudiar (Analizar, meditar y memorizar la Palabra de Dios) y Practicar (es vivir lo que estamos aprendiendo de la Palabra de Dios). Es de esta manera que logramos crecer en el conocimiento del camino de Dios y especialmente en el tema de la Escatología.

Disfruté con gran deleite el privilegio de haber convivido tiempos de refrigerio en la presencia del Señor en una amistad de amor fraternal y respeto mutuo en los últimos 8 años de su vida. Por eso, soy testigo de que esta obra de investigación y literatura cristiana es el resultado de una vida de entrega y sacrificio para dar al lector mas iluminación y entendimiento en un área en que hoy, más que nunca, puede ser difícil de entender en los días que estamos viviendo. Conforme se van cumpliendo los eventos de la profecía veremos con más claridad el diseño de Dios para nosotros.

"Mas la senda de los justos es como la luz de la aurora, que va en aumento hasta que el día es perfecto." (PROVERBIOS 4:18)

Jonás Alonso

Lic. en Ciencias de Salud

Pastor de la Iglesia Remanente de Israel

PRÓLOGO TERCERO

Sabes, me gusta pensar que estas líneas las vas a leer, tío.

Crecí sin conocerte, pero siempre te tuve presente gracias a mi padre, tu hermano, quien siempre me platicaba de ti; para nosotros siempre fuiste el Tío Chon, por el nombre que mi abuelo quiso para ti. Un día en que el abuelo se tuvo que ir de La Mora (así se llama la localidad donde vivían y así me la transmitió mi padre Filemón) fue con tu madre y le dijo: "Que se llame como yo, Asención" y creo que no se equivocó, pues ascendiste en muchos aspectos de la vida. Por eso tu hermano menor era Chonillo, era el Chon chico, a quien lamentablemente perdiste cuando él era apenas un adolescente.

Toda la vida me he arrepentido de no posponer una entrevista con un cliente en el Mante, cuando llegaron tú y mi querido tío Agapito a buscarme para ir a comer. No pude estar más de cinco minutos con ustedes y tuvo que pasar, lastimosamente para mí, casi una década para poder sentarnos a platicar en persona, en casa de la prima Tina, en Ciudad Victoria. Fue una plática muy importante para mí, eras un apasionado de todos los temas conocidos, sin embargo, nuestras platicas ya tenían casi dos años por teléfono, eso le tengo que agradecer a mi prima Tina Sánchez.

De esas charlas, a veces cortas y a veces largas, me quedo con todo; recuerdo gratamente que me decías que el camino que estábamos transitando y construyendo por la transformación de México era el correcto, yo me sentía como pavorreal cuando me decías que éramos pieza clave para lograrlo. Nunca te lo dije, pero en mi cabeza siempre estaba presente una plática con mi papá sobre ti, yo tenía apenas unos diez años, él me dijo que no apoyabas a los gobiernos corruptos y corruptores de esos años.

¿Recuerdas ese último viaje a Victoria?, quiero pensar que fue tu despedida de estas tierras, platicamos mucho esa noche, al día siguiente fuimos a Ciudad del Maíz, paramos casi en la entrada a Bustamante, tomamos fotos, en ellas Lily siempre sale sonriente, Tina igual; durante el trayecto mi esposa tenía muchos mareos por el embarazo que ya anunciaba cuan tremendo sería Santiago, al igual que el primo asiático Alex, quien también se mareó mucho en nuestro camino. Me alegra que conocieras a Maximiliano y lamento mucho que no conocieras a Sebastián, mi segundo hijo.

En Ciudad del Maíz las personas te recibieron con mucho respeto, ganado a pulso. En el regreso cenamos en Ciudad Mante y acordamos todos que al día siguiente vendrías a mi casa en Xicoténcatl, donde mi padre me contó de ti y donde te conocí cuando tenía 17 años, justo en su funeral, un día durísimo para mí.

Así como lo acordamos, al día siguiente venimos a mi casa, conociste a tus sobrinos, los hijos de mis hermanos y entre muchas platicas salió una anécdota con Barbarita, mi hermana, que haciendo honor a su nombre te preguntó: "Tío, se lo tengo que preguntar, quien es mayor, usted o mi tío Ceferino" y te brotó una sonrisa y respondiste: "Te voy a contar un secreto, somos de la misma edad", mi tío Ceferino era el mayor del segundo matrimonio del abuelo Chon, Barbarita recuerda esa parte de la charla con mucho cariño.

Regresaste al valle de Texas, hablamos algunas ocasiones más, pero ya no te volví a ver, hubiera querido escuchar a Paulita decir una vez más: compadrito, ¿cuándo vienen los muchachos? Los muchachos eran tú y mi tío Agapito.

La pandemia nos cobró de más al arrancarte de nuestro mundo, pero no de nuestra mente, aquí y en el corazón sigues arraigado; y no solo en tu familia, en muchos otros lugares, como lo pude comprobar en una plática con tu tocayo, Pablo Moctezuma Barragán de la Ciudad de México, quien pertenece a una familia de mucha prosapia no solo en San Luis Potosí, sino en todo nuestro país. Al charlar con él, recordamos a algunos compañeros y compañeras y en medio de la plática me mencionó que en Ciudad del Maíz muchos estaban consternados por el fallecimiento de un pastor hacedor de muchas acciones de caridad junto con su iglesia en esa zona del estado, cuando me dijo que eras tú, se sorprendió de que fuéramos familiares.

Quiero cerrar estás líneas diciéndote que estoy tan orgulloso de ti como lo estaba mi papá.

Tomás Sánchez Lara

PREFACIO DEL AUTOR

El día cuando decidí entregarme al Señor Jesucristo y servirle fue después de escuchar una predicación del libro de Apocalipsis. Desde entonces he vivido entusiasmado e interesado en conocer más de este libro y, a través de muchos años, aproximadamente sesenta, lo he venido leyendo y me he venido deleitando, disfrutado y escuchando con mucho gusto y gran interés diferentes interpretaciones del mismo.

He aprendido de muchos predicadores y maestros diferentes intentos de interpretación y, desde luego, también he revisado el tema en las obras de Teología Sistemática de los reconocidos teólogos que son autoridades en la materia, documentos de expertos sobre este mismo tema y he escudriñado distintas obras escritas de reconocidos investigadores.

Por esas razones no pretendo poner en tus manos un tratado de escatología, sino solo un intento de introducción sobre esta temática. Tampoco pretendo ser original, pues, a estas alturas de los avances científicos y tecnológicos, así como el gran desarrollo que ha tenido la teología, difícilmente se podría ser original, salvo cuando se tiene una directa iluminación del Espíritu Santo sobre algún tema; esto es algo totalmente factible puesto que es promesa del Señor Jesús para sus seguidores.

Entonces, con todo respeto y muy profunda gratitud a quien corresponda, me he permitido de la manera más atrevida elaborar este modesto trabajo, abrevando, saboreando, y comparando las distintas corrientes, emanadas del majestuoso torrente bíblico-teológico.

Me gusta mucho leer el libro de Apocalipsis y hago la lucha por entenderlo, así como lo hacemos con toda la Biblia para predicar. Un día tuve la idea de escribir algo sobre el apocalipsis que fuera una especie de diálogo entre hermanos y que tuviera por lo menos un suave olor a videos, pues he podido entender que nuestro Dios es un excelente creador de guiones para radio y televisión.

El Apocalipsis es una maravillosa obra con un argumento perfectamente escenificado y con un extraordinario elenco de actores del medio espiritual, que fueron seleccionados con inteligencia para un desempeño magistral, en la máxima representación del final de los tiempos. Lo más importante es que fueron diseñados por el mismo creador de la obra; este es el clímax de toda la revelación que Dios nos hizo llegar a través de sus profetas.

A veces quizás pensemos: pero, tanta palabra difícil en el apocalipsis, ¿tenemos que entenderlas todas? ¡Apocalipsis! ¡cuernos! ¡cabezas! ¡bestias! ¡trompetas! ¡misterios! ¡sellos! ¡plagas! ¡revelación! ¡muchas aguas! ¡ángeles! ¡alfa y omega! ¡tronos! ¡ciudades! ¡números! ¡mensajes! ¡visiones! ¡ayes! ¡copas! ¡multitudes! ¡testigos! Y la respuesta es quizás que sí, junto a muchas más, ¡y todas por el mismo precio!

También podría creerse que el libro del Apocalipsis es una caja de misterios y sin embargo es todo lo contrario. El Apocalipsis bíblico es una destellante y refulgente joya, ilumina nuestro cerebro cuando corremos nuestra vista por sus páginas, en una clara y muy maravillosa revelación. Es el conjunto de verdades que nos previenen de ser víctimas de un inesperado y triste final.

Este libro, para mí, es así como sentarme a ver una fascinante y significativa obra de teatro, un documental que me interesa entender. Me atrevería a decir que me parece más fácil que hacer una síntesis de "El Capital" de Carlos Marx, o de "Para leer al Pato Donald". Es más fácil entender el Apocalipsis que la política mundial.

Los mencionados libros, son obras filosóficas de inspiración humana, no es fácil entenderles y menos fácil es encontrar a quien nos ayude a tener una idea clara del verdadero contenido, a diferencia de la Biblia. Leer el Apocalipsis bíblico es estar frente a una exhibición de la más importante y grande de todas las realidades que puedan existir.

El libro de Apocalipsis es una obra diferente a todas las demás del mismo género, pues es de inspiración divina. Se nos fue dado para que lo entendamos y nos enteremos de los planes de Dios para todas sus creaturas, todo el planeta y todo lo que se mueve en él y, sobre todo, para quienes estamos y andamos con Él.

A veces también se ha entendido que el Apocalipsis es el epílogo de la Biblia o una especie de resumen, y, aunque así fuera, la verdad es que se trata de una ratificación a todo lo anunciado en el Antiguo Testamento y también en el Nuevo. El Señor Jesucristo, con sus enseñanzas, nos ofrece la introducción a este importante libro. Lo que Daniel dice en el suyo quedó sellado hasta el tiempo del fin (DANIEL, CAPÍTULO 12) pero el Señor Jesús, magistralmente y con los necesarios retoques, nos lo esboza en MATEO CAPÍTULO 24, MARCOS 13 Y LUCAS 17 Y 21.

Estos capítulos nos asoman al mismo asunto, pero en el Apocalipsis, como era de esperarse, es el mismo Señor Jesús quien abre los sellos (que incluyen aquel libro cerrado que escribió Daniel) y nos lo presenta detalladamente paso por paso, revelándonos todo el futuro exactamente como Él lo está viendo.

Con frecuencia me preguntan, ¿cómo se puede confiar en esos libros, los evangelios, si tienen tantas diferencias y contradicciones? Y la respuesta es que sí, tienen diferencias, pero los tres tratan el mismo tema y no se contradicen, al contrario, los tres son ampliamente corroborativos entre sí. Cada escritor refiere lo que captó del mismo tema y, además, cada uno escribe a diferente destinatario, o sea, a diferente cultura, desde donde se encuentra y en diferentes tiempos. No se reunieron un día en alguna parte para ponerse de acuerdo sobre lo que debería escribir cada uno, no obstante, coinciden en todo, con pocas excepciones en detalles que para el caso no son medulares ni relevantes. Eso representa una de las mejores pruebas de veracidad, puesto que cada escritor es un testigo de los mismos hechos y los mismos dichos; y las diferencias muestran la individualidad de sus informes. Sobre todo, tenemos que entender lo indiscutible: lo hicieron como el Espíritu Santo les indicó, como se necesitaba en cada cultura en ese momento y con relevancia para todos los tiempos.

En este momento, quizás se hagan la pregunta, ¿es Dios quien nos escribe en ese libro? Y así es, en efecto, en el capítulo 1:1,2 dice que Dios le dio esta revelación a Jesucristo, para manifestar a sus siervos las cosas que deben suceder pronto. Dios mismo es quien confecciona las figuras y sus disfraces; y entrena a los personajes con los que elocuentemente nos hace las representaciones del drama total. Esas formas gráficas nada más son los vehículos o medios de transporte en las que nos hace llegar su revelación, lo mismo hizo al hablar por medio de los profetas. Entonces a nosotros nos toca abrir los videos para ver los mensajes que tenemos a la mano.

¿Acaso no es así como escriben los literatos, los que escriben novelas, dramas y otras de esas cosas?, pero no olvidemos que los humanos no pueden ser más inteligentes que su Creador; si nosotros nos valemos de la comedia, del drama, la novela y las películas, solo para dar a conocer lo que nos interesa que la gente sepa, ¿acaso Dios no sabe o no puede valerse de lo gráfico y cosas semejantes para ayudarnos a entender lo que le interesa que sepamos? Claro que puede y siempre lo ha hecho, nada más es cuestión de ver a los profetas Ezequiel, Oseas, Nahum, Amós, o a Zacarías y a Daniel.

La visión de Daniel se encuentra en cuatro partes que, por orden divina, quedaron selladas, ni Daniel las entendió porque encerraban asuntos que se revelarían hasta el tiempo del fin, pero el Apocalipsis ya está abierto y en ese mismo libro se encuentran las visiones de Daniel. ¡Ahora sí!, aquello que Daniel no entendió, para nosotros es una revelación, los sellos están abiertos. Además, no olvidemos cómo enseñó el Maestro de maestros: sus parábolas, metáforas, alegorías y muchos más ejemplos a fin de que le podamos entender.

A todo esto, ¿qué es lo más importante que tenemos que entender del Apocalipsis bíblico? Este libro nos revela exitosamente el gran logro de los objetivos y metas del plan de Redención, lo que Dios ha trazado para la total restauración de esta parte de toda su maravillosa creación y nos incluye a nosotros porque somos creados a su imagen y conforme a su semejanza.

Es importante estudiarlo, es sumamente necesario; y no solo eso, el Señor Jesús, les dice a todos los que se interesen en sus planes, en MATEO 24:15: *"el que lee, entienda"*. A esto agregamos lo que en SANTIAGO 1:5 dice: *"y si alguno de vosotros tiene falta de sabiduría, pídala a Dios, el cual da a todos abundantemente y sin reproche"*. Entender el Apocalipsis bíblico nos eleva a una dimensión mayor que la del medio que nos rodea, nuestro interior se tranquiliza y nos mantiene fascinados por nuestro futuro y por todo lo demás que podemos entender y disfrutar del ámbito espiritual.

Todos los acontecimientos venideros, representados en estas divinas escenas, están apuntando a un final glorioso, un final que por este medio podemos conocer y, por supuesto, es algo que de antemano podemos ya disfrutar; no como una mera emoción, sino como lo que es, un real y verdadero melodrama, pero de origen celestial. Es una revelación que nos permite ver brillar la bienaventurada, gloriosa y tan anhelada esperanza de los sinceros y verdaderos cristianos.

La Biblia, desde Génesis hasta Apocalipsis, tiene sentido profético, es decir, es la revelación anticipada de la historia de este mundo, al cual le tiene marcado su principio, su desarrollo en el transcurso del tiempo y también su definitivo final. Tan cierto es, que una gran parte de la historia que se lee y se conoce en los libros escolares de educación secular y en los libros de educación cristiana en particular, son profecías cumplidas. Es por eso que no debemos olvidarnos de lo que la Biblia dice, ni mucho menos creer profecías que contradigan lo que Dios nos ha ordenado en su Palabra escrita. No tenemos necesidad de buscar en otra parte que se nos revele el futuro.

Es una pena que más del 42% de estadounidenses crea en consultar a los muertos, a los psíquicos y a otros, para cuestiones relacionadas con el futuro; lamentablemente, muchos cristianos se reúsan a buscar la revelación de Dios en su Palabra, leen el libro de Apocalipsis solo como si se tomaran una infusión de alguna sustancia amarga y como no lo entienden, asumen que no les sirve, que no funciona y recurren a lo que les parece más fácil. Es ahí cuando corremos el riesgo de ser engañados con supuestas profecías; y con esto no se quiere decir que Dios no pueda hablar de otras maneras.

Para que podamos entender todo lo que Dios dice en su Palabra lo primero que debemos hacer es tener cuidado con lo que dice DANIEL 12:10: "*Muchos serán limpios, y emblanquecidos y purificados; los impíos procederán impíamente, y ninguno de los impíos entenderá, pero los entendidos comprenderán"*. También el Señor Jesús hablando a sus seguidores les dice: *"A vosotros os es dado saber los misterios del reino de Dios, mas, a los que están fuera,* (los que prefieren quedarse fuera) *por parábolas todas las cosas, para que, viendo, vean y no perciban; y oyendo, oigan y no entiendan; para que no se conviertan y les sean perdonados los pecados"* (MARCOS 4:11,12).

Los que están fuera son los que no tienen interés por lo bueno y lo espiritual. Dios está dispuesto a bendecir al que acepta y busca la bendición espiritual, hay a quienes no les interesa la íntima relación con su creador y que nada más quieren saber algunas cosas de la Biblia, esos nunca van a entregar sus vidas a Dios y, por lo mismo, sus pecados no les serán perdonados.

Hermanos, en este momento me gustaría que se preguntaran, ¿cómo se puede uno iniciar en el estudio del libro de Apocalipsis? Lo primero es hacer repetidas lecturas de todo el libro de Apocalipsis, unas tres veces, aunque yo diría que mínimo cinco. Enseguida, distinguir la estructura del libro y entonces definir el bosquejo temático del contenido; después, tratar de entender los símbolos (tal vez ayude un poco recurrir a un buen manual de simbología, cuidando evitar la simbología execrable o detestable, que también existe), con mucho cuidado procurar percibir el sentido recto de las palabras y con esa base tratar de encontrar el sentido de los distintos tropos que aparecen en el texto que se estudia.

No debemos olvidar que estamos estudiando un texto que forma parte de todo un contexto general, del cual por nada debemos separarnos, eso es para evitar las incoherencias y no perder el sentido del documento. Después hay que hacer las comparaciones necesarias en las distintas versiones y revisiones de la Biblia para constatar la autenticidad de los vocablos en estudio. También, para tener idea del origen y de la veracidad de las distintas interpretaciones que existen, es necesario revisar todas las que se puedan en relación con nuestro tema en estudio. Además, es menester captar el espíritu de cada una de las distintas escuelas de pensamiento respectivas y, en este caso, las escatológicas, revisar las más conocidas corrientes y tendencias sobre el tema, así como las varias posturas referentes a lo mismo.

Se deben tomar en cuenta los muy importantes y esmerados conceptos que al respecto se manejan como parte de la Teología Sistemática, y también las publicaciones patentadas y las no patentadas que a través del tiempo han circulado en nuestros medios, además de algunas que actualmente se encuentran en las librerías evangélicas, así como en bibliotecas donde se tenga la oportunidad de leer algo referente al asunto que estamos investigando.

Si me preguntaran: Hermano, ¿qué piensas de los grandes escatólogos y cómo te sentirías frente a ellos?, yo respondería con la necesaria sinceridad: mucho me gustaría poder acompañar a los que saben navegar en las profundas aguas marinas de la escatología bíblica, aunque sea como una simple rémora, pero después de todo navegando. Mi más sincero respeto y admiración para todos los que valientemente se han lanzado a buscar las respuestas para todos los que tanto desean entender las grandes verdades contenidas en este maravilloso libro.

No puedo desechar la opinión de nadie, aun cuando existen bastantes libros, incluso que se contradicen, pero trataré de evitar el apropiarme de trabajos ajenos. Creo que con la ayuda de Dios, algo se me ha grabado en el disco duro.

El Espíritu Santo le ha permitido a mi cerebro reelaborar la información necesaria, lo que me ha motivado para sentirme seguro al decir algo sobre el Apocalipsis, que puede ser útil para quien lo necesite. Aclarando que no pretendo superar a nadie, pero sí quiero ser de bendición para alguien. Me anima un sentir intrínseco, es como una necesidad de ayudar. He observado que hay cristianos que quieren entender y otros que necesitan despertar el interés por esta importante revelación; y lo hago con el debido respeto, adoptando una postura sobria ante los diferentes conceptos de interpretación que me son conocidos. Tampoco pretendo en este trabajo aparecer como interprete ecléctico, pues, al abordar los diferentes puntos de vista de los respectivos pensadores y escritores, lo hice con la intención de informar al lector y que reciba alguna iluminación de parte de Dios para que, al hacer sus comparaciones, decida con plena conciencia lo que bíblicamente debe creer.

Este es un estudio elemental, no existe aquí la pretensión de descubrir el hilo negro, ni tampoco de competir con los que saben, esto es solo una modesta aportación de mi parte, que tiene como objeto que nos motivemos y que nos animemos a pisar el primer escalón de tan elevada escalinata, esto nos llevará hasta descubrir los tesoros que están más arriba, depositados y disponibles para nosotros.

Lo hago con el sincero deseo de poder servir a quien se interese en estas cuestiones y que por alguna razón no haya tenido acceso a mejores instrumentos con mayor y mejor información que esta, sobre el asunto. Para ellos, mi deseo es que Dios los ayude, los ilumine y los bendiga.

Advertencias para el lector

Necesitamos no olvidar que, originalmente, ninguna parte de la Biblia se escribió en capítulos, ni en versículos. La Biblia se escribió por temas completos que pueden llamarse asuntos, es decir, en piezas que tienen principio y fin. La separación en capítulos y versículos, como la conocemos ahora, se publicó completa por primera vez en el año 1555 d.C. y en estos números de capítulos y versículos no les fue fácil tomar en cuenta los temas completos.

Con base en lo anterior tenemos que fijarnos en dónde principia y dónde termina el tema que estamos estudiando, pues hay varios detalles importantes para la interpretación. Una parte de un capítulo puede ser un tema completo, o todo el capítulo, o un capítulo y medio; o dos o más capítulos pueden ser un solo tema. Y lo mismo un versículo o medio versículo, o un tema puede terminarse en un medio versículo. Para entender un concepto debemos seguir el sentido y la secuencia del tema sin tomar en cuenta los números de capítulos y versículos; la misma nos guiará hasta completar el concepto que estamos estudiando.

Esto no significa que no debemos escudriñar, pues debemos buscar en la Biblia la concordancia de los textos relacionados con el concepto que tratamos de entender y explicar; tales textos deben corresponder al mismo contexto del asunto que estamos estudiando y deben estar dentro del contexto general de toda la Biblia.

Con respecto a la seguridad que se exige en informaciones como la que se pretende ofrecer en este trabajo, debemos asegurarnos que la explicación no se salga del contexto inmediato, mediato y general del texto que tratamos de explicar. También es importante tomar en cuenta a distintos autores y corrientes tanto bíblicas como de historia secular, que confirman lo que ya debe ser parte de la Historia Universal. Todos los historiadores concuerdan con lo que también se ha llamado la "Media Luna de las tierras Fértiles", en esas áreas, unos en el sur y otros en el norte, ubican el inicio y el desarrollo de la historia humana; desde "Egipto, hasta La Mesopotamia".

Estructura de este trabajo.

Esta obra está dividida en dos partes, y está hecha con un toque parecido a la dialéctica, con preguntas y respuestas que faciliten la lectura y la comprensión.

La primera parte es propiamente informativa, está basada en una investigación bibliográfica a la medida de mis posibilidades. Aunque no fue fácil para mí, quise esforzarme para responder a ciertas preguntas, o por lo menos traté de hacerlo. Utilicé el énfasis que consideré necesario, pensando solo en quien en verdad lo necesite. Comprendo que hay estudiantes que se inician en las cuestiones escatológicas y, quiero suponer, que con preguntas y respuestas se les puede facilitar un poco más la consulta y captación de las verdades reveladas en ese maravilloso texto, sobre todo porque son advertencias que sirven a nuestra vida espiritual. En cuanto a mí, cierro los ojos ante mis propias limitaciones y también a las dificultades que presenta la misma naturaleza de tan interesante temática, puedo decir que he hurgado entre la breña del espeso cúmulo de las muchas aportaciones que al respecto existen, entre las cuales se encuentran algunas que son bastante respetables, tanto así, que con mucho gusto las consideré dentro de este trabajo.

Estando informado de las quejas de quienes han leído y esperan el cumplimiento de las profecías aseveradas en los libros que se han escrito sobre el Apocalipsis y, conociendo que por lo mismo algunos lectores han perdido el interés en estos temas (que hasta algunos predicadores han optado por dejar de tratarlos) decido con valor correr los mismos posibles riesgos al escribir sobre ello. Aquí, cabe que confiese que, en lo personal, pienso diferente a muchos escritores e intérpretes, respecto a algunos de estos asuntos. Me permito decir que algunas de las cuestiones tratadas en esas muy conocidas publicaciones sí se han cumplido y, sin darnos cuenta, otras aún se están cumpliendo y otras se van a cumplir.

Lo anterior, por supuesto, sin descartar el incumplimiento de algunas, o que tal vez no fue como se afirmó en alguna publicación, o no sucedió en la forma o con la exactitud como las pudo percibir el escritor, o como las podemos percibir los lectores. También, es muy posible ser invadidos por el malo y pernicioso sensacionalismo fatalista, el cual siempre reducirá nuestra limitada capacidad de comprensión, sucediéndonos como a ciertos jovencitos cuando les toca presenciar un accidente automovilístico y dicen: "¡vimos un choque, pero no estuvo bueno, no hubo ni un muerto!".

Una de las cosas que me preocupan es la de no estar enterados de cómo está el pulso de nuestro mundo. Nuestro deber sería estar conscientes de su indiscutible agonía y no ignorar los límites puestos por Dios a nuestro planeta, ni desconocer sus amorosos planes para toda la humanidad. Es importante saber y aceptar que la palabra griega apocalipsis significa manifestación, o revelación, pues al hablar de Apocalipsis en nuestro tiempo, es común que de inmediato se piense lo peor, como terribles catástrofes, horrendas y espantosas fuerzas desatadas en nuestra contra, cataclismos de orden natural, o explosiones nucleares. Lamentablemente nos olvidamos del origen y del propósito de estas bien intencionadas revelaciones, que, aunque hablen de eventos tristes, tienen el propósito de hacernos reflexionar induciéndonos a buscar la protección divina.

Pensando en eso y con el afán de facilitar algo más a nuestra comprensión, he optado por considerar la importancia de la correlación entre el libro de Apocalipsis y el de Daniel. El Señor en esta revelación nos está descubriendo el verdadero y más claro sentido del Evangelio, que en realidad significa "Buenas nuevas".

Por otra parte, aclaro que al tratar algo sobre el libro de Daniel en este trabajo, solo procuro vincular aquellos textos bíblicos que me parecen más claros y que de una manera, u otra, nos indican cuestiones que son fáciles de relacionar con los distintos tópicos de todo el paquete escatológico. Por eso es que, en este caso, nos detendremos en los capítulos y porciones bíblicas que más claramente nos dirigen hacia el futuro, de nuestro tiempo en adelante.

Sobre el libro de Apocalipsis trataremos algo acerca del fondo histórico y aclaraciones sobre la literatura Apocalíptica, el uso de los símbolos y el valor simbólico de algunos números bíblicos, sin dejar de considerar los conceptos de interpretación existentes, las escuelas, las corrientes y las posturas respecto a su interpretación.

Principiamos por ver algunas de las definiciones de los términos teológicos necesarios en este estudio bíblico, con el fin de aclarar cuestiones difíciles de cada cultura y de cada época. Son aclaraciones posiblemente fatigosas y para algunos tal vez redundantes; me justifico pensando en quienes lo necesiten y que tal vez no tengan acceso a mejores medios de información. Lo considero necesario para la máxima captación de la información que se ofrece y para un mejor aprovechamiento de los temas en cuestión.

Con toda seguridad sabemos que la Biblia trata acerca del futuro, pero considero que no soy el indicado para ofrecer alguna fórmula concreta o clave que pueda descifrar ese futuro. Creo, eso sí, que si Dios nos entregó lo que en verdad es una revelación, lo hizo con el propósito de que no ignoremos sus planes, que Él no quiere sorprendernos con una conflagración planetaria, o con una destrucción masiva y arrasadora, a Él le interesa que estemos enterados de sus planes para nuestro bien y a los que nos interesa saber eso, nos conviene examinar debidamente las Escrituras para entender y captar la revelación, porque somos nosotros quienes tenemos la necesidad de conocer nuestro futuro. Es nuestra responsabilidad saber lo que Dios ya nos reveló en su Palabra. Digamos como se dice coloquialmente: sobre aviso no hay engaño.

Por lo tanto, si eso de entender se nos hiciera difícil, sabemos que, si le pedimos sincera y humildemente al Espíritu Santo que nos ilumine, este nos guiará a toda la verdad que necesitemos entender y nos recordará todo lo que el Señor Jesús ha dicho en su divina palabra, la que tenemos registrada en las Sagradas Escrituras. De ese modo podremos tener convicción de lo que entendemos y creemos.

Y esto no solo para entender y conocer el futuro, u otras cuestiones de la Biblia, sino para tener una buena relación espiritual con nuestro Padre Celestial, para poder vivir en comunión con Él y conocerle un poco más como nuestro único Dios. Esta es la clave más efectiva para entender las cuestiones espirituales de la Biblia, las que nos parecen difíciles, porque en una buena relación se puede tener mejor comunicación. Y Dios siempre ha estado dispuesto a dar a conocer a sus siervos lo que tiene que hacer. *"Porque no hará nada Jehová el Señor, sin que revele su secreto a sus siervos los profetas"* (AMÓS 3:7) y, *"no quiso destruir a Sodoma y a Gomorra sin comunicárselo a su amigo Abraham"* (GÉNESIS 18:16-21), y Abraham no era un super-hombre, era un verdadero creyente como usted.

Si Cristo tuvo que convertirse en célula humana, enclaustrar-se nueve meses en un vientre, nacer como un bebé en un establo, vivir una niñez común y todo lo demás que sabemos de todo este proceso, fue porque estaba interesado en nosotros; y no solo en revelarnos todo lo que necesitamos saber, sino en restaurar nuestra relación con Él, para que conozcamos lo que tiene planeado hacer, lo que hará a nuestro favor y, ¿por qué no?, todo lo demás que hará en este planeta.

Por último, aclaro que para mí el libro de Apocalipsis es una excelente serie de videos, en la cual Dios está ofreciendo un resumen informativo de sus planes para todos los tiempos y especialmente para la época que a nosotros nos ha tocado vivir. Por lo tanto, los estoy invitando a ver estas super importantes proyecciones.

PRIMERA PARTE

I

DEFINICIONES Y ACLARACIONES

Antes de principiar, te recomiendo no brincar esta parte tratando de ir directamente al Apocalipsis, pues, sin estas definiciones y aclaraciones, no tendría objeto este trabajo, ni te ayudaría a entender lo que creo que quieres o debes saber. Estos conceptos son nada más para quienes los necesiten. Algunas de estas definiciones y aclaraciones referentes al tema han sido tomadas de los diccionarios correspondientes o de trabajos de investigación realizados por expertos en la materia y se han incluido aquí como herramientas de posible utilidad, pues se consideran fundamentales para una mejor comprensión del contenido del libro de Apocalipsis, por supuesto respetando el punto de vista del lector con relación a todo lo que aquí se ofrece.

Principiemos con las **definiciones**.

Hermano, ¿qué es eso de escatología?

Escatología es una palabra de origen griego que se compone de dos vocablos: *eskatós*, que significa "lo último" y *logia*, que se deriva de *logos* y que significa "palabra, ciencia o tratado". Es necesario no confundir *Eskatós*, con *Skatos* porque este tiene un muy diferente significado, en el que algunos se basan para desacreditar la palabra Escatología. La Escatología es la rama de la Teología Bíblica que trata acerca de las últimas cosas que experimentarán los seres humanos después de la muerte; así, con base en el significado del término, por extensión se ha venido aplicando al libro de Apocalipsis y se ha utilizado en estudios sobre los acontecimientos finales, o sea, lo último que le tendrá que suceder a nuestro planeta, incluyendo a toda la humanidad, en un futuro cercano. Lo que debe considerarse como el final de la generación adámica y el principio de una nueva generación celestial, o como se le llame en el nuevo idioma que se desarrolle (EFESIOS 2:10).

La Escatología contiene un mensaje de esperanza para toda la humanidad y a la vez incluye todas las advertencias que se nos hacen con gran lujo de detalles para que nada nos sorprenda. También trata de algunos acontecimientos trágicos que, queramos o no, ya están divinamente decretados y tendrán que suceder en el futuro de nuestro mundo. Las advertencias son muestras de la misericordia de Dios en favor de sus creaturas de todo el planeta; por lo tanto, debemos tener cuidado para no ser víctimas de sucesos que no son para nosotros, sino para el diablo y sus ángeles (MATEO 25:41). Estas advertencias tienen como fin que estemos enterados y que nos preparemos para no ser víctimas de ninguno de dichos acontecimientos, pues Dios quiere que aprendamos bien las instrucciones de cómo escapar de lo más desagradable.

¿Por qué se usa la palabra apocalipsis?

Apocalipsis (ἀποκάλυψις) o *Apo-Kalipsis*, es una palabra de origen griego que se compone de dos vocablos: *apo* que significa "des"; y *calipsis*, que significa "cubrir o cubierta". La palabra precisa, en hebreo, es *gala* y en latín es *revelo*, las tres con el significado de "revelación"; entonces, Apocalipsis es el estilo literario que Dios utilizó para escribir esta revelación y significa el acto de descubrir, dándonos la idea de que ya está descubierto, que lo tomemos como una revelación para nosotros, o como un descubrimiento súper agradable, porque nos favorece.

El nombre Revelación da más claridad que apocalipsis acerca del objetivo del libro, sería como decir: el libro de los secretos descubiertos. Alfred Tuggy, en su léxico greco-español, nos provee la siguiente información: "Apocalipsis (ἀποκάλυψις) es revelación, o manifestación Escatológica". Se recomienda leer las siguientes porciones bíblicas que nos pueden llevar a una mejor comprensión: ROMANOS 2:5-11; 8:19-25; 1ªCORINTIOS 1:7-9; 2ª TESALONISENCES 1:7-10; 1ªPEDRO 1:7,13; 4:13; APOCALIPSIS 1:1.

¿Qué es un símbolo?

Símbolo es otra palabra de origen griego compuesta de dos vocablos: *Sym*, que significa "con", y *bolum*, que significa "lanzar". Este término sugiere la idea de lanzar al mismo tiempo dos objetos juntos, uno conteniendo al otro, por lo que se entiende que el símbolo es un objeto que representa a otro objeto; el símbolo encierra o envuelve algo, ese algo, es lo que nos interesa del símbolo. La cáscara de la nuez solamente encierra lo que en realidad nos interesa disfrutar. Es un hecho que el verdadero valor del símbolo es lo simbolizado, es decir, lo que el símbolo representa.

¿Cómo se hace para descubrir lo que hay dentro del símbolo?

Lo que nos ayuda a descubrir lo simbolizado son las características del símbolo, estas deben ser semejantes o tener una clara relación con lo simbolizado. Entonces, es obvio que para entender lo simbolizado, lo que necesitamos conocer son las características del símbolo, porque estas son la representación que podemos ver; además, el significado debe ser totalmente bíblico. Un ejemplo fácil de entender es la serpiente de bronce que Jehová ordenó a Moisés levantar en medio del campamento del desierto donde todos la pudieran mirar. Las personas del pueblo de Israel, mordidas por las serpientes ardientes, morían; pero la orden incluía que quien fuera mordido por alguna serpiente, si creía y quería obedecer, levantara la vista para mirar a la serpiente de bronce, y así no moriría. La serpiente en sí no tenía poder para sanar, pero era el símbolo que encerraba la solución, lo que Dios había ordenado y que se tenía que creer y obedecer para librarse del veneno de las serpientes.

Seguro que no faltó quien pensara: ¿y ese pedazo de metal para qué sirve? La virtud sanadora no estaba en el pedazo de metal (el símbolo), más bien, estaba en creer y obedecer lo que Dios, con algún buen propósito, había ordenado. Los que creyeron y obedecieron, no murieron por las mordidas de las serpientes, inclusive los egipcios que venían con ellos, aunque no eran judíos, pues Dios estaba invalidando el efecto del veneno de la mordedura de la serpiente. El Señor Jesús dice: *Y como Moisés levantó la serpiente en el desierto, así es necesario que el Hijo del Hombre sea levantado, para que todo aquel que en Él cree,* —aunque sea egipcio— ***no se pierda más y tenga vida eterna*** —la mejor sanidad— (JUAN 3:14,15). Tal vez el pecado nos deja marcados, pero Dios, en la cruz, invalidó todos los efectos del pecado para los que creen y aceptan la solución que está en el plan de Dios (COLOSENSES 2:14,15).

¿Cómo hacemos para encontrar las características del símbolo?

Para encontrar las características comunes, es decir, las semejanzas, entre el símbolo y lo simbolizado, se tiene que revisar el símbolo. En el ejemplo anterior, ¿qué tenía que ver una serpiente de metal en una asta, con lo que estaba sucediendo abajo? Se trata de una lección divina para un pueblo que la necesitaba. No es difícil notar la relación de esa serpiente de metal, en aquel tiempo y en aquella asta, con lo que ya leímos que dice Cristo. Él fue levantado en alto y no solamente en la parte alta del madero pues lo crucificaron arriba, en la parte más alta del monte calvario, a la orilla del camino real y comercial en ese tiempo, a la vista de todos. Era una pasada importante donde toda la gente, inclusive los de otros pueblos que no eran judíos, lo podían mirar.

No olvidemos que el Señor Jesús, en la cruz, no solo nos representó dignamente como nuestro sustituto muriendo en lugar nuestro, además, ahí invalidó y destruyó al pecado y sus efectos, *le puso fin al pecado en su propio cuerpo como si se hubiera hecho en el nuestro* (2ªCORINTIOS 5:21); allí mismo *venció al autor del pecado* (COLOSENSES 2:14,15), pero, así como se le ordenó al pueblo de Israel en el desierto, también a nosotros se nos ordena creer y obedecer al Cristo que murió en la cruz del calvario.

Las características del símbolo se observan en Cristo: fue puesto en alto donde todos lo pudieran mirar, así como la serpiente en el pueblo de Israel en el desierto; y, así como ellos, nosotros tenemos que creer y obedecer. Esta es la función del símbolo.

¿Qué se entiende por profecía?

Aunque esta palabra comprende algo más, lo primero que notamos es que significa "predicción" o "decirlo antes" y equivale a predicación. En este sentido incluye también todo lo que se pueda decir o enseñar de lo que la Biblia predice: la proclamación del mensaje, la enseñanza, el aconsejar, las exhortaciones y las orientaciones. En fin, todo lo que contenga advertencia o que indique prevención, ya sea referente a un futuro cercano, relativamente lejano, o muy lejano.

¿Cuál es la diferencia entre Profecía y Escatología?

La Profecía es la predicción de todo lo que, según los planes de Dios, ha sucedido, sucede y sucederá en este planeta y sus habitantes, desde que se ha venido profetizando hasta el final, de lo cual ya muchas profecías se han venido cumpliendo, pero seguirá cumpliéndose hasta el fin del siglo. La profecía es un contenido general de prevenciones futuras; mientras que, la Escatología, es la parte de esa profecía que tendrá cumplimiento en los últimos tiempos, o sea, las que ya están profetizadas como las últimas cosas, aun las que son después de la muerte, y por afinidad se incluyen los acontecimientos finales.

¿Es verdad que videncia también es profecía?

Sí, la videncia bíblica también es un sinónimo de profecía. Antiguamente, en Israel, cualquiera que iba a consultar a Dios, decía así: Venid y vamos al vidente; porque al que hoy se le llama profeta, entonces se le llamaba vidente (1ª SAMUEL 9:9-27; 2ºCRÓNICAS 33:17,18; ISAÍAS 29: 10; 30:10). La diferencia que se nota es poca, pero tiene sentido. La función del vidente era advertir, orientar y predecir de parte de Dios lo que sucedería al pueblo si su comportamiento se salía de la voluntad de Jehová su Dios. El vidente tenía injerencia en el pueblo y en la administración; el rey, o cualquier otra autoridad, eran amonestados por parte de Dios por el vidente.

Por otra parte, Dios usó profetas con una visión más amplia, para dar una profecía más general, que es la que por ahora nos interesa, porque traza un mapa de acontecimientos para todos los tiempos, hasta el final del presente sistema mundial, según los planes de Dios. Es un mensaje que incluye a todo el mundo en general, define los términos y límites establecidos para su transcurso hasta su final, no de un solo pueblo o de una nación, sino de todo como Dios lo está viendo en el planeta. Esta es la diferencia más notable entre Profecía, Videncia y Escatología.

Ahora veamos las **aclaraciones**.

Hermano, ¿cuál es la función de estas aclaraciones, son muy necesarias?

Estas aclaraciones son como las definiciones: por si alguien las necesita y tienen la finalidad de auxiliarnos en la comprensión de los contenidos de los temas que trataremos. A veces tendremos que abrir brecha en la jungla de las discusiones acerca de los puntos de vista en los temas escatológicos, lo haremos si es necesario y, si no, será mejor abstenernos de entrar en posibles e innecesarios conflictos, considerando lo bienintencionados que pueden ser los temas en cuestión. Sin embargo, si se considera inevitable establecer algunos puntos de vista en oposición, con todo respeto a quien se haya esforzado explicando los suyos, se hará con toda franqueza.

Lo primero que debemos aclarar es que la Escatología es parte integral de la Teología Sistemática. En otras palabras, es teología, y teología significa: pensar acerca de Dios y sus relaciones con su creación. Con esto en mente, lo más prudente es que nos apeguemos a la Biblia que es la norma de fe, para evitar caer en un mero teísmo vacío.

¿La palabra escatología se deriva de un vocablo griego que significa estudio de los excrementos?

Se ha dicho, con cierto sarcasmo, que el estudio de la Escatología se deriva de *Skatos*, que significa "broma desagradable" y que se refiere al estudio de los excrementos. No olvidemos que la raíz griega de la palabra que se interpreta como broma o estudio de los excrementos es *Skor* o *Skatos*, que es diferente a *Eskatós* que significa "lo último". Debemos tomar en cuenta lo siguiente: en nuestro estudio no existe otra escatología que no sea la bíblica, la cual se basa en las Sagradas Escrituras del cristianismo.

¿Quién escribió el libro de Apocalipsis?

Existe suficiente evidencia histórica para demostrar que Juan, el hijo de Zebedeo, el apóstol del Señor Jesucristo, fue quien recibió y escribió esta revelación cerca del año 100 d.C.

¿Por qué en la Biblia existen diferentes nombres para Cristo y para los creyentes?

Hay como treinta y dos diferentes nombres y títulos de Cristo, algunos se refieren a su origen, otros definen sus funciones en el plan de redención, según la obra que realice o el papel que tenga que desempeñar. También se debe a ciertas traducciones que se hacen, por ejemplo, el nombre Jehová, revelado en el Antiguo Testamento, se traduce como, Señor, en el Nuevo testamento. Los creyentes se identifican con diferentes nombres o títulos, según la relación que tengan con el Señor Jesucristo, su ministerio o la posición de servicio que tengan en la Iglesia.

¿Por qué en el libro de Apocalipsis hay textos intercalados que interrumpen la secuencia del escrito y les llaman paréntesis?

A esos textos que te refieres, que los hay en el libro de Apocalipsis, yo no les llamo paréntesis ni textos intercalados, más bien son escenas que forman parte de la misma trama del texto. Debemos entenderlas como cuando estamos viendo algún programa en televisión, una película o, una novela. Para efectos de interpretación, como ya se dijo, los números de capítulos y versículos no funcionan, si nos ajustamos a ellos perdemos el hilo del asunto que tratamos de entender y hasta nos podemos confundir. Si seguimos la secuencia del contenido del escrito nos daremos cuenta que hay continuación de la misma escena o parte del escenario que venimos viendo. Nos aseguramos de qué tema se está tratando y lo seguimos, aunque se pase del capítulo que estamos leyendo hasta el siguiente, o los siguientes, hasta que se termine el tema.

Para ejemplo citemos los capítulos seis y siete de Apocalipsis. En el seis presenciamos la apertura de seis sellos; y al abrir el sexto sello se observan siete fenómenos físicos que podemos llamar naturales, pero en realidad son avisos ofreciéndonos una idea de cómo serán las manifestaciones de la ira de Dios cuando se llegue el momento del gran día de Jehová que ha sido profetizado desde el Antiguo Testamento. Al mismo tiempo, se nos muestra cómo reaccionarán las personas eminentes a la hora de esas manifestaciones: los reyes de la tierra, los grandes, los ricos, los capitanes, los poderosos y todo siervo y todo libre. Se nos muestra que se esconderán en las cuevas y entre las peñas de los montes; se oye que dirán a los montes y a las peñas: caed sobre nosotros y escondednos del rostro de aquel que está sentado sobre el trono y de la ira del Cordero; porque el gran día de su ira ha llegado; ¿quién podrá sostenerse en pie?

Aquí se nos informa cómo será el gran día cuando los humanos vean que la ira de Dios ha llegado, se nos dice cómo reaccionarán. Después de estos eventos y reacciones de la gente, dice: "*Vi a cuatro ángeles en pie sobre los cuatro ángulos de la tierra que detenían los cuatro vientos de la tierra para que no soplase viento alguno sobre la tierra, sobre el mar, ni sobre ningún árbol. Vi también a otro ángel que subía de donde sale el sol, y tenía el sello del Dios vivo; y clamó a gran voz a los cuatro ángeles, a quiénes se les había dado el poder de hacer daño a la tierra y al mar, diciendo: No hagáis daño a la tierra, ni al mar, ni a los árboles, hasta que hayamos sellado en sus frentes a los siervos de nuestro Dios*" (ISAÍAS 2:1-22).

Observe esto sin tomar en cuenta los números de capítulos ni versículos. Dice al principiar el capítulo siete; "*Después de esto, vi cuatro ángeles que estaban sobre los cuatro ángulos de la tierra*" La palabra "después" denota continuación, seguimiento, algo que depende de lo que se está tratando desde antes. Fijémonos en la continuidad y sigámosla en lo demás, para no perdernos. Es muy importante no descuidar el aspecto gramatical; en este caso lo más importante es la sintaxis y la secuencia lógica del escrito. Además, en algunos casos, también interviene el aspecto histórico y la relación referencial.

¿Por qué el libro de Apocalipsis presenta muchas cuestiones que aparentemente no concuerdan con lo establecido por la ciencia, si es que la ciencia es verdad?

Lo que en la ciencia sea verdad, nunca será en contra ni cambiará a la verdad divina, esta siempre seguirá siendo verdad; eso se conoce como verdad absoluta. Lo que un científico descubre puede llegar a esa categoría de reconocerse como verdad absoluta, pero si se cambia o deja de funcionar, entra en el concepto de la relatividad o del relativismo. La relatividad se aplica en la ciencia experimental y el relativismo es más cuestión filosófica.

La ciencia moderna establece hipótesis y experimenta con modelos descriptivos que deben acercarse lo más posible a la realidad; si esos modelos son, en gran manera, predictivos con un mínimo de error, se considera haber avanzado en la comprensión del fenómeno modelado. Toda teoría científica considera que el mundo físico es objetivo, se basa en que todas las mediciones de los diferentes observadores del universo se pueden confirmar y corroborar unas con otras, esto conduce al planteamiento de que en nuestro universo físico no existe relativismo.

Las leyes que son inamovibles, no son inventadas, solo han sido descubiertas por esos científicos, ya existían y están basadas en la sabiduría, la justicia y la inmutabilidad del Creador. Son leyes inexorables según su ciencia Divina, establecidas con el objeto de regular el funcionamiento de la naturaleza en todo el universo; leyes físicas, leyes químicas, leyes biológicas, así como también las leyes morales que en el universo sean necesarias. Todo está regulado para que funcione como se requiere para los fines preestablecidos y ninguna puede ser cambiada a menos que el mismo que las estableció considere necesario cambiarlas, o suspenderlas; y lo puede hacer, pero eso no significa relatividad y menos relativismo. Eso nos explica los porqués de la Biblia y, a la vez, los porqués del libro de Apocalipsis.

¿Cómo se puede notar la relación de este libro, el de Apocalipsis, con los demás libros del Nuevo y el Antiguo Testamentos?

El Apocalipsis, escrito por el hijo de Zebedeo, es un libro de asuntos divinos y cristianos, trata todos los temas medulares de todos los demás libros del Nuevo Testamento, así como también muchas predicciones, comparaciones y similitudes del Antiguo Testamento. Allí se encuentran cuestiones tan importantes y tan claras como el Cordero sacrificado en el tabernáculo de reunión del Antiguo Testamento, el cual representaba al Cordero de Dios que quita el pecado del mundo. Jesucristo el que fue crucificado, el Hijo de Dios y redentor de la humanidad.

¿Son divagaciones abstractas las encontradas en el apocalipsis?

Se observa que el Espíritu Santo, dirigió al apóstol Juan a que escribiera en este libro en forma videográfica, lo que se le estaba mostrando y a la vez le dio un sentido completamente diferente a lo que en esa época se expresaba en toda la demás literatura del mismo género. Definitivamente, el mensaje en este género literario es de origen celestial y tiene un propósito misericordioso, pues viene desde el trono divino. Aquí las imágenes y las escenas representan asuntos relacionados con la eternidad. ¡Verdaderamente es un libro sobrio en cada una de todas sus descripciones y muy mesurado en la esencia del mensaje!

Digamos que, dado el alcance y la importancia de toda la información que está tratando (porque se está refiriendo a hechos de lo más indescriptibles e inalcanzables de la inmensa realidad, lo que no puede descifrar el razonamiento meramente humano por sus disminuidas aptitudes), no faltará quien diga que se trata de divagaciones abstractas. La verdad es que la mente humana rastrea nada más hasta la orilla de lo abstracto, porque no puede penetrar hasta lo sublime, hasta lo divino, porque para eso se necesita estar en otra dimensión y en contacto con el creador de los cerebros humanos. Si se pudiera lograr eso humanamente, entonces se disfrutarían las verdades abstractas en formas concretas, se podrían simbolizar las cualidades espirituales con figuras visibles.

¿Al leer el libro de Apocalipsis se produce en el lector alguna sensación agradable, o es igual a cualquiera de los demás libros de la Biblia?

Tal vez mi experiencia personal sea diferente a la de muchos, pero puede ser que coincida con algunos. Puedo decir que, en ocasiones, al leerlo me despierta una percepción espiritual que infunde reverencia, que invita a la reflexión y al reconocimiento de lo divino, aunque esté saturado de imágenes y escenas simbólicas, se puede hasta palpar el sentido espiritual en cada imagen y en cada escena.

Puedo percibir que se trata sobre cuestiones divinas de sumo interés para los cristianos que, con firme y plena confianza, están esperando el triunfo final de la Iglesia del Señor Jesucristo. Considero que este fue el mejor género de literatura seleccionado por Dios para comunicarse con sus creaturas referente al tiempo del fin y, por supuesto, con su Iglesia en las circunstancias en que se encontraba; pero también quiso por ese medio informarles acerca del futuro y de la bienaventurada esperanza de todos sus seguidores, en todos los tiempos. A nosotros nos tocó ser esa parte de la Iglesia que llega hasta el final, por eso me siento aludido y participante de esa información.

II
LITERATURA APOCALÍPTICA.

Hermano, ¿cuándo existió esa Literatura Apocalíptica, en qué siglos se ubica y por qué se le llama así a este libro de la Biblia?

La literatura apocalíptica es un género literario que se estiló en una época que cubre aproximadamente unos cuatrocientos años antes y después del nacimiento de nuestro Señor Jesucristo. Desde el II siglo a.C. hasta el II siglo d.C., y se pude decir que apocalipsis significa "descúbrelo", porque en el momento, ese estilo fue considerado como una necesidad de los escritores, por las circunstancias que los rodeaban y por el carácter del mensaje que trasmitían a sus lectores, pues, por lo pletórico de figuras y símbolos (característica de la literatura oriental), Apocalipsis era el género ideal para una comunicación privada que despistara a los enemigos.

Los escritos apocalípticos en general y en particular los de los judíos y de los cristianos, dentro de esa época y del mismo género, sirvieron para comunicarse con sus compatriotas contemporáneos que se encontraban en las mismas circunstancias, así pues, buscaron la forma de envolver en figuras el mensaje para evitar ser descubiertos. Lo importante para nosotros es saber que Dios se valió de este mismo género literario como una comunicación privada para los suyos. Ellos entendían mucho mejor que nosotros, era parte del ambiente del momento, inclusive se comunicaban también con figuras, un ejemplo muy conocido es el pez que utilizaron para representar al Señor Jesús.

Literatura apocalíptica judía.

¿Entonces esta literatura judía también forma parte de la Biblia como el Apocalipsis?

En el canon del Antiguo Testamento está el libro de Zacarías, que ha sido confundido como apocalíptico, pero este fue escrito mucho antes de que existiera dicho género literario. Esa literatura judía del género apocalíptico lamentablemente no puede ser considerada como canónica, porque nunca fue aceptada en el canon de las Escrituras Sagradas del pueblo de Israel, debido a su forma, a su contenido y en parte a la seudonimia. Esta literatura tiene esa característica, es decir, es seudónima, porque parece que los autores trataron de esconderse tras ciertos nombres famosos de reconocimiento y renombre en la antigüedad. Se entiende que escondían su identidad debido a las circunstancias de la época; además, es una literatura un tanto fantástica y en algunos casos un tanto grotesca, se nota en ella demasiada imaginación y las conocidas extravagancias de la época.

También es bien sabido que los escritos que no fueron aceptados en el canon sagrado, aunque no sean malos, no llenaron los requisitos establecidos que se aplicaban en la canonización, y que carecen de la estricta relación y de la concordancia con nuestro texto bíblico en general. Además, en ellos hay algunas cuestiones como las siguientes: "los justos se han reunido con sus padres y los profetas se han echado a dormir, y ahora solo tenemos al omnipotente y a la Ley". Entre ellos, eso representaba su queja de la época, y ese es más o menos el triste timbre de casi todos esos escritos, sin embargo, contienen algunos datos muy importantes.

Desde el momento en que se cerró el canon de las Sagradas Escrituras del Antiguo Testamento, esos escritos quedaron fuera y vinieron a formar parte de la Apócrifa. Sin embargo, si nos permitimos un instante de equidad, no debemos ser despectivos al respecto, puesto que sí podemos atribuir cierto valor histórico significativo a las doce obras conocidas, escritas por judíos en esa época. Hay algunas cosas válidas que estos escritores vivieron y otras que escucharon de algunos maestros y las introdujeron en sus escritos. Lo que los hace en cierta medida aceptables es la información, que nos puede ayudar a ubicarnos en la historia para saber algo del pueblo judío en ese momento y para ello no es necesario que sean canónicos, ni tenemos que hacerlos normas de fe para nuestra vida cristiana.

¿Qué es eso de Canon Sagrado?

El término canon se deriva de la usual caña de medir, la que ha sido sustituida por el metro y por eso significa medida. En aquellos tiempos ya existían, como todavía existen, literatos calificados clasificadores de los diferentes géneros y subgéneros de toda clase de literatura. Los literatos que realizan estas funciones, son científicos bien reconocidos en cuestiones literarias, personalidades distinguidas de la época que sea, críticos de alto nivel intelectual, reconocidos como personas dedicadas a la tarea literaria, especializados según el género y el estilo de que se trate. Ellos, para definir la edad, clase y valor de una obra literaria, se apegan a los parámetros literarios establecidos con bases científicas, los cuales aplican a la literatura que estén revisando, clasificándola, aprobándola, o desaprobándola, según el caso. Se trata de personas estrictamente seleccionadas para integrar esas comisiones de revisión, son expertos en la materia que manejan y se enfocan sobre determinados documentos de la rama del conocimiento en cuestión.

De esta manera se debe entender lo que se ha llamado canon. Una obra literaria de cualquier índole, de acuerdo con su presunta importancia, no tiene la validez para ser universalmente reconocida y aceptada como auténtica, si no se ajusta a las reglas o medidas canónicas establecidas por la autoridad correspondiente. De la misma forma, comisiones trabajaron en la revisión de los documentos llamados bíblicos, o Sagradas Escrituras.

Para el Antiguo Testamento, la comisión fue integrada por rabinos expertos del pueblo de Israel, quienes relegaron a la apócrifa todos los ejemplares pretensos que no dieron la medida, es decir, que no llenaron los requisitos que exigen las reglas o normas de validación. La comisión para la revisión del Nuevo Testamento fue integrada por los teólogos especializados del momento. Estos expertos en las escrituras israelitas y cristianas y en los respectivos idiomas y culturas, además de que fueron personas especializadas, se reconocen como de la más alta calidad moral y espiritual, así, se basaron en reglas y conceptos definidos que fueron previamente establecidos, a los que con sumo cuidado y delicadeza, sometieron todos los documentos correspondientes para su debido examen, a fin de aprobarlos o desaprobarlos, de acuerdo con los objetivos de la comisión que desempeñaban. Por lo tanto, estas medidas deben ser aceptadas por doctos e indoctos, en materia de alta crítica literaria.

Si esto, por algún interés personal se pusiera en tela de duda, se consideraría como mera libertad de opinión, pero si se alegara tener toda la razón, entonces, quien atrevidamente lo hiciera, sin discusión quedaría bajo la ineludible responsabilidad de establecer las razones que le asisten, pero con bases históricas, lingüísticas y técnicamente válidas ante jurado experto, de lo contrario quedaría en tela de duda hasta su misma dignidad personal.

¿Cómo se puede calificar a una persona que cita a los filósofos griegos, a personalidades importantes en el campo de la literatura antigua, y a los fundadores de todas las religiones históricas, pero que no acepta a la Biblia porque es un libro antiguo, y que lo llaman anacrónico y fuera de moda?

Observemos lo siguiente, hay muchas personas que aceptan los Códices de las distintas ramas de los conocimientos antiguos porque los consideran fundamentales para sostener respectivamente su manera de pensar. Ellos citan las obras literarias de épocas remotas, corrientes filosóficas antiguas, proposiciones axiomáticas y literatura religiosa. Son conceptos que se encuentran consignados en manuscritos de muy considerable antigüedad y ellos apelan con firmeza a los autores de todos esos documentos, así como a los fundadores de las religiones antiguas. Aquellos muy citados y reconocidos personajes, actualmente ya son perfectamente desconocidos y están muertos y de algunas de esas religiones citadas, solo quedan escasos residuos; sin embargo, siguen citándolos para apoyar los argumentos con que sostienen sus creencias. La verdad, no sabría cómo calificar a tales personas, pero se puede advertir en ellas una actitud desequilibrada, o carente de un verdadero conocimiento de lo que piensan que creen, estoy seguro que necesitan ayuda.

¿Entonces no valoran a la Biblia como importante documento antiguo?

No, a la Biblia, increíblemente, muchos la rechazan solo porque la consideran un libro anticuado, arcaico, o fuera de moda, cuando a la vez están creyendo y defendiendo otros escritos y teorías de la misma antigüedad. Algunos nada más le dan el valor de reliquia antigua, otros citan de ella lo que necesitan para apoyar sus postulados según sus intereses personales. Es exactamente lo mismo que muchos hicieron con el Señor Jesucristo, oyeron sus respuestas a las preguntas que le hicieron, vieron sus maravillosas obras, pero prefirieron su religión y a sus líderes y al Señor lo crucificaron. La respuesta a tu pregunta puede hallarse bien contestada en la Biblia misma y para muestra nada más de leer el capítulo 53 de Isaías, al que los judíos le han dado una interpretación diferente, por no decir que convencional, pero la verdad es que su vigencia es definitiva y contundente.

¿Qué piensas tú de los documentos antiguos, las epístolas y los hallazgos que contradicen los escritos de la Biblia?

Sostengo que no sería justo ni correcto que, si las Santas Escrituras hebreas, o sea, el Canon del Antiguo Testamento, que pertenece a un pueblo que aún vive y que está consciente de su identidad y de su historia, cuyos rabinos eruditos en su momento trabajaron con tanta minuciosidad en la revisión, definición y aprobación de los escritos correspondientes a la historia de su pueblo, a sus leyes, al ministerio de sus profetas, a sus relaciones con su Dios y que cerraron el Canon Sagrado como su mayor tesoro, nada más porque no nos gusta, tratemos de desaparecerlo. Lo mismo debe decirse del Nuevo Testamento.

Considero que se debe calificar como delito contra el derecho de autor y un atentado contra el patrimonio de un pueblo y a la vez un atentado contra lo que ya se considera un patrimonio internacional. Pues el hecho de que se desprestigie, se le niegue veracidad, se le agregue o se le quite a lo que en aquellos tiempos se estableció como indiscutible y definitivo de ellos y de su pueblo, debería ser suficiente para que se califique como delito. Es por eso que pienso, que no importa cuántos escritos aparezcan en el transcurso del tiempo, lo que ya alguien hizo debe ser respetado como su derecho de autor y en particular me refiero al canon del Antiguo Testamento; pero el Nuevo Testamento también fue escrito por judíos, no por un judío solo como para diagnosticarle demencia o dejarlo fuera de su historia. Se trata de hechos históricos importantes en los que participaron varias personas como testigos oculares y experimentales, que vivieron aquellos hechos que han trascendido a nivel mundial, como es la figura de Cristo Jesús y el testimonio de sus apóstoles, eso constituye un importante hito en la historia del mundo, no es posible que se ignore por nadie y menos por quienes con mucho orgullo deben considerarlo como parte de la experiencia de su pueblo.

Por otra parte, el que alguien quiera dar más importancia de la que realmente merecen los escritos no canónicos, no me parece nada extraño, porque después de unos quinientos años de que yo escribiera algunas cosas meramente imaginarias, intrascendentes, o tal vez fantásticas, con algunos cuantos aciertos y citando la época correspondiente, no faltarían indoctos que tomaran mis escritos como muy importantes y quizás hasta me pudieran confundir con algún Pablo famoso de quien ellos hayan oído. Además, siempre habrá opiniones contrarias a lo que alguien dijo o hizo, eso no debe ser nuestra preocupación respecto a la Biblia si en verdad la conocemos, si sabemos quién es su verdadero autor y estamos seguros de en quién hemos creído.

¿No hubo algunos otros profetas o escritores del Antiguo Testamento que produjeran literatura apocalíptica?

Del único que se ha asegurado que manejó ese estilo es Zacarías, pero este escribió antes de la época apocalíptica y a diferencia de los escritores apocalípticos, él declara que esas visiones son de origen celestial, y no solo eso, sus escritos guardan perfecta concordancia y armonía dentro de todo el contexto canónico. Cabe recordar algo importante al respecto, algunos intérpretes (pocos, por cierto), le han llamado literatura apocalíptica judía a ciertos escritos del Antiguo Testamento, como al libro de Isaías, al de Ezequiel, de Daniel, de Joel, así como al de Zacarías. Tal vez lo que quieren decir es que es literatura escatológica; si es así, eso sería lo más correcto y aceptable en general.

Literatura apocalíptica no judía.

Hermano, ¿qué diferencia se observa entre el apocalipsis bíblico y la literatura apocalíptica no judía?

Aunque en toda la literatura apocalíptica aparece el uso del símbolo, de los tipos, de las visiones y hasta la Gematría, parecido al Apocalipsis bíblico, no se observa en ninguna parte que la literatura de los escritores no judíos se identifique o se relacione con los escritos bíblicos. Son muy diferentes, aun cuando algunos escritores eran judíos y escribieron en el mismo género y en la misma época, es un hecho que no son de referencia bíblica, o sea, que no se les conoce ninguna articulación referencial con las Sagradas Escrituras.

¿Si en ese tiempo prevaleció el género apocalíptico, por qué los demás libros del Nuevo Testamento no se escribieron en ese mismo género?

Aunque el género literario apocalíptico prevaleció en esa época, no significa que todo tenía que ser escrito de esa manera, ni en el ámbito bíblico-cristiano, ni en el secular y menos con la forma abigarrada de fantasías y extravagancias que caracterizaba en ese tiempo a ese género de literatura oriental, secular o religiosa.

Cuando se escribió el libro de Apocalipsis bíblico, prevalecía ese género literario, pero al mismo tiempo existía el estilo literario tradicional, por eso, con excepción del Apocalipsis bíblico, todo el Nuevo Testamento se escribió en el lenguaje normal, solamente de manera excepcional, las verdades del último libro de la Biblia se nos entregaron envueltos en una apocalíptica divina.

¿Por qué se tiene que utilizar en el libro de Apocalipsis esa clase de literatura, el lenguaje que se llama figurado o tropológico?

Dios, para comunicar información difícil a la comprensión de sus creaturas humanas, siempre ha utilizado un lenguaje figurado. Este es el lenguaje más efectivo para hablar de asuntos difíciles que deben ser entendidos por toda persona, máxime cuando se trata de cuestiones celestiales. Él, en este libro de Apocalipsis, utiliza figuras como instrumentos ilustrativos, tratando de hacer entender a los cristianos de la Iglesia en sus inicios, presentándoles su mensaje con eventos y personajes del momento, y también utiliza estas figuras para mostrar sucesos en relación con su Iglesia en el futuro.

En toda la Biblia, Dios se ha valido de muchas otras figuras para comunicarse con los humanos, tales como los tipos, los símbolos, las dobles referencias y muchas más. El juicio efectuado a la primera pareja y a la serpiente, además de ser un hecho real, es una declaración simbólica de la redención. Por ejemplo, todos los estudiosos de la Biblia aceptan que GÉNESIS 3:15 está describiendo un hecho real y literal, pero que allí mismo hay una figura tropológica, en la que se observa a una serpiente mordiendo a una mujer y a esta aplastando la cabeza de la serpiente. Este juicio, que fue literal, a la vez nos ofrece la figura en la que se puede ver que a futuro está representando otro hecho, un hecho real, registrado en la historia del pueblo de Israel; como también en la historia universal, un hecho que válidamente nadie puede negar, porque históricamente sucedió allá en el monte de la Calavera, en las afueras de la ciudad de Jerusalén (LUCAS 2:25-38; COLOSENSES 2:14,15). Lo referente a la crucifixión se describe en los cuatro evangelios y también, con un poco de explicación, aparece como figura en el capítulo 12 de Apocalipsis. Como podemos notar, en el libro de Génesis, hay un hecho real y además una representación de todo el proceso de redención.

La edificación del tabernáculo de reunión y su detallado diseño, es toda una información de los medios que nos permiten comprender la necesaria y fácil relación con Él. Esto se debe a que Él conoce a sus creaturas y sabe que nuestro lenguaje es muy limitado, y sería más limitado todavía, si utiliza su lenguaje celestial. No le podríamos entender absolutamente nada.

Algo más que se requiere enfatizar con respecto a las imágenes, o figuras, utilizadas en el libro de Apocalipsis. Tenemos que encontrar en la Biblia las bases de las imágenes representativas que se utilizan en el libro de Apocalipsis; solo así podremos entender el mensaje que se nos quiere transmitir. Así, indiscutiblemente, sería imperdonable pasar por alto todas las alusiones y referencias que evocan a los hechos históricos, así como a las leyes, a los eventos de toda índole y también a las prácticas religiosas; hechos que con la mejor intención se nos han dejado consignados en el Antiguo Testamento.

¿Acaso no es el lenguaje literal más claro y mejor que el lenguaje figurado? ¿Por qué utilizar lo figurado?

Por las necesidades y los propósitos de la comunicación en nuestro limitado lenguaje humano; pues, además de que continuamente se están acuñando vocablos nuevos (o neologismos como también se les llama), se requieren el uso frecuente de palabras y expresiones en sentido figurado para auxiliarnos en la comunicación, debido a esa gran carencia de lenguaje o vocablos que puedan definir a cada objeto que existe en nuestro derredor. Este fenómeno existe en todos los idiomas y dialectos de nuestro mundo. Si todos tenemos dificultades para la comunicación entre nosotros mismos, ¿qué podemos pensar?, ¿cómo será tratándose del lenguaje celestial? Estas, en parte, son las razones del uso del lenguaje figurado en la Biblia.

¿Qué es el lenguaje tropológico?

El lenguaje tropológico es un grupo de palabras y expresiones en el mismo idioma del discurso o del escrito, con un uso diferente al que originalmente se conoce patentado en el diccionario de la lengua correspondiente. En griego se llaman *tropos* y significan "vuelta"; se usan en la retórica oral o escrita. Los tropos deben reunir características similares a las conocidas en el lenguaje recto que les sirven de base, pero que ahora se usan para ilustrar algún concepto diferente. Por ejemplo, "Yo soy la puerta", eso lo dijo Cristo de sí mismo, para hacernos pensar en un nuevo concepto de puerta; es decir, que Él es el medio, o conducto, por el cual podemos entrar al Reino de los Cielos.

Otro ejemplo de lenguaje tropológico lo encontramos cuando a los apóstoles Santiago, Cefas y Juan, se les designa con el nombre de columnas de la Iglesia, según GÁLATAS 2:9; inmediatamente nos damos cuenta de que la palabra "columna" se está usando metafóricamente. También en EFESIOS 2:20, se dice de la Iglesia, que está *"edificada sobre el fundamento de los apóstoles y los profetas"*. Sabemos que se está empleando un lenguaje figurado, en el que se ve a la Iglesia como si fuera un edificio o un templo y a Cristo, los apóstoles y profetas, como si fueran los cimientos sobre los cuales se levanta el edificio.

Pensando en lo que la Biblia dice al respecto, en COLOSENSES 2:16,17 Y HEBREOS 8:5; 9:23;10:1, entendemos que, todas las figuras de retórica, los símbolos, los tipos y demás, son sombras de los bienes venideros, o sea, las cosas celestiales. Entonces, si esas figuras son solamente sombras, y aun siendo sombras las conocemos como realidades, ¿cuánto más será la realidad que representan esas sombras?

Dentro de cada figura de retórica y en todo el lenguaje literario de la Biblia se encuentran realidades tan substanciales como toda la Biblia misma. En todos los idiomas y dialectos existen muchas figuras de retórica, son formas de expresión que ayudan a ampliar e ilustrar el sentido de las palabras y los conceptos y verdades que contienen. Las propias operaciones naturales de la mente humana nos impulsan a rastrear analogías y hacer comparaciones ideológicas; estas, a la vez, excitan las emociones agradables y es así como la imaginación se gratifica con el empleo de metáforas y símiles para aclararse conceptos, pero no como interpretaciones, sino como ilustraciones.

Al respecto, lo cierto es que, aun cuando se pudiera tener un idioma con un léxico abundante para expresar todas las ideas posibles, la mente humana aún nos exigiría el tener que comparar y contrastar cada uno de nuestros conceptos; eso necesariamente nos obligaría a recurrir a una gran variedad de figuras de lenguaje.

¿Entonces, el libro de apocalipsis es un caso especial, escrito directamente por Dios en ese estilo diferente a los demás, con propósitos definidos?

Dios entregó esta revelación divina, en este género literario, a su Iglesia, en el preciso momento en que los cristianos de todo el imperio se encontraban bajo la férrea persecución propiciada por el emperador Domiciano, y Dios, en su amor y sabiduría, les obsequió su muy oportuno mensaje de esperanza y fortaleza, armado por Él en un estilo de literatura compuesto de símbolos y visiones.

A la vez que su mensaje es de consolación y fortaleza para el momento, en él anuncia la victoria final de los cristianos fieles y también la derrota final de todos sus enemigos y los que han atentado contra su Iglesia. El Apocalipsis, además de tener un significado muy espiritual, por su estilo, también ha servido para despistar al enemigo. Entonces, por eso es necesario que esté envuelto en el lenguaje estereotipado del momento pero con un sublime sentido espiritual entendible para los espirituales.

Esto explica por qué este último libro de la Biblia se escribió en el género apocalíptico y es por dos razones:

Una, la misma naturaleza del mensaje lo requiere, porque tal realidad no se puede expresar en ningún lenguaje humano. Ya se dijo que no existe ningún léxico de este mundo que pueda explicar o definir la semántica del lenguaje celestial y la revelación que contiene este libro es el clímax de todo el mensaje bíblico; por lo tanto, su contenido está indicando el desenlace final con los mayores acontecimientos y como son los más difíciles de entender, qué mejor que una representación visual. Era necesario un lenguaje gráfico inteligible, con las imágenes adecuadas al significado de las realidades que representan.

Dos, Dios quiso burlar las malas intenciones de los calumniadores y asechadores que andaban a caza de los cristianos, quienes eran perseguidos por la fe en el Señor Jesucristo. Ahora, es tarea de la Escatología averiguar en esta revelación la trascendente relevancia para nuestro tiempo, de acuerdo con el cumplimiento de los acontecimientos anunciados en este libro.

¿Cómo se hace para aplicar los tropos, o figuras de retórica, en la interpretación del libro de Apocalipsis?

Por el momento revisemos algunas de esas figuras de lenguaje, las que más se encuentran en la Biblia, tanto en el Antiguo como en el Nuevo testamento. Una vez revisadas será más fácil saber cómo aplicarlas.

La Personificación.

La declaración de Números 16:32, que *"la tierra abrió la boca y tragó a Coré y los suyos"*, es un ejemplo de personificación; y casos como este ocurren en las narraciones en prosa. Ejemplos muy notables de personificación se hallan en pasajes tales como el Salmo 114:34: *"La mar vio y huyó; el Jordán se volvió atrás. Los montes saltaron como carneros, los collados como los corderitos"*. Aquí se nos presentan los collados, los ríos y la mar como seres animados. Se les supone conscientes y con facultad de pensar, sentir y determinar, pero solo se trata de un lenguaje conmovedor de la imaginación y del fervor poético; todo ello tiene su origen en una intuición intensa y vívida de la naturaleza.

La Sinécdoque.

En esta figura se pone la parte por el todo o viceversa, un género por una especie, o una especie por un género, el singular por el plural y al revés. Así vemos que en LUCAS 2:1 se dice: *"toda la tierra"*, significando el Imperio Romano. De Jefté se dice que fue sepultado *"en las ciudades de Galaad"*, significando una sola de esas ciudades (JUECES. 12:7). En el SALMO 46:9, se representa al Señor como *"que hace cesar las guerras hasta los fines de la tierra, quiebra el arco, corta la lanza y quema los carros de guerra en el fuego"*, aquí, al especificar arco, lanza, carro de guerra y fines de la tierra, el salmista quería representar el triunfo de Jehová como una destrucción completa y de todo elemento de guerra.

La Metáfora.

En esta figura se hace una comparación directa del objeto que se utiliza para comparar, con la verdad u objeto que se quiere dar a conocer, es decir, el objeto que se está utilizando sirve de ilustración. La metáfora es una forma de expresión más amplia y más impresionante, pues transforma el sentido literal en otro nuevo y muy notable. Ejemplos:

Pablo dice con gran fuerza de lenguaje, a los EFESIOS, 5:8: *"En otro tiempo erais tinieblas, mas ahora sois luz en el Señor"*. El Señor Jesús dijo *"Yo soy la puerta, y yo soy el camino, la verdad y la vida"* (JUAN 10:7; 14:6). Las palabras cambian, del significado recto, que puede decirse, literal; a un significado que tiene un propósito específico.

Metáfora, en griego, es *metaféro*, que significa "transportar o transferir". Eso es lo que sucede en la metáfora, el sentido de una palabra inmediatamente se transforma en otro. En general, el sentido figurado de muchas palabras que se usan es metafórico, esto sucede en todos los idiomas. Por esta razón, todo idioma es, en gran medida, un diccionario de metáforas desvanecidas dentro de sí mismo. La fuente de las metáforas de la Biblia, se debe buscar principalmente en el escenario natural de las tierras bíblicas, en las costumbres y antigüedades del Oriente y en el ritual del culto hebreo.

En JEREMÍAS 2:13, hallamos una metáfora muy expresiva: "***Dos males ha hecho mi pueblo: dejáronme a mí, fuente de agua viva, por cavar para sí cisternas rotas que no detienen aguas***". Una fuente de aguas vivas, en un país como Palestina, es sumamente importante; el agua viva nunca se puede comparar con pozos o cisternas artificiales. Solamente Israel pudo abandonar el único manantial, la fuente viva, por un pozo artificial. ¡Qué tontería! En estas expresiones Jeremías dice que Israel cayó en lo que se llama apostasía.

La Alegoría.

Una alegoría es una cadena de metáforas. "***Vosotros sois la luz del mundo: una ciudad asentada sobre un monte no se puede esconder. Ni se enciende una lámpara y se pone debajo de un almud más, sobre el candelero, y alumbra a todos los que están en casa, así alumbre vuestra luz***" (MATEO 5:14-16). Aquí se está ofreciendo a la mente una variedad de imágenes; una luz, una ciudad sobre una montaña, una lámpara, un sostén para lámpara y un almud romano o medida para áridos.

Nótese que en medio de estas imágenes variadas está corriendo la figura principal de una luz cuyo objeto es enviar lejos sus rayos e iluminar todo lo que esté a su alcance.

La Metonimia.

En esta figura se pone al signo por el objeto significado. Así leemos en ISAÍAS 22:22: *"Pondré la llave de la casa de David sobre su hombro y abrirá y nadie cerrará y cerrará y nadie abrirá"*. Aquí se usa el signo "llave" para significar autoridad, control sobre la casa, el poder para abrir o cerrar las puertas cuando le plazca. El poner la llave sobre el hombro indica que el poder y la autoridad estarán depositados sobre el que tiene la fuerza para ejercerlo. En MATEO 16:19, lo que el Señor dio a entender es que se le da la autoridad a quien puede ejercer el liderazgo. En ISAÍAS 2:4 tenemos una representación de la era mesiánica que describe la completa cesación de las luchas y las guerras entre las naciones cuando dice: *"Volverán sus espadas en rejas de arado y sus lanzas en hoces"*.

La Hipérbole.

Esta figura de retórica consiste en exagerar un objeto más allá de la realidad. Su origen natural se halla en la tendencia propia de las mentes jóvenes e imaginativas de describir los hechos con colores más vivos; se percibe como muy natural para las fantasías. Al describir la apariencia de los campos de los madianitas y los amalecitas en JUECES 7:12: *"Tendidos en el valle, como langostas en muchedumbre, y sus camellos eran innumerables, como la arena que está a la ribera de la mar, en multitud"*. Otros ejemplos bíblicos de esta figura son los siguientes: *"Toda la noche inundo mi lecho, riego mi estrado con mis lágrimas"* (SALMO 6:6). *"¡Oh, si mi cabeza se tornase aguas y mis ojos fuentes de aguas para que llore día y noche los muertos de la hija de mi pueblo!"* (JE-REMÍAS, 9:1). *"Y hay también, otras muchas cosas que hizo Jesús; si se escribiesen cada una por sí, ni aun en el mundo pienso que cabrían los libros que se habrían de escribir"* (JUAN 21:25). Esas expresiones exageradas, cuando no se usan con debida frecuencia, atraen poderosamente la atención y hacen una impresión agradable.

El Símil.

Es cuando se hace una comparación formal entre dos objetos, personajes o conceptos, confrontándolos para impresionar la mente con algún parecido o semejanza. En ISAÍAS 55:10-11 hallamos un ejemplo de esto: *"Porque como desciende de los cielos la lluvia y la nieve, y no vuelve allá, sino que harta la tierra y la hace germinar y producir, y da simiente al que siembra y pan al que come: así será mi palabra, que sale de mi boca, no volverá a mí vacía; antes hará lo que yo quiero y será prosperada en aquello para que la envié"*. Las oportunas y variadas alusiones de este pasaje presentan la eficacia de la palabra de Dios en un estilo muy impresionante.

Los símiles ocurren con frecuencia en las Escrituras y, teniendo por objeto ilustrar la idea del autor, no envuelven dificultades de interpretación. Cuando el salmista dice: *"Soy semejante al pelícano del desierto; soy como el búho de las soledades; velo y soy como el pájaro solitario sobre el tejado*" (SALMO 102:6), sus palabras son una vívida descripción de su absoluta soledad. Generalmente los símiles se expresan con palabras como estas: semejante a, comparar, como, de manera que, y otras.

La Fábula.

La fábula consiste, básicamente, en imaginarse que los objetos inanimados y de la naturaleza vegetal o animal, tienen personalidad similar a los seres humanos. Se les atribuye personalidad humana, comportamientos, razonamiento y lenguaje semejante al de los humanos, aunque todo eso sea contrario a las leyes de su ser. No obstante, el asunto sea moral, o de cualquier otra índole que se busca enseñar con la fábula, generalmente es tan evidente que no hay dificultad para comprenderlo.

La fábula más antigua que se conoce es la de Jotham, JUECES 9: 7-20. Se representa a los árboles como saliendo a buscar y ungir un rey. Invitan a la oliva, la higuera y la vid a venir y reinar sobre ellos, pero todos se niegan, alegando que sus propósitos y sus productos naturales requerían todo su cuidado. Entonces los árboles invitan al escaramujo, el cual no se rehúsa, pero con hiriente ironía insiste en que ¡todos los árboles vengan y se refugien bajo su sombra! ¡Que el olivo, la higuera y la vid se acojan a la sombra protectora de una zarza! Y de no hacerlo así, se añade significativamente, entonces *"fuego salga del escaramujo que devore los cedros del Líbano"*. El mísero, inservible escaramujo, enteramente incapaz de proteger con su sombra ni aun al arbusto más pequeño, podía muy bien, sin embargo, servir para encender un fuego que pronto devoraría hasta los más nobles árboles. De esta manera Jotham, haciendo una inmediata aplicación de su fábula, predice que el débil e inservible Abimelech, a quien los de Sichem tanto se habían apurado a constituirlo rey, resultaría una maldita antorcha que quemaría sus más nobles caudillos.

Se puede ver de inmediato que todas estas imágenes de árboles hablando, caminando y actuando, son solo una fantasía. No se funda en ningún hecho real, sin embargo, presenta un cuadro bastante vivo e impresionante de las locuras políticas de la humanidad. Cómo puede la gente aceptar dirigentes de caracteres tan indignos como el caso de este hombre, Abimelech.

Una buena recomendación. En la interpretación de las fábulas, hay que guardarse del error de querer exprimir demasiado las imágenes. En estos casos no hay porque suponer que cada palabra y alusión tenga un significado especial, recordemos siempre que, un aspecto distintivo de las fábulas, es que no son paralelos exactos de los textos que tienen aplicaciones prácticas, sino ilustraciones.

III
UN POCO DE HERMENÉUTICA.

Hermano, ¿qué tan importante es la Hermenéutica en el estudio de la interpretación bíblica?

La Hermenéutica debería llamarse ciencia, pero se conoce más como el arte de la interpretación de los textos. En relación con la interpretación de documentos o textos, es un condicionante de validez. En esencia, es una herramienta interpretativa para todo texto escrito. En la interpretación bíblica se aplica el método hermenéutico que se requiere para que los resultados de su estudio tengan validez en todo medio, inclusive en el científico. El carácter científico de la Hermenéutica depende de que el método utilizado sea el correcto.

Es del conocimiento de los intérpretes bíblicos que, en el trascurso del tiempo, se han venido aplicando diferentes métodos a los estudios bíblicos; el problema es que, de esa variación metodológica, depende el resultado conceptual que se ha venido desarrollando, que por principio de cuentas afecta la confianza del estudiante bíblico y produce la confusión en la mentalidad menos estructurada al respecto.

El método correcto define la confianza que requiere el contenido del documento y ofrece veracidad definitiva en su información. Todo texto escrito, debido a las limitaciones del léxico más amplio, necesita del lenguaje tropológico, además de los signos formales y definidos de sentido recto. En el lenguaje bíblico en general, por su importancia esencial, por la diferencia cultural, por la variedad de idiomas que intervinieron en los escritos originales y por la natural influencia que ejerce la dinámica de los pueblos en su devenir histórico, necesitamos la ayuda de un método hermenéutico que nos garantice la veracidad necesaria para la comprensión de las verdades divinas de vida o muerte. Para tal necesidad no hay nada mejor estructurado que el método literal.

Por todo lo dicho, a mi ver, la Hermenéutica, además de ser importante, es necesaria, porque de la aplicación que de ella se haga dependerá lo que vamos a creer de la Biblia y eso será lo que enseñaremos a otros. La doctrina no debe ocasionar confusiones entre los mismos creyentes pues eso diluye la conducta cristiana, afecta la relación con el Creador y el buen funcionamiento de la Iglesia del Señor; como consecuencia, se daña la salud espiritual de muchos creyentes, hasta el grado de que, siendo heraldos para otros, terminan siendo reprobados (1ª Corintios 9:27).

¿Cuáles son los métodos que más se han aplicado a lo largo de la historia?

El método literal, el alegórico, el anagógico (conocido como el método místico y también como método espiritual) y el analógico.

Estos métodos se han considerado básicos en la interpretación de documentos, incluyendo la Biblia; todos ellos, con excepción del literal, han sido deducidos de corrientes filosóficas en momentos de necesidad y por negligencia teológica.

¿Esos métodos son todos los que existen o hay más? ¿No se ha dicho que hay muchos métodos para interpretar la Biblia?

Con el propósito de aclarar, diré que no hay muchos métodos. Hay historia sobre ese tema y eso puede ser lo que ocasione un poco de confusión al respecto, pero al conocer bien la historia del método de interpretación bíblica, se terminará esa confusión. Se puede decir que, básicamente, se han manejado, primero uno, después dos, más tarde tres y por último cuatro métodos de interpretación, pero eso es cuestionable.

La historia del método es un tanto extensa, pero en este trabajo daremos algunos apuntes básicos para entender mejor el Apocalipsis nuestro. El primer método conocido como tal es el literal, utilizado por el sacerdote y erudito Esdras, al retorno del cautiverio babilónico. Después aparece otro, llamado alegórico, también llamado místico (o anagógico o espiritual), al que por alguna razón, más tarde separan y escinden el espiritual, haciendo con este tres métodos de interpretación. Por último, antes del tiempo de la Reforma cristiana, se manejaron cuatro con el analógico.

¿Cuál es el método literal?

Generalmente se ha definido con la expresión: tal como está escrito, y eso es cierto, pero necesita explicación. Sabemos que lo escrito nos conduce a revisar tanto la gramática de los idiomas que intervienen en el texto que estamos estudiando, como el aspecto epistemológico, es decir, la historia de la historia, lo que rodeó el momento en que se escribió dicho texto. No es como los alegoristas dicen: que el texto literal es nada más el cascarón del mensaje; no, es el estudio del texto bíblico a la luz de su contexto. La mejor comprensión de este método es la que surgió en el tiempo de la reforma de la Iglesia, aunque Lutero nada más haya establecido la base y se le atribuya a Juan Calvino la definición, no importa, desde ese tiempo al método literal se le conoce como "el método histórico-gramatical".

El lenguaje literal es la forma más clara y llana de hablar, sin ambages ni circunloquios. Si el vocabulario literal de un idioma fuera suficiente para expresar toda la realidad que se puede conocer en este planeta y fuera de él, sin que se tuviera que usar representaciones que sustituyeran a las palabras literales de tal idioma, sería ese el lenguaje más claro y más limpio en este mundo.

Literal significa entender un texto tal como lo expresan las palabras que lo integran en el sentido recto, o sea, en el primer sentido que define el diccionario enciclopédico en cualquier idioma, es el significado básico y original que tienen las palabras. Aunque también existen las acepciones, o distintos significados de las palabras, como cuando en la expresión "a quien le dan pan que llore" el pan se refiere a la comida, pero también a otra serie de resultados que nada tienen que ver con la harina y el agua.

Entonces, con respecto, se puede decir que hay dos clases de lenguaje literal: el que se refiere a las realidades de nuestro tiempo y a nuestra ubicación actual (lo que se llama secular en nuestro planeta), o como lo dijera el Señor Jesús, "de este siglo", o de este ciclo, y eso de este siglo, indica que hay otro, el que se refiere a otras realidades celestiales en donde sea, o esta misma realidad que será transformada en el futuro. Es decir, el lenguaje literal celestial.

Decir que hay lenguaje literal en la dimensión celestial no es un absurdo, la razón que me avala para decirlo es que no seremos una comunidad de mudos, que ya no tendremos limitaciones para nada, que ya no estaremos careciendo de lenguaje para comunicarnos con otros con toda claridad. Porque precisamente las limitaciones que hoy tenemos son las que hacen necesarios los símbolos y todas las demás figuras de la retórica que usamos en el afán de comunicarnos; es lo que obliga que se tengan que repetir las mismas palabras con el título de acepciones para otros significados, y que así con todo eso, en nuestro propio idioma todavía no podamos entendernos bien; y lo peor es que no podemos entender muchas cosas incluso en nuestro propio idioma.

Le dijo el Señor Jesús a Nicodemo: "*¿Tú eres el maestro de Israel, y no sabes esto? Si os he dicho cosas terrenas, y no creéis, ¿Cómo creeréis si os dijera las celestiales?*" (JUAN 3:10-12) Lo celestial es superior a lo humano, o sea, a lo que es simplemente terrenal. Es importante pensar que, sin duda, si logramos percibir la verdad en la revelación con tanto simbolismo y figuras de retórica y si la podemos explicar en nuestro lenguaje limitado, podemos estar seguros que, en la dimensión celestial, no tendremos problema para comunicarnos, todo el lenguaje será literal.

¿Cuál es el método literario?

Aunque también al lenguaje literario se le llama tropológico, o figuras de retórica, o expresiones de lenguaje; este se debe manejar según la clase de expresión o figuras literarias que se encuentren en el escrito, las que necesitan entenderse desde una perspectiva diferente al lenguaje recto. Sin embargo, el sentido recto del lenguaje es la base del sentido literario, ese sentido recto es el primer significado de cada palabra en un buen diccionario y esto es lo que le da sentido al lenguaje literario. Sin el lenguaje directo o recto no hay lenguaje literario.

¿Cuál es el método espiritual?

Este no es precisamente otro método, es la verdad que contiene el texto, su aplicación con sentido práctico. En la literatura secular se maneja la idea de moral y no se usa propiamente el término espiritual; a la aplicación del sentido del texto se le llama moraleja. En la literatura bíblica o teologal, a la aplicación de la verdad contenida en el texto se le ha llamado método espiritual. Aunque en ambos casos se pueda definir como una reacción neuronal, provocada por una determinada información que activa la facultad pensante que afecta los campos de las emociones y la voluntad del individuo. Esa información, de acuerdo con su orientación, en un instante nos permite elaborar un concepto de algo que estamos tratando de entender. En la literatura secular nos puede brindar un mensaje generalmente moral y eso es lo que se llama moraleja, o producto meramente razonado. En cambio, en la literatura bíblica y teologal, por su misma naturaleza, esas reacciones provocadas por la información orientada por una verdad bíblica, captada en el espíritu del ser humano, reciben la acción iluminadora del Espíritu Santo.

A eso, le han llamado método espiritual de interpretación, aunque en realidad no es un método de interpretación, sino más bien es la aplicación del mensaje o la verdad contenida en el texto que ya se interpretó y se entendió. Esto no es como algunos dicen, que lo que no se puede comprobar científicamente no se puede aceptar como verdad. Quienes afirman eso ignoran que los científicos primero tienen que creer, o sea, tener fe en lo que después han podido comprobar; y que se han valido de los instrumentos de investigación apropiados para cada caso en estudio. Eso es precisamente lo que no hacen los que solo niegan la fe y los fenómenos espirituales, no se han puesto a comprobar nada de lo que, sin saber la verdad al respecto, lo desechan, y no han tenido el cuidado, ni les ha interesado usar los instrumentos de investigación apropiados al ámbito espiritual; esa es la razón por la que ellos niegan lo que no han entendido, y por lo mismo, tampoco pueden comprobar el hecho de su negación.

¿Cuál es el método Analógico?

Es aquel en que se procede haciendo comparaciones de textos paralelos de la Escritura, o sea, aquellos textos de contenido semejante. Se hace para asegurarse de que las verdades y los principios que se quieren entender sean netamente bíblicos. Este procedimiento, en realidad, es solo la forma de revisar el contexto en el método literal. No es otro método, es tratar de asegurarse de que el asunto que se quiere definir sea el verdadero, el bíblico, pero se hace dentro de la misma aplicación del método literal para la recta interpretación bíblica.

¿Qué diferencia hay entre el método literal y el rabinismo?

Empecemos por decir que no se trata de negar métodos, ni desvirtuarlos, el objeto es hacer pensar que se trata de un solo método manejado en varios gajos que están relacionados unos con otros; y que esos gajos son, convencionalmente, llamados métodos, pero en realidad solo son partes integrantes del mismo y único. El único método válido es el conocido como literal, el que aplicó Esdras al regreso del cautiverio babilónico (NEHEMÍAS 8:1-8 y enseguida hasta el capítulo 11).

La interpretación literal del Antiguo Testamento después se siguió como resultado de un hecho histórico conocido como la fusión de la autoridad sacerdotal con la autoridad del rey, lo mismo que después continuó el rabinismo de la nación judía. Este fue el método empleado por los rabinos y los escribas, ellos no conocieron lo que después se comenzó a llamar, y se ha seguido llamando, método alegórico; aun en el momento terrenal del Señor Jesús, ese método no se aplicaba, siempre usaron el método literal.

También es verdad que los rabinos no entendieron al Señor Jesús y no creyeron en Él. Esto fue porque habían caído en ciertas conclusiones falsas; siguiendo el Takanot (las reformas talmúdicas), a las que Cristo se refirió cuando les dijo a los fariseos: *Enseñan mandamientos de hombres* (MATEO 15:8,9 traducción griega). Además, los rabinos creían que Rabban Gamaliel y los ancianos no podían pecar, así como los demás que escribieron los manuscritos antiguos, quienes para ellos eran muy respetables. Esa fue la razón por la que se adhirieron a las doctrinas del Talmud babilónico. En conclusión, comprendemos que lo que Cristo les dijo no tuvo nada que ver con el método literal, más bien se debió a que ellos no aplicaban el sentido textual y verdadero de la Torah, sino lo que decía el Talmud. A lo mismo obedece el sermón del monte (MATEO CAPÍTULOS 5-7).

Sin embargo, debemos entender que las fallas del rabinismo respecto al método literal de interpretación no nos afectan, porque el Señor Jesús, el Maestro de maestros, las descubrió al hacer las debidas aplicaciones de ese mismo método en sus enseñanzas. Él no cambió el método literal ya conocido, sino que hizo las aplicaciones correctas de los mismos escritos que ellos conocían. La ley sigue y seguirá siendo ley vigente, lo que tenemos que entender es que esa ley es la expresión del amor de Dios y así debe aplicarse. Con ella, lo que Dios procura es que no nos autodestruyamos, ni que nos destruyamos unos con otros y mucho menos que destruyamos a otros (MATEO 22:35-40) Esto no tiene nada que ver con lo que se ha llamado método alegórico, ni tampoco con la interpretación del judaísmo rabínico, Él habló del propósito de la ley, lo que también es literal. El amor es el para qué de la ley.

¿Dios usa el método literal?

La palabra del Señor tiene propósitos espirituales y sus decretales están bien definidos y escritos con tinta celestial, aunque tenga que ser presentada en un deficiente lenguaje humano, pues esto es con el fin de que los humanos podamos entender lo que Dios nos quiere decir.

Dios siempre ha usado el método literal porque Él no carece de lenguaje, Él no necesita usar expresiones y formas figuradas para hacerse entender. Lo hace para mostrar su amor porque conoce nuestras limitaciones, nosotros sí necesitamos entender y hacernos entender, porque carecemos de lenguaje y Dios conoce esa carencia nuestra y sabe que eso limita nuestro entendimiento, por eso usa distintas formas de lenguaje para que podamos comprender sus planes.

El método literal es muy notable en toda las Sagradas Escrituras, en todos los mensajes de sus profetas, en los dos Testamentos, en el Antiguo y en el Nuevo. Muchos de aquellos profetas se expresaron con distintas figuras de lenguaje, pero los eventos anunciados en esa forma para varios plazos o tiempos, todos han tenido y tienen cumplimiento literal exacto, tal como se anunciaron. Prueba de esto que se dice, son las profecías acerca de la primera venida de Cristo. Veamos las siguientes: *La virgen concebirá, y un niño nos es nacido, hijo nos es dado* (ISAÍAS 7:14; 9:6,7; MATEO 1:22,23; LUCAS 1:26-35); el *nacimiento de ese niño en Belén Efrata* (MIQUEAS 5:2; MATEO 2:1-6); *maltratado no abrió su boca, enmudeció como oveja ante sus trasquiladores* (Isaías 53; Mateo 27); *horadaron mis manos y mis pies, y repartieron entre sí mis vestidos* (SALMO 22:16-18; LUCAS 23;34; MARCOS 15)*; alégrate mucho, hija de Sion; da voces de júbilo, hija de Jerusalén; tu Rey vendrá a ti cabalgando sobre un asno, sobre un pollino hijo de asno* (ZACARÍAS 9:9; MATEO 21; MARCOS 11). Se pude abundar más en ejemplos, pero al buen entendedor…

¿Qué es el método alegórico y cómo se diferencia de la alegoría?

La alegoría es una figura retórica que consiste en una cadena de metáforas. En cambio, el método alegórico se aplica a la interpretación de todo el texto bíblico, o sea, a toda la Biblia, aun a los hechos históricos. No se aplica nada más a las figuras de retórica llamadas alegorías; se usa como el método de interpretación de toda la Biblia. Cuando en la Biblia se encuentra una figura de retórica conocida como alegoría se entiende que tiene la finalidad de ilustrar una verdad literal y se interpreta lo que debe entenderse literalmente de acuerdo al contexto donde se encuentra. En la Biblia hay muchas figuras de retórica, o sea, muchos textos literarios y no únicamente alegorías; cada uno de esos textos requiere ser interpretado de acuerdo a la figura correspondiente, no deben interpretarse los textos como si todos fueran alegorías. Esas figuras solo sirven para ilustrar las verdades literales que se están tratando en el texto que se lee, se escucha o se estudia.

Por otra parte, en el método literal de interpretación, se revisa cuidadosamente el aspecto gramatical, el fondo histórico del libro y la historia del texto concreto que se está estudiando. Para aplicar este método a los símbolos, a los tipos, a las alegorías y a las metáforas, o sea, a todas las figuras de retórica que se encuentran en la Biblia, se tiene que tomar en cuenta la regla fundamental que dice: La Biblia, su propio intérprete. Esto implica que se tiene que revisar el contexto en el cual se encuentra el texto que estamos interpretando, ese contexto se debe revisar en sus diferentes niveles: el contexto inmediato, el mediato y el contexto general y todo lo que corresponda al contexto histórico.

En el método alegórico se procede diferente, se erige este método como la base de la interpretación y no se reconoce que sea la Biblia la base para interpretar, más bien se busca que el mensaje que sea aplicable a circunstancias o situaciones que se necesiten o se quieran en determinado momento. Esto fue lo que en el año 1545 llevó a la Iglesia Católica Romana a decretar que se reconociera la autoridad de los escritos del magisterio de la iglesia, lo que llaman tradición, al mismo nivel de la autoridad de la Biblia. Este concepto, lo había esbozado Agustín de Hipona en su famoso Eclesiastisismo, que dio origen a todo el sistema católico romano conocido hasta hoy.

Cabe mencionar que los literalistas moderados se cuidan de no caer en el fariseísmo, utilizando el método literal equivocadamente en todos los textos de la Biblia. En este caso, lo importante es entender que todas las figuras de retórica, sean alegorías, símbolos, metáforas o parábolas, siempre contienen principios o verdades reales y que el propósito de cada figura es enseñar una verdad, que al fin de cuentas se convierte en algo de aplicación literal.

¿Es el método alegórico un método de interpretación?

Si es que este fuera en realidad un método de interpretación, yo no encontraría la forma de aplicarlo a la Biblia, porque lo considero asistemático e indefinible, carente de la más mínima regla de interpretación, por ende, totalmente vacío de veracidad. Se sostiene que en la aplicación de ese método no se necesita escudriñar ni razonar la verdad divina, que solo se debe extraer del texto y creerla. Eso da margen a pensar que quienes enseñan de esa manera no razonan lo que enseñan. ¿Pedirán a sus seguidores que solamente deben creer lo que se les enseña, que lo acepten sin razonarlo; o los pondrán a leer y que ellos interpreten lo que puedan? Esto último me parece lo más lógico que ellos hagan, para poder mantener y continuar con el mismo método. ¿Cómo podría ser de otra manera? De hecho, esto conduce a que cada quien, particularmente, interprete lo que le parezca ser la verdad bíblica. Eso es lo mismo que leer cualquier porción de la Escritura, medio entenderla y explicarla como una enseñanza, sin darle importancia a las verdades literales o a los hechos históricos, siendo que estos sirven de ejemplo y tienen relevancia y aplicación para la vida práctica de los creyentes en cualquier época.

Por otra parte, alegorizar las Sagradas Escrituras es abrir la puerta para dar paso a la interpretación particular o privada, o sea, lo que leemos en 2ªPEDRO 1:19-21; 1ªCORINTIOS (14:32), y se corre el riesgo de quitar o añadir palabras al Libro Divino.

El método alegórico fue enseñado por Agustín de Hipona y lo aplicó en todas sus interpretaciones bíblicas, lo introdujo en el eclesiasticismo, el sistema de funcionamiento en todo lo concerniente a la iglesia católica romana y sigue aplicándose hasta la fecha. Esto ocasionó muchos problemas de interpretación. En el año 590, el papa Gregorio I, el Grande, (el primer papa en la iglesia) prohibió la lectura y la interpretación de la doctrina sin la autorización papal, según él para evitar la confusión doctrinal. Después de eso se inicia el magisterio de la Iglesia, dando origen a la tradición con el mismo nivel de autoridad que la Biblia. Fue desde el año 590 hasta el año 1963 cuando el Papa Juan XXIII autorizó a los fieles la lectura de la Biblia.

¿Cómo se inició el método Alegórico?

El método alegórico tiene su origen en la filosofía griega, en la práctica de los cantos y plegarias a los dioses paganos. Eran muchos los teólogos paganos que escribían salmodias y textos para quienes adoraban a los dioses de la mitología griega; entre todos esos teólogos, los más reconocidos fueron Homero y Hesíodo, admirados por sus interpretaciones alegóricas de los textos que exaltaban a sus dioses. Como ya se dijo, según Farrar: Más tarde, se dice que Aristóbulo, filósofo judío que vivió en Alejandría por el año 150 a. C., dedicó a Ptolomeo IV una obra en griego, en la que trataba de armonizar las teorías filosóficas griegas con la filosofía de Moisés, sosteniendo que la filosofía griega nació de los principios filosóficos del Pentateuco. La intención de Aristóbulo fue dar a conocer el judaísmo a Ptolomeo, afirmando que los filósofos griegos habían desarrollado sus conocimientos filosóficos basados en los libros del Pentateuco y los profetas.

Se sabe que después, Filón, un judío filósofo platónico, que nació en Alejandría, Egipto, en el año 13 a. C. y que murió el año 50 d.C., adoptó el principio fundamental de Platón: "Que no debe creerse nada que sea indigno de Dios". Filón fue quien trató de convencer a los judíos a interpretar las Sagradas Escrituras mediante el método alegórico. Trató de armonizar las dos tesis de Aristóbulo con el Pentateuco.

Los cristianos del primer siglo y hasta el tercero, no conocieron el método alegórico de interpretación. Eso indica que el Señor Jesús nunca utilizó tal método, ni los apóstoles lo conocieron. Fue una novedad que poco a poco se fue introduciendo en el cristianismo del siglo cuarto. Los antiguos hebreos profetizaron un día de restauración para el Israel desterrado y el restablecimiento del reino de David y los judíos todavía esperan que eso se cumpla literalmente; los primeros cristianos esperaban ver a Cristo regresando literalmente en las nubes, así como lo vieron ascender al cielo.

¿Cómo se inició ese movimiento cristiano en Alejandría y por qué se hizo de interpretación alegórica?

Según la tradición, Marcos, quien escribió el segundo libro del N. Testamento, fue quien fundó una escuela cristiana en Alejandría, Egipto, para discipular a los nuevos creyentes. Pasando el tiempo, esta escuela cristiana, ya influenciada por las enseñanzas de

Filón el judío filósofo platónico, fue liderada por Panteno (Paentenus) y la escuela se convirtió en un importante centro de educación cristiana. Después, un discípulo de Panteno, llamado Clemente de Alejandría, sustituyó a su maestro como rector de la escuela (160-215 d.C.). Clemente de Alejandría fue maestro de Orígenes y más tarde Orígenes (184-253 d.C.) sustituyó a su maestro Clemente como rector.

Orígenes fue muy apegado al método de interpretación alegórica, al grado de sostener que todos los textos bíblicos, todas las frases y todas las palabras de la Sagrada Escritura, se deben interpretar alegóricamente. Cuando la teoría de Orígenes calló en descrédito, Dionicio (190-265 d. C.) lo sustituyó en el liderazgo de la escuela.

Esta escuela de Alejandría desarrolló una exégesis bíblica totalmente alegórica que se basa en la filosofía de Platón; el idealismo y el dualismo, lo que dio origen al gnosticismo y al método alegórico. Con el tiempo esta escuela ya no fue un lugar, sino una forma de pensar que se extendió por muchos lugares. Más tarde, Ticonio, otro teólogo de la misma escuela, a principios del siglo IV, influyó sobre Agustín, obispo de Hipona, África. Este mal continuó por toda la edad media hasta Tomás de Aquino y este, con ciertos cambios, en la "Suma Teológica", continuó la misma influencia entre teólogos, predicadores y en ciertas instituciones eclesiásticas, incluyendo la Iglesia en todas sus fases después del movimiento de reforma.

Al final de una larga y fuerte lucha ideológica entre los teólogos apologistas, se estableció definitivamente el método alegórico. Lamentablemente para la iglesia y para la correcta interpretación de las Escrituras, los alegoristas, a pesar de tantas protestas en aquel tiempo, apoyados por el poder político, salieron completamente victoriosos y desde esa época ese método sigue creando confusiones entre los cristianos. Esto que se ha dicho como historia, comprende un tiempo que es parte del tercer siglo y otra parte del cuarto, d. C.

Orígenes fue el más grande y reconocido expositor del método alegórico. Este, siguiendo la psicología de Platón, consideró a la Sagrada Escritura como un organismo vivo que, según su filosofía, consta de tres elementos correspondientes: el cuerpo, el alma y el espíritu. Así, dio un sentido triple:

1) Un sentido somático, literal, o histórico (el cuerpo), que solo sirve como un velo para una idea superior.

2) Un sentido psíquico o moral (el alma) que anima al cuerpo y que sirve para una edificación general.

3) Un sentido místico o anagógico (el espíritu), el ideal para los que están sobre lo más alto del conocimiento filosófico.

En la misma teoría de Filón, al espiritualizar la letra de la escritura en lugar de extraer el sentido de lo escrito, se ponen ideas extrañas y fantásticas sin sentido. Esto fue lo que se estableció como método de interpretación bíblica, por ese tiempo y se le dio el nombre de alegórico.

Después del período apostólico, en el que se usaba el método literal, ya se principian a observar grandes y fuertes cambios. La Iglesia, perseguida por los emperadores, pasa a otro nivel, ahora es la Iglesia Imperial, reconocida como la religión oficial del imperio romano. En el cuarto siglo, los sinceros y verdaderos cristianos del momento no se sentían seguros con el método de interpretación alegórico y no todos aceptaron el método alejandrino. Teodoro de Mopsuestia y Juan Crisóstomo, discípulos del famoso Diodoro de Tarso, en Antioquía, desarrollaron el método literal basados en el trabajo de Esdras y demás estudios de las Escrituras del Antiguo Testamento, haciendo comparaciones con las del Nuevo Testamento.

Para ese tiempo, el método alegórico ya era muy reconocido y respetado debido al prestigio de la escuela de Alejandría; esto ocasionó que se condenara el método literal de la escuela de Antioquía, hasta que al fin triunfó el alegorismo. Así fue como Agustín llegó a ser el rector del pensamiento teológico medieval, estableciendo lo que se llamó "Eclesiasticismo", el sistema eclesiástico de la Iglesia Cristiana, llamada Iglesia Católica Romana.

Sin borrar nada de lo establecido por Agustín de Hipona, Tomás de Aquino en su obra intitulada "La Suma Teológica", desarrolla su teología Escolástica, en el siglo XIII, casi al final de la Edad Media, en la cual, entre algunas cosas buenas, mantiene el alegorismo. Es por eso que ese método de interpretación es el que se ha venido aplicando en la iglesia católico-romana hasta hoy, sin que por esto se entienda que todos los teólogos católico-romanos actualmente apliquen únicamente este método. Al hacer esta aclaración, se tiene en mente la necesidad de distinguir el método alegórico, para que el lector o intérprete, al fin de cuentas, decida deliberadamente lo que quiera hacer.

Para ilustrar lo que es la exégesis alegórica llevada al extremo, regresemos a escuchar al obispo Agustín de Hipona, África, quien recurre al evangelio de SAN JUAN, CAPÍTULO 4: "Los cinco maridos que había tenido la samaritana significarían los cinco sentidos naturales en el ser humano y el que tiene ahora, que no es su marido, es la capacidad de razonar, que aún no ha tomado posesión de ella; por eso no reconoce a Jesús". Los treinta y ocho años que llevaba el paralítico junto al estanque de Betesda tienen también su significado, pues equivalen a cuarenta menos dos, cuarenta es un número que significa perfección, lo que a continuación, explica Agustín con otras muchas alegorías: "Los dos que faltan para la perfección significan aquellos dos mandamientos de la caridad en que Jesús resumía la Ley y los Profetas; por eso la situación de aquel hombre era imperfecta, porque le faltaba la caridad". Esto último se refiere a MATEO 22:34-40.

Estos ejemplos son suficientes, aunque se puedan dar muchos más, con estos notamos que este método, en cuestiones dogmáticas, nos arrastra a muy graves equivocaciones, doctrinales y prácticas, en perjuicio de la vida espiritual de mucha gente que no fácilmente puede discernir las cuestiones bíblicas y teológicas, entre todas las publicaciones que han existido y existen en el mercado.

¿Cuál es la diferencia entre el método literal y la postura literalista?

El método literal es la base que los literalistas usan para realizar sus trabajos de interpretación; y la postura literalista, en este caso, es la posición que los intérpretes adoptan respecto a una cuestión o cuestiones bíblicas o teológicas interpretadas de acuerdo al método literal. En el caso de literalistas llamados radicales o moderados, la postura dependerá de la medida con que se aplique el método literal. Los literalistas moderados, generalmente son futuristas y también son dispensacionalistas. Estos consideran que hay cosas que se deben interpretar literalmente, pero que otras se deben interpretar literariamente. También sostienen que hay algunos conceptos que son literales y a la vez son literarios.

¿Por qué el Señor Jesús no aceptó las interpretaciones de los Escribas y de los Fariseos, si es que eran literales?

El problema no era el método literal, mas bien era que ellos se concretaban a leer las colecciones legales conocidas como los Talmudes, La Midrash, la Mishnáh y otras que en ese tiempo ya existían, descuidando los escritos originales; y, aunque aquellos rabinos no tuvieran la intención de provocar esa superficialidad, los religiosos habían caído en ese seco estancamiento. Lo más grave aún era que esos escritos que leían, eran reformas que los rabinos le habían hecho a la Ley. Por eso es que leemos en los capítulos cinco al siete de Mateo, lo que se conoce como el sermón de la montaña, o sermón del monte. No es que aquí el Señor Jesús estuviera cambiando las leyes, Él estaba citando los escritos originales como estaban en la Torah, lo que ellos deberían conocer. Les repetía varias veces la expresión: "*Oíste que fue dicho, pero yo os digo*", en otras lecturas dice: "*No habéis leído en vuestra ley*", y en MATEO 22:23-33, al responder a los saduceos, los religiosos de la clase privilegiada, les dijo: "*Erráis, ignorando las Escrituras y el poder de Dios*". Aquellos religiosos entendidos no leían los originales por leer el Talmud. Es evidente que se olvidaban de la ley de Dios y se basaban en las reformas rabínicas.

Esto no significa que el método literal no sea correcto, o que no se deba aplicar a las Sagradas Escrituras, lo que significa es que aquellos religiosos no habían investigado nada de las Escrituras, ni eran siquiera intelectuales sinceros. Estos eran solamente almacenadores de contenidos y reminiscencias bíblicas y atendían más a las reformas de la ley, que al asegurarse de la verdad, eso se puede considerar como otra clase de aberración respecto a los contenidos bíblicos, eso no es ser literalista.

¿Ser literalista es ignorar el aspecto literario de la Biblia?

Ser literalista no significa que se ignore o que se quiera desconocer el aspecto literario de los escritos sagrados, o que se aparte del sentido espiritual. Es un hecho bastante sabido que en la Biblia abundan las aplicaciones prácticas de carácter espiritual y que abunda el lenguaje retórico. El literalista sostiene que el lenguaje literario no es nada más un elegante ropaje que viste y adorna a los vibrantes contenidos literales que esperan ser descubiertos, sino que también es una forma de facilitar la comprensión de conceptos de alto sentido intelectual y espiritual, aquellos que son difíciles de entenderse al presentarse en un lenguaje de sentido recto. En otras palabras, es una forma figurada de lenguaje que se utiliza para ilustrar conceptos reales, no son expresiones que estén allí solamente esperando que alguien las interprete y les encuentre algo que le parezca que eso es lo que quiere decir tal escrito, eso sería como el método alegórico que conduce a la interpretación, privada o particular.

IV

Uso de los símbolos y números en toda la Biblia

Hablemos un poco de los símbolos y el lenguaje figurado, solo para darnos una idea de su importancia.

Hermano, ¿es verdad que en toda la Biblia hay figuras y símbolos como en apocalipsis?

El lenguaje escrito, figurado y simbólico, es una de las formas que Dios siempre ha utilizado para comunicarse con sus creaturas que hizo a su imagen y conforme a su semejanza, en este planeta. Lo hace con el objeto de ayudarnos a entender las cuestiones celestiales, porque son superiores a nuestros conocimientos terrenales, su ciencia es más elevada que la nuestra, trasciende a todo lo que el hombre puede conocer y no es posible alcanzar ese nivel con nuestros exiguos medios de comunicación.

Con respecto al lenguaje del libro de Apocalipsis también es un diseño seleccionado por Dios, pero es un caso especial debido a la importancia del mensaje y a las circunstancias por las que en ese momento estaba pasando su Iglesia.

¿Es importante entender el uso de los símbolos?

Es muy importante entender el uso de los símbolos y de todo el lenguaje figurado de la Biblia. Con mucha frecuencia nos encontramos en las Sagradas Escrituras, símbolos, figuras de retórica y diversas formas de expresión, lo que en el Apocalipsis abundan mucho más, sin embargo, debemos estar seguros que es posible entenderlos.

Para los que tenemos la mente de Cristo (1ªCORINTIOS 2:16) podemos entender que toda la Biblia ha sido traducida del lenguaje celestial, al natural sentido de la comunicación de todos los humanos, sin distingo de razas, lenguajes, o condiciones; es decir, a la capacidad de comprensión universal, en toda la extensión de la palabra. Conociendo Dios esa necesidad, su mensaje no fue traducido precisamente a los idiomas convencionales, los que se forman con base a la experiencia de cada uno de los grupos del planeta. Lo que hoy conocemos como la Biblia, fue traducida a nuestro sentido natural de la comunicación, lo subyacente en todos los seres creados a imagen y conforme a la semejanza de Dios, ese dispositivo natural que funciona como un subconsciente y que da origen a la comunicación que se produce al contacto con los objetos y con los demás seres entre sí.

La Biblia se tradujo a eso que sí es nuestro verdadero lenguaje; no al español, no al inglés, no al chino, ni al japonés, ni a ningún otro de estos que son solo provisionales, como consecuencia y resultante de la degradación espiritual que se inició en nuestros primeros progenitores y que se manifestó cuando quisieron alcanzar las alturas en la torre de babel. Más bien, el lenguaje de la Biblia es traducción del lenguaje original con que se comunicaban Adán y Eva con Dios y Dios con ellos; lenguaje que está latente en nosotros y que se nos volverá a desarrollar en el momento de nuestra transformación.

Quiero enfatizar un poco más esto, con el fin de ayudar a definir la postura del estudiante de Apocalipsis; y que, en lugar de temor, le tenga amor a los símbolos. Estos sirven para que podamos explicarnos, o para que sea mejor entendido lo que en lenguaje literal no se podría explicar. Con respecto a nuestro estudio de los símbolos en la Biblia, los vemos como formas de expresión que se aproximan a lo indescriptible y hasta lo que no se puede entender en lenguaje humano. Por otra parte, el libro de Apocalipsis es una manifiesta revelación con una comunicación exclusiva para los cristianos, quienes en ese tiempo estaban bajo sentencia de muerte por su fe; no era prudente que alguien se enterara de lo que nada más ellos, en ese momento, necesitaban saber. Se trataba de esconder la información ante los enemigos y que la entendieran nada más los indicados, los cristianos.

¿Son efectivos los símbolos, y por qué usar tantos?

Los símbolos son vocablos, conceptos y objetos conocidos y son instrumentos que ayudan a nuestro entendimiento. Sí, son muchos y son meramente representativos, pero a nosotros los humanos nos ayudan en la comprensión de las realidades celestiales que tenemos reveladas en la escritura. Ahora, si no pudiéramos entender el mensaje celestial en el lenguaje que se nos entrega, lo que tendríamos que hacer sería estudiar específicamente ese lenguaje representativo en el que viene envuelto ese mensaje y de esa manera podríamos disfrutarlo.

En el lenguaje simbólico lo simbolizado es lo real, la acción y los objetos que aparentemente vemos en la representación deben ser descifrados correctamente para poder capturar la realidad que envuelven. Además, no olvidemos que tanto la acción como los objetos representados, siempre serán mayores y más reales que los símbolos que los representan. Tenemos que saber quitar la cáscara a la nuez para poder comerla, pero para eso necesitamos no salirnos del propósito general de toda la Escritura.

¿No será que toda la Biblia está escrita en símbolos y en algunas otras representaciones?

Definitivamente no. Por principio, todo texto bíblico debe tomarse literalmente, a menos que el mismo texto requiera ser entendido de manera diferente. Si no resulta comprensible lo que estamos tratando en el texto, recurriremos a todo el contexto correspondiente, en el inmediato, en el mediato y en el general. En el contexto inmediato revisamos desde el inicio hasta el final de todo el tema dónde está el texto que necesitamos entender; lo que hay antes del texto difícil, hasta donde termina el tema que estamos leyendo.

En el contexto mediato, todos los paralelos y demás textos en los que se encuentren las características correspondientes a la figura o símbolo que hay en el texto que se está estudiando. Y en el contexto general, debemos conocer bien la Biblia para tener presente su propósito completo. Ese contexto es la norma que nos permite mantenernos dentro de lo bíblico y nos facilita la interpretación del texto que se nos esté dificultando. No olvidemos que, en términos generales, toda la Escritura es una sola pieza.

¿Cuáles son esos símbolos o imágenes que hay en toda la Biblia?

De los siguientes símbolos y las imágenes, o figuras que se han considerado más importantes o más conocidos en toda la Biblia y sus correspondientes significados aceptados y aplicados por muchos de los teólogos a través de la historia de la interpretación bíblica, solo veremos aquí los que nos pueden servir en lo que trataremos en este trabajo. Algunos de estos, con los mismos significados, o con algunos cambios, han sido y son usados en otros diferentes medios literarios y en algunas disciplinas específicas; algunas de esas disciplinas son serias y otras no. Al respecto, si tú conoces alguna otra fuente que sea digna de tomar en cuenta, además de la misma Biblia, conviene considerarla.

Para una correcta interpretación de los símbolos debemos tener presente el uso que se les da en todas las partes de las Sagradas Escrituras. Se deben comparar los pasajes que tengan símbolos que se relacionan entre sí, para determinar y asegurar su verdadero significado. Los símbolos son objetos que representan a otros objetos, tales objetos pueden ser materiales, ideas o cualidades y se presentan en palabras, en gráficas, o en imágenes.

1. Abismo. Vocablo hebreo que significa "prisión", se usa en relación con el sol (APOCALIPSIS 20:1-3). Abismo profundo. Lugar en estado caótico, obscuro y vacío, generalmente se entendía que era hacia abajo (APOCALIPSIS 9:2).

2. Aguas. Término que aparece dieciocho veces en el Apocalipsis y en algunos casos significa pueblos. En otros, dependiendo del contexto, significa influencias, o significa bendiciones.

3. Ángel. Significa mensajero enviado (DANIEL 8:16; 9:21; LUCAS 1:19).

4. Árboles. Estos tienen muchos significados en la Biblia, casi cada vez que se mencionan es un significado diferente. Su significado depende de su contexto para saber lo que representan.

5. Arca del Pacto. Significa el trono de la misericordia, el trono de Dios en la tierra (ÉXODO 25:10-22).

6. Arcoiris. Símbolo de gracia, misericordia, y fidelidad (GÉNESIS 9:13-17).

7. Babilonia. Significa confusión (GÉNESIS 11:9; APOCALIPSIS 18:2,3).

8. Balaam. Significa codicia y comercialización con los bienes de Dios (NÚMEROS 22:5-25).

9. Bestia o bestias (del griego zerión "bestia salvaje"). Esta figura aparece unas treinta y cinco veces en la Biblia, casi siempre se aplica a los poderes imperiales, equivalente al poder político terrenal o a los sistemas gubernamentales de este mundo (DANIEL 7:15-(17)-23; APOCALIPSIS 17:7-13).

10. Boca. Representa el habla, expresión o protesta.

11. Cabezas. Poderes políticos seculares. Representan al conjunto de dirigentes, o gobernantes, de los poderes políticos (DANIEL 7:7,8. APOCALIPSIS 13).

12. Cadena. Significa atadura fuerte, prisión segura, castigo (APOCALIPSIS 20:1-3).

13. Candelero. Representa la luz permanente, la salvación efectuada (ÉXODO 27:21; NÚMEROS 8:2,3; 2°CRÓNICAS 4:20).

14. Ciudad. Representa a los participantes en todo el proyecto de redención; Israel, Israel apóstata, la iglesia, la iglesia apóstata de todo el mundo, también significa un lugar relacionado con el mismo proyecto.

15. Colirio. Significa visión directiva, discernimiento claro (APOCALIPSIS 3:17; EFESIOS 1:17-19; SALMO 119:18).

16. Color amarillento (entre verde y amarillo). Aquí representa la muerte o mortandad (APOCALIPSIS 6:7).

17. Color Blanco. Este color se menciona diecisiete veces en el Apocalipsis como símbolo de justicia y de victoria, pero también puede significar el engaño dependiendo del contexto (APOCALIPSIS 6:2; MATEO 24:4,5,23-26).

18. Color negro. Representa el dolor, lamento, combinado con balanza representa el hambre y la miseria (APOCALIPSIS 6:5).

19. Color rojo. En este caso significa guerra, derramamiento de sangre (APOCALIPSIS 6:3,4).

20. Comer el librito. Asimilar el mensaje de Dios (APOCALIPSIS 10:1-11; EZEQUIEL 3:1-3; JEREMÍAS 15:16).

21. Copa o cáliz. El juicio está determinado, la ira de Dios tendrá que manifestarse; la copa ya se está desbordando (APOCALIPSIS 16:1-12; SALMOS 11:6; 75:8).

22. Coraza. Defensa, protección y seguridad.

23. El cordero. Animalito manso y apacible. En la Biblia se usa para representar al Señor Jesucristo. En Apocalipsis este vocablo aparece 28 veces, pero solo 27 se refieren al Señor Jesús y una se refiere a la otra bestia, la imitadora (APOCALIPSIS 13:11). Es el símbolo del Cordero de Dios que quita el pecado del mundo (JUAN 1:29; 1ªCORINTIOS 5:7).

24. Cuatro seres vivientes. Estos están representando a toda la creación de Dios en la tierra, todo lo que Dios ha creado aquí en este planeta (APOCALIPSIS 4:6-6:8).

25. Cuernos. Significan dominio, poder, gloria y autoridad concedida (DANIEL 7; APOCALIPSIS 17:10,12).

26. Día. La palabra día tiene varios significados en la Biblia, el día de 24 horas, contar día por año, también significa un período de tiempo, el día o momento señalado (LEVÍTICO 25:8; NÚMEROS 14:34; EZEQUIEL 4:6; DANIEL 9:24-27).

27. Día del Señor. Esto no se refiere al día de reposo, es el día de la manifestación de la ira del Señor (HECHOS 2:20; 2ªPEDRO 3:10, APOCALIPSIS 1:10).

28. El ajenjo. Planta de fuerte sabor amargo que representa la amargura, la depresión y la maldición divina.

29. El Anciano. Este término se usa en Daniel tres veces y doce veces en Apocalipsis. Significa sacerdocio real, experiencia, sabiduría y justicia.

30. El caballo. Significa guerra, también significa conquista, representa el poder y la fuerza, fue el ágil instrumento de locomoción en la guerra antes de los avances tecnológicos actuales (ISAÍAS 43:17; JEREMÍAS 8:6; EZEQUIEL 38:15).

31. El dragón. Representa a satanás y su poder destructivo (ISAÍAS 27:1; APOCALIPSIS 12:7-9; 20:1-3).

32. El falso profeta. Es la otra bestia (APOCALIPSIS 13:11; EL ANTICRISTO 2ªTESALONICENSES 2:1-10; MATEO 24:4,5; 1ªJUAN 4:3; 2ªJUAN 1:7).

33. Egipto. Es igual que Mizraim, hijo de Cam, uno de los tres hijos de Noé, Mizraim pobló desde el alto hasta el bajo Egipto. Ateísmo por conveniencia (ÉXODO 5:2).

34. El Hijo Varón. Representa a Cristo, nacido de la nación judía (APOCALIPSIS 12:1,5).

35. El Juez. Representa los juicios justos sobre santos y pecadores (DANIEL 7:9,22).

36. El lago. La frase "lago de fuego" aparece cinco veces en Apocalipsis y representa agonía interminable.

37. El león. Símbolo de gobernantes. El león de la tribu de Judá (GÉNESIS 49:9; APOCALIPSIS 5:5).

38. El leopardo. Esta fiera representa la violencia, la tenacidad y la venganza.

39. El maná escondido. Eso representa un acto necesario y a la vez una preparación para un evento posterior (ÉXODO 16:33; JUAN 6:49-51; APOC. 2:17).

40. El mar. Se menciona veinticinco veces en el Apocalipsis, significa pueblos, en algunas veces confundidos, en otras castigados y también representa solamente pueblos o mucha gente.

41. El oro. El oro es símbolo de estabilidad, riqueza y reino, lo más precioso.

42. El oso. Representa fuerza destructora.

43. El Profeta. Término que se usa doce veces en Apocalipsis. Representa religión, y advertencia.

44. El relámpago. Representa la majestad de Dios, la venganza y la ira divina.

45. El Rey. En hebreo significa gobernante. Se usa veintiún veces en Apocalipsis. Significa autoridad y dominio.

46. El Rostro. Representa presencia, gloria y carácter.

47. El sol. Representa la supremacía.

48. El trueno. Del hebreo se traduce "choque". Aparece diez veces en Apocalipsis. Representa la voz de Dios en juicio.

49. Espada. Autoridad, juicio y guerra. De dos filos, es la Palabra de Dios (APOCALIPSIS 1:16; HEBREOS 4:12).

50. Esposa del Cordero. La Iglesia.

51. Estrellas. Como luminarias menores que son, representan a los gobernadores.

52. Estrella de la Mañana. El Señor Jesús (APOCALIPSIS 22:16).

53. Fornicación. Unión ilícita de lo santo con lo impuro, por ejemplo: el pueblo de Dios y el mundo (JUECES 2:12; EZEQUIEL 16:15,26-34; OSEAS 4:12,13; ISAÍAS 61:10; ROMANOS 13:14).

54. Granizo. Representa destrucción como plaga (ÉXODO 9:13-26).

55. Harina. Esta es una palabra hebrea derivada del verbo "moler", en algunas partes representa algún aspecto de Cristo.

56. Hoz. Cosecha, y/o ajuste de cuentas finales (APOCALIPSIS 14:14; MATEO 13: 39-42).

57. Incienso. Las oraciones de los santos (SALMO 141:2; APOCALIPSIS 5:8; 8:34).

58. Jezabel. Representa la inmoralidad, la idolatría y la apostasía (APOCALIPSIS 2:20; 1REYES 21:25; 2REYES 9:22).

59. La cebada. Significa escasez, pobreza.

60. La hierba. Simboliza maleza, juicio, producto malo.

61. La higuera. Simboliza la vida nacional y política del pueblo de Israel.

62. La Ira de Dios. La manifestación de su justicia (1°Reyes 16:33; Esdras 5:12; Apocalipsis 15:7).

63. La langosta. Castigo (Éxodo 10:4-14; Deuteronomio 28:38).

64. Las llaves. Derecho, autoridad, conocimiento (Isaías 22:22. Apocalipsis 3:7,8).

65. La montaña. Nación, estabilidad y grandeza política.

66. Las nubes. En Apocalipsis, significan la Majestad Divina en acción o en movimiento.

67. La plata. Símbolo de redención (Éxodo 30:12-16; Levítico 5:15).

68. La ramera. En griego "porno", de donde se deriva la palabra pornografía. Representa la corrupción religiosa, el adulterio y la fornicación espiritual.

69. Ranas. Estos animales, o espíritus inmundos, representan fuerzas del mal que entrarán en operación en contra del Rey de reyes.

70. La serpiente. Representa la astucia, ardid. En la Biblia representa a satanás.

71. La voz. Se encuentra cuarenta y seis veces en Apocalipsis. Significa la advertencia y la amonestación.

72. Lino fino. Del hebreo, se traduce "cardado", blanqueado, torcido, significa fuerza. Representa la justicia y la pureza.

73. Los cielos. Aparece cincuenta y siete veces. Esta palabra en Apocalipsis representa, en ciertos casos, cielo atmosférico, en otros, cielo astral y en otros, cielo espiritual.

74. Los dos testigos. Las Escrituras son las que dan testimonio de Él, tanto en el Antiguo como el Nuevo Testamento (APOCALIPSIS 11:1-14; ZACARÍAS 4:2-6; JUAN 5:39). Los dos testigos se encuentran en la profecía del Antiguo Testamento (ZACARÍAS 4:1-14; HECHOS 10:43) y la predicación del Nuevo Testamento (APOCALIPSIS 1:1,2; 10:8-11). Se cree que habrá un grupo de pregoneros que anunciarán al pueblo de Israel, y a la demás gente, acerca de la inminente manifestación de la ira de Dios.

75. Los frutos. Representan resultados, riqueza, bendiciones. El fruto de cada mes significa provisión permanente, o sea que no hará falta nada.

76. Los ojos. Representan la dirección y la inteligencia de Dios. También significan conocimiento y comprensión, su alcance y grandeza.

77. Los olivos. Representan a Israel, generalmente al remanente fiel de Israel.

78. Los pies. Conducta del ser humano y del cristiano. Bajo los pies significa sujeción.

79. Mano. La derecha, representa posición y prestigio. La mano izquierda representa desprecio, abandono. Las manos representan el trabajo, la acción y la fuerza.

80. Marca. Señal o sello de propiedad (EZEQUIEL 9:4; APOCALIPSIS 7:2,3; ROMANOS 4:11).

81. Montañas. Naciones o poderes políticos (ISAÍAS 2:2,3; JEREMÍAS 17:3; 51:24,25).

82. Mujer. Significa pueblo u organización, la iglesia.

83. Mujer pura. La iglesia verdadera (2DA DE CORINTIOS 11:2; EFESIOS 5:22).

84. Pecho. Significa afecto, amor y misericordia.

85. Piedras preciosas. Representan al pueblo de Dios.

86. Puertas. Del hebreo se traduce "aperturas", significa acceso. Abierta significa oportunidad, cerrada significa oportunidad terminada (1ªCORINTIOS 16:9; HECHOS 14:27; APOCALIPSIS 4:1).

87. Púrpura. Representa riquezas y también a la apostasía.

88. Reino. Se usa seis veces en Apocalipsis. Poderío y autoridad.

89. Río. Corrientes de bendición espiritual, refrigerio eterno.

90. Sacerdote. Intercesión y ministración.

91. Sello. Del verbo hebreo "cerrar", casi siempre se usa para transacciones consumadas, pero representa propiedad privada o cerrada.

92. Siete cabezas: Son siete poderes políticos (DANIEL 7:6,17; APOCALIPSIS 17:9,10).

93. Tabernáculo. Representa morada provisional de Dios entre los humanos.

94. Templo. Morada permanente de Dios.

95. Terremotos. Traducido del hebreo es "vibración". Representa tragedia repentina, convulsión y trastorno.

96. Trompeta. Aviso, llamada, comunicación y acción.

97. Uvas. El fruto de la vid. Representa a Israel como el pueblo escogido con un fin: que dé fruto.

99. Vestiduras blancas. La justificación divina por medio de Jesucristo (ISAÍAS 61:10; ZACARÍAS 3:15; APOCALIPSIS 3:5; 19:8).

100. Viento. Significa poder invisible, operaciones poderosas de Dios, pero invisibles.

101. Vino. Vocablo hebreo que significa "exprimido", en Apocalipsis es símbolo de juicio.

Los números en la Biblia.

Hermano, ¿cómo se usan los números en la Biblia?

Algunos números expresan cantidades literales, otros se usan como símbolos, además, por cuestiones obvias, se han utilizado para transmitir mensajes privados. De esa manera, los números en toda la Biblia, incluyendo el libro de Apocalipsis (y como también en la buena literatura), se han utilizado con el propósito de ampliar, aclarar conceptos y transmitir mensajes codificados. En muchos pueblos, a cada letra del alfabeto se le asignaba un valor numérico, así en griego como en hebreo y otros. Un ejemplo de esa verdad lo tenemos en los números romanos y también en la numeración maya, por citar los más conocidos para nosotros los latinos. Entonces, al encontrar números en la Biblia, tenemos que darles el sentido, o el valor, según el uso que se les dio en ella misma al escribirlos. Para esto es preciso que al interpretar nos obliguemos a no apartarnos del contexto correspondiente. Además, es necesario que recordemos que algunos significados se han venido descubriendo a través de la historia y así han sido reconocidos por muchos estudiosos y teólogos investigadores.

Hay información de que, en oriente, los escritores religiosos se valían de números como símbolos que representaban verdades, tanto morales como espirituales. Esto obedecía a lo limitado del vocabulario en los idiomas en esos tiempos. Otra cuestión que no debemos olvidar es que, muchos pueblos, incluyendo a algunos judíos, han caído en el misticismo y en la superstición con respecto a la aplicación de ciertos números, calificándolos como malditos y siniestros o dándoles otros usos como se hace en la numerología.

¿También los números sirven como símbolos y figuras en la Biblia?

Algunos de los números que se encuentran en toda la Biblia son simbólicos, otros son convenios matemáticos. A continuación, veremos los más conocidos:

1. Uno. En todos los idiomas indica cantidad, pero se ha utilizado como símbolo de unidad, de lo que es único. Indica unicidad, independencia, auto-existencia. Ejemplo: Dios es Uno y no hay otro. Aquí el uno es símbolo de unidad (GÉNESIS 2:23,24; MATEO 19:5; MARCOS 10:7-9; JUAN 17:22,23; SALMOS 133; 1ªCORINTIOS 6:16; EFESIOS 2:14-16; 5:31).

2. Dos. El dos, como todos los números indica cantidad, pero también fuerza. (ECLESIASTÉS 4:9-12; ACUERDO. MATEO 18:19,20; CANTIDAD. GÉNESIS 6:19,20;7:9,15;11:10-26; COMPLEMENTO. ÉXODO 25-39:20; MATEO 19:5; EXPRESIÓN LITERARIA. DEUTERONOMIO 32:30).

3. Tres. El tres se ha utilizado para representar a Dios en tres personas. La palabra Trinidad la usó Tertuliano por primera vez en el Siglo III para referirse a las tres Personas Divinas. En las catacumbas, los cristianos, al morir como mártires, extendían tres dedos indicando confianza en la Trinidad (GÉNESIS CAPÍTULO18; ÉXODO 3:18).

4. Cuatro. Este se utiliza treinta veces en Apocalipsis. Es el número cósmico, el concepto que los antiguos tenían del mundo, los cuatro ángulos de la tierra y los cuatro vientos y, según los griegos, los llamados cuatro elementos: la tierra, el agua, el aire y el fuego. Abarca el todo, indica totalidad o en general, sin las especificaciones (Isaías 11:12; Jeremías 49:36; Mateo 24:31).

5. Cinco. Indica juicio y misericordia o gracia (Génesis 18:28; continuamos por el 43:34;45:3-7,22;46:9-4,29-47:3,24; Éxodo 22:1;26:1-3;27:1; Números 18:16; 26:1-3). Indica también sentido común (1ªCorintios 14:19).

6. Seis. Entre los judíos, el número seis era siniestro o maldito, así como también el trece. Se dice que la repetición de varios seises son intentos de llegar a ser siete, o sea, que son conatos, que no es posible que de esa manera se llegue a siete. El número 6 representa al hombre y a la imperfección, por lo mismo, al seis, también se le ha dado el significado de incompleto, además, de fracaso. En Apocalipsis 13:17,18, según el latín, se dice que el 666 es el número de la bestia y que es número del hombre.

7. Siete. Este número, solo en apocalipsis, se menciona 31 veces, 36 en los demás libros del Nuevo Testamento y 356 veces en el Antiguo, en total el número 7 se encuentra en toda la Biblia 423 veces. En hebreo, literalmente significa pacto. También se le ha encontrado y se le ha aplicado el significado de plenitud, satisfacción, perfección y perfecto. Entre los sumerios o súmeros el número siete era la palabra que usaban para decir: todo. En Génesis 21:27-31; Beerseba significa el pozo del 7, o pozo del juramento, o pacto. Por el significado de todo, se ha establecido como el número de Dios, como el Todo y, sobre todo.

8. Ocho. Este número en hebreo sugiere de la idea de primavera, abundancia, copioso, rico, robusto o grosura (GÉNESIS 7:13; 1ªPEDRO 3:20,21). Por el hecho de estar después del 7, cuando se cierra la semana y se inicia la siguiente, se dice que el ocho significa principiar de nuevo, nueva vida, otra u otro.

9. Nueve. Este número en hebreo incluye la idea de volver al punto de inicio, o regresar al número inicial, o sea, al uno. Se comenzó a contar del cero en adelante, entonces el 9 significa fin y regreso, indica círculo, siclo o volver al punto donde se principió.

10. Diez. Este número tiene varias aplicaciones en el uso y también en la Biblia. Significa completo o lo ideal, lo suficiente, el todo. En muchos pueblos de la antigüedad un hombre al que le faltara un dedo o más, no era apto para la guerra, porque era considerado incompleto, no era un diez. También se le ha dado el significado de tiempo de tribulación o de juicio (APOCALIPSIS 2:10). Hay otras escrituras más que ilustran lo que aquí se afirma. Los diez mandamientos como prueba de completo, fidelidad (ÉXODO 20:3-20).

11. Doce. Este número y sus afines y sus múltiplos, aparece más de cuatrocientas veces en toda la Biblia. Salomón sustentó su gobierno con base en el número doce (1ºREYES CAPÍTULO 4,7:25) y se le ha venido dando el significado del gobierno divino en este mundo y en todo el universo. También se le ha dado el significado de organización parcial, pero perfecta en su diseño.

12. Veinticuatro. Organización completa del gobierno divino. En 1ªCRÓNICAS 24:7-18, leemos que David estableció 24 sacerdotes para que ministraran en la casa de Jehová durante el año, en turnos de quince días, dos sacerdotes por mes. En APOCALIPSIS 4:4-10, veinticuatro ancianos están alrededor del trono de Dios.

13. Cuarenta. Significa plenitud de tiempo, todo el tiempo necesario, también significa perfección. El uso de ese número se ha hecho muy común en dietas, en plazos para diferentes propósitos y en aislamientos llamados cuarentenas por motivos sanitarios, en treguas y otros conceptos más. Tiene la idea de necesario (MOISÉS ÉXODO 34:28). Este número está relacionado con protección, con prueba en el desierto; el pueblo de Israel anduvo 40 años en el desierto, el Señor Jesús fue llevado por el Espíritu al desierto donde estuvo por cuarenta días (MATEO 4:1), el diluvio fue una lluvia de 40 días y 40 noches (GÉNESIS 7:14).

14. Cuarenta y dos. En la Biblia significa tiempo limitado establecido por Dios con propósito definido. Los gentiles hollarán la ciudad santa cuarenta y dos meses (APOCALIPSIS 11:2).

15. Ciento cuarenta y cuatro mil. Número que determina una selección, o sea, los seleccionados para un fin determinado. Este número en el Apocalipsis puede ser representativo de un grupo determinado, pero es indiscutible que significa selección, o sea, que Dios selecciona a los que son suyos (2ªTIMOTEO 2:19).

Números gemátricos.

La Gematría estudia el valor numérico de las letras del alfabeto hebreo y les asigna aplicaciones según sea necesario (metátesis), suma los valores de las letras en las palabras y si en otra palabra resulta el mismo valor, se investiga la posible relación. Generalmente se usa para transmitir mensajes privados. De esto último se han hecho muchos estudios de casos. También algunos judíos los han utilizado para fines esotéricos.

V

Conceptos de interpretación del Apocalipsis

Lo que aquí trataremos no son métodos de interpretación sino algunos conceptos de interpretación que existen. El mencionar esos cinco diferentes conceptos, o escuelas de pensamiento más conocidos, no es solamente con el fin de enlistarlos en este trabajo, sino porque todos en ciertas cuestiones se relacionan unos con otros, aunque a veces sea nada más en algunos mínimos detalles. Esto lo observaremos sobre la marcha en el proceso de la comparación. A continuación, revisaremos, aunque sea ligeramente, cada uno de esos más conocidos conceptos.

Hermano, ¿cómo se originaron estos conceptos de interpretación?

Cada concepto tiene su historia, pero el concepto futurista es el que tiene más historia y es más interesante que los demás que aquí trataremos, por eso es que principiaremos con el futurismo. Este concepto se desarrolló en el período de la Iglesia reformada, cuando el clero romano en los siglos XVI y XVII, desarrolló su programa al que llamó Contrarreforma, para defenderse de aquellos a quienes ese mismo clero calificó como "los protestantes y herejes". Hasta ese tiempo, según datos históricos, la interpretación del libro de Apocalipsis, en general, había sido historicista por excelencia. Este concepto por ser histórico y por lo que se podía observar en el sistema religioso en el momento, indujo a los cristianos reformadores a aplicar al Papa el calificativo de anticristo. Lo que originó el famoso programa de Contrarreforma que consistía, entre otros de los instrumentos aplicados, los siguientes:

a) El ex militar, Ignacio de Loyola, después ordenado sacerdote, fundó la orden llamada "La Compañía de Jesús" en 1534 y el papa Pablo I se la aprobó en 1540. Esta orden no se reconoció como una de las órdenes de la Iglesia Católica Romana, pero como sus objetivos apuntaban a la defensa papal, recibieron la máxima aprobación. Por esa razón, al iniciarse cada uno de sus integrantes, hacen un riguroso voto de fidelidad al papa. Los integrantes son comúnmente conocidos como "Jesuitas". El nombre oficial de la orden después fue "La sociedad de Jesús", como se le llama actualmente. Desde su inicio adoptó un doble espíritu: el religioso y el militar. Por su espíritu militar se le llama compañía, como instrumento apto para hacer frente y contener los avances de la Reforma de los llamados protestantes.

b) En el Concilio de Trento, de 1545-1563, se establecieron acuerdos y decretos, destinados a detener el protestantismo. También se estableció un nuevo método de interpretación de las profecías, para contrarrestar la interpretación historicista de los reformadores. Para esto, los intelectuales de la orden jesuita fueron quienes se encargaron de encontrar un nuevo enfoque de las profecías. La solución fue la interpretación futurista, la que al fin reemplazó a la aplicación historicista que habían venido haciendo los reformadores. El futurismo voló por encima del historicismo salvando al papa de la aplicación que hacían los reformadores y ubicando al anticristo al final de los tiempos.

c) Otra de las estrategias contra los heterodoxos, es decir, los herejes, como también llamaban a los cristianos reformadores, fue reanudar la práctica de la persecución por medio de la trituradora máquina de la Santa Inquisición.

¿Quién o quiénes iniciaron el movimiento futurista?

Para evitar alguna confusión principiaremos con los iniciadores representantes del movimiento futurista promovido por la Iglesia Católica Romana en la Contrarreforma, aunque considero necesario aclarar, que hubo futuristas en los inicios de la Iglesia y que enseguida los mencionaremos.

Francisco Ribera (1,537-1,591). Nativo de Salamanca, España, se ordenó como Jesuita en el año 1,570. Fue un brillante investigador, erudito conocedor de los idiomas Latín, Griego y Hebreo y de sus respectivas culturas. A él se le conoce como el padre del concepto de interpretación futurista. En el año 1,590 publicó su reconocida obra de 500 páginas, titulada "Comentarios del Apocalipsis", en el que expone las profecías de ese libro, haciendo uso del método de interpretación literal y enfatizando el futurismo. Murió a los 54 años de edad, dejando entre los muchos tópicos de Apocalipsis, los siguientes:

1. El anticristo sería un hombre y no una institución, como lo afirmaban los heterodoxos, es decir, los reformadores.

2. Este anticristo estará precedido de la reaparición de Enoc y Elías.

3. Que este anticristo reconstruirá el Templo de Jerusalén y los judíos lo aceptarán creyendo que es el Mesías. Este negará al Cristo histórico, haciendo creer a los judíos que él es Dios, y que conquistará el mundo. Todo lo hará en un período de 3 años y medio literales, o sea, 1,260 días o 42 meses (Apoc.11:2,3;12:6,14).

Roberto Bellarmine (1,542-1,621). Él recogió las ideas de Ribera, padre del futurismo, y enfatizó las mismas enseñanzas, utilizando el mismo método de interpretación. En su obra titulada "El Pontífice de Roma", hace las siguientes afirmaciones:

1. El anticristo aparecerá al final del mundo.

2. El número 666 (Apoc. 13:18), se aplica a Lutero, quien es también la estrella que cae (Apocalipsis 9) y las langostas son los predicadores del protestantismo.

Emanuel de Lacunza y Díaz (1731-1801). Después de cien años, cuando parecía haberse olvidado el movimiento futurista, aparecen los escritos del también conocido como "Rabí ben Ezra". Sacerdote Jesuita, natural de Chile, murió en Italia. Su obra titulada "La Venida de Cristo en Gloria y Majestad," dice lo siguiente:

1. El anticristo no es una persona, como se cree, se trata de un sistema.

2. La mujer vestida del sol (APOC. 12), simboliza a la Iglesia de Cristo.

3. La atadura del diablo por 1,000 años (APOCALIPSIS 20:1-3), no se refiere a un hecho pasado.

David Pio Gullón (1835-1917). Otro Jesuita que estudió la obra titulada "La venida del Mesías en Gloria y Majestad". Su escatología incluye Apocalipsis, capítulos 4 al 22, diciendo que todo eso es todavía futuro. Que los tres años y medio en los que actuará el anticristo son literales, que la venida de Cristo acabará con el anticristo, que Israel literal será salvo durante la Gran Tribulación y que Cristo cumplirá todas sus promesas del pacto con la nación del Israel literal; que el Milenio será un tiempo literal y que el sistema de sacrificios será restablecido en el templo de Jerusalén, literal.

¿Según lo que se ha relatado, se puede decir que el futurismo lo iniciaron los sacerdotes jesuitas, o sea, el catolicismo romano?

Ellos lo hicieron en defensa del papa, porque los reformadores con base en el concepto historicista de interpretación, sostenían que el papa era ya el anticristo.

¿Cómo es que la mayoría de los cristianos evangélicos actualmente también son futuristas?

Esta es otra historia muy interesante, se dieron las condiciones de tal modo que hubo cambios inesperados y no promovidos por ninguna figura humana sobresaliente, excepto los que allí mismo se formaron y así también sucedió en la Conferencia de Niágara. Así es como Dios trabaja. En Europa principió por Irlanda e Inglaterra, donde se presentan las siguientes historias:

John Henry Newman (1801-1890). Aquí ya estamos entrando al siglo XIX, cuando parecía haberse olvidado el movimiento futurista. Newman pertenecía a la Iglesia anglicana, era de una familia que simpatizaba con lo que había sido el movimiento futurista católico, que después llegó a ser un movimiento futurista protestante al que más tarde Newman por poco tiempo se unió y después renunció.

Eduardo Irving. Pertenecía al grupo de Plymouth, en 1833 traduce la obra de Lacunza del español al inglés y la publica. En ese tiempo, en Oxford, Inglaterra, se inicia otro movimiento religioso. En Dublín, Irlanda, por el 1825, ya un grupo de hombres se había comenzó a reunir para orar unos por otros y todos leyendo la biblia. En Inglaterra se fueron formando otros grupos, entre ellos el grupito de Oxford, pero el más famoso llegó a ser el de "Los hermanos de Plymouth", Inglaterra. También desde 1830 se estuvieron dictando conferencias en el Castillo Powerscourt, en pleno centro de Dublín, Irlanda, enseñando ya la nueva doctrina. Entre los hermanos más destacados de "Los Hermanos de Plymouth", estaban: Eduardo Irving, el Dr. S. P. Tregelles y John Nelson Darby, quien definitivamente se unió a ese grupo en 1828.

Eduardo Irving, enfatizó que Apocalipsis, del capítulo 4 al 19 se aplica al Israel literal.

John Nelson Darby (1800-1882). Estudió leyes y siendo abogado se preparó en Teología, fue ordenado al ministerio y con mucho entusiasmo sirvió tres años en la Iglesia Anglicana. En el año 1827, molesto por el carácter oficial de la Iglesia, renunció a su curato y en ese mismo año principió a relacionarse con el pequeño grupo de Dublín, Irlanda. En 1828 definitivamente se unió al grupo de "Los Hermanos de Plymouth", en Inglaterra; no mucho después se convirtió en el dirigente de ese grupo. Darby viajó por todo Europa y otros países y por seis ocasiones viajó de Inglaterra para los Estados Unidos de América entre los años 60 y 70 del siglo XIX.

A Darby lo recibieron los estudiosos de la llamada "Conferencia Bíblica de Niágara". Este era un pequeño grupo de hombres cristianos que habían comenzado a reunirse para orar y estudiar la

Biblia y que para el año 1870 se organizaron como Conferencia. Esas reuniones se efectuaban en Guelph, Canadá, pueblo contiguo a Niágara, por lo que la conferencia tomó este nombre. Desde su primera visita Darby fue muy bien recibido y se constituyó en el mensajero futurista y mentor de varios de los que allí se reunían. Dictó varias conferencias sobre los temas y las experiencias espirituales que estaban sucediendo en el grupo de "Los Hermanos de Plymouth" en Inglaterra.

Al constituirse, Darby, en mentor de varios de los integrantes de aquel grupo de estudiosos, se fueron generando nuevos puntos de vista, siendo así como se popularizaron en Estados Unidos el futurismo, el premilenialismo y una de las cuatro posturas tribulacionistas: el rapto pretribulacionista. Esto llegó a ser un gran movimiento en Estados Unidos de América después del año 1,870. Así fue como desde entonces, en el año 1888, se inició el movimiento conocido como pretribulacionista, desde Inglaterra a Estados Unidos y por todo el mundo.

¿Qué decir entonces de los Jesuitas Francisco Rivera, Roberto Bellarmine, Emmanuel de Lacunza y Díaz, y los otros que iniciaron el futurismo?

De pronto, no sé quién pueda contestar esa pregunta. ¿Qué decir? Pues, aunque parezca extraño, que es verdad que la enseñanza futurista de la Contra-Reforma fue un movimiento católico que se levantó para defender al papa y a la Iglesia católica romana. Y que más tarde, la doctrina futurista fue adoptada por los evangélicos, quienes hasta el momento eran considerados enemigos y los contrarios les llamaron protestantes; más tarde el movimiento futurista se extendió desde Inglaterra y por todas partes del mundo y hasta hoy.

¿Qué podemos decir al respecto? Que usted sea sincero y que Dios le ilumine. Yo solo sé dos cosas: que Dios es el que interviene en todo para bien de todas sus creaturas y para consumar sus planes como Él quiere y cuando Él quiere. Y la otra, que en el inicio de la Iglesia se encuentran los primeros teólogos futuristas, a quienes los sanamente celosos reformadores no tomaron en cuenta. Eso sería otra importante cuestión para tratar por separado.

¿Cuánto duró el movimiento de reforma y cómo fue que terminó?

La realidad es que el movimiento de reforma duró, oficialmente, de 1517 a 1648, al finalizar la guerra de treinta años, con los acuerdos logrados en lo que se conoce como la paz de Westfalia. Esto es verdad, pero también es verdad que después de 1648 los reformados continuaron predicando y enseñando. Al pasar el tiempo, aproximadamente 150 años, de manera paulatina fueron perdiendo fuerza, hasta que en 1798 se presenta un cambio; la iglesia en general comenzó a revivir. Partiendo de 1825, como resultado de la oración y el estudio de la Biblia, en los grupos de Dublín, Irlanda, Plymouth, Inglaterra y otros más, el entusiasmo se aumentó y el movimiento cristiano se extendió por todas partes del mundo. A finales del siglo XIX toma la forma de un gran movimiento que actualmente se conoce como el "Pentecostalismo Clásico", pero encuadrado dentro del futurismo premilenarista con las demás doctrinas que dentro de este se enarbolan.

¡Interesante! ¿Es el futurismo el movimiento que se ha extendido más entre las distintas denominaciones?

En este apartado y para contestar esa pregunta, conviene recordar que bajo la sombra del futurismo hay algunas denominaciones, organizaciones, grupos y también otros movimientos no pequeños. Todos, con algunas diferencias, sostienen que el Apocalipsis del capítulo 4-19 trata del futuro, con eventos literales en este mundo y que incluyen el establecimiento del gobierno divino de Cristo en la tierra; y que después de ese gobierno, sucede todo lo que leemos en los capítulos 20-22. Aunque algunos difieren en pequeños detalles doctrinarios, y otros en cuestiones mayores, al fin, todos son futuristas.

Como ejemplo de esos mencionados grupos, me permito enlistar, algunos de ellos:

—Gran parte de las ramas de las iglesias bautistas.

—Movimiento pentecostés (denominaciones, organizaciones y grupos).

—Testigos de Jehová.

—Adventistas del Séptimo Día.

—Iglesia apostólica de la fe en Cristo Jesús, y otras Unitarias.

—Iglesias Metodistas; Wesleyanas y no Wuesleyanas.

—Iglesias Menonitas.

—Y otras organizaciones eclesiásticas más.

¿Hay corrientes de pensamiento diferentes dentro del mismo futurismo?

El futurismo es el concepto de interpretación que tiene más variantes que todos los demás que se conocen. La mayoría de los partidarios de este concepto sostienen que el libro del Apocalipsis, en su mayor parte, es escatológico, es decir, que trata de los eventos que Dios tiene planeados desde el principio hasta el fin de este mundo.

Así también, la mayoría sostiene que la interpretación de esta revelación debe ser literal, pero algunos de ellos dicen que la interpretación debe ser alegórica. Todos esperan la segunda venida de Cristo, pero no todos están de acuerdo en el tiempo, ni en la forma de su venida, ni en las circunstancias, ni si habrá o no una gran tribulación. Unos creen en el reino milenial de Cristo en la tierra y que los cristianos reinarán con Él en ese milenio; hay los que piensan que Cristo regresa después del milenio y también creen en la derrota final de satanás; y más.

¿Hay muchos ministros que sostienen la doctrina futurista?

Independientemente de todos los futuristas, milenaristas y premilenaristas de los inicios de la Iglesia, dejo aquí a los representantes más notables del concepto Futurista en la historia subsecuente, con todas sus más conocidas escuelas de pensamiento con sus distintas corrientes y sus respectivas posturas escatológicas, y sin la intención de omitir a ninguno.

NOMBRE	NACIONALIDAD	AÑO	FUNCIÓN
Francisco Rivera	Español	1537	Sacerdote Jesuita
Roberto Belarmine	Italiano	1542	Cardenal Jesuita
Manuel Lacunza	Chileno	1731	Jesuita
Edward Irving	Inglés	1826	Ministro Evangélico
Samuel R. Maitland	Inglés	1828	Ministro Anglicano
J.H. Newman	Inglés	1830	Ministro Anglicano
Margaret McDonald	Escocesa	1830	Cristiana
John Nelson Darby	Irlandés	1831	Ministro Evangélico
F.F Bruce	Inglés	1964	Erudito Evangélico
Abraham Kuyper	Estadunidense	1935	Ministro Evangélico
J.H. Brooks	Estadunidense	1875	Ministro Evangélico
D.L. Moody	Estadunidense	1870	Ministro Evangélico
Los Hermanos de Plymouth	Inglaterra	1828	Grupo Evangélico
Henry Frost	Estadunidense	1878	Misionero Evangélico

Cirios Ingerson Scofield	Estadunidense	1909	Ministro Evangélico
Guillermo Walker	Inglaterra	1828	Ministro Evangélico
John Walker	Irlanda	1831	Ministro Evangélico
Lewis Sperry Chafer	Estadunidense	1924	Ministro Evangélico

Corrientes o doctrinas.

¿Cuáles son los puntos principales de la doctrina Pretribulacionista?

Esta enseña que Cristo arrebatará a su Iglesia justo antes del inicio de la Gran Tribulación. Los Pretribulacionistas hacen la diferencia entre el arrebatamiento de la Iglesia y la Parousia, entendiendo que son dos actos comprendidos dentro de la segunda venida de Cristo, no que sean dos venidas diferentes. Sostiene que el arrebatamiento será un acto instantáneo en el que no será necesario que el Señor Jesús ponga sus pies sobre la tierra ni que sea visto por la gente de este mundo. Sostienen que está dicho "en palabra del Señor" que los muertos en Cristo resucitarán primero. Luego nosotros, los que vivimos, los que hayamos quedado, seremos arrebatados juntamente con ellos en las nubes para recibir al Señor en el aire y así estaremos siempre con él (1ªTESALONICENSES 4:15-17).

También explican que habrá dos acontecimientos simultáneos; en la tierra la Gran Tribulación y al mismo tiempo en el cielo la fiesta de las bodas del Cordero y que, al término de los siete años, Cristo descenderá con su Iglesia, acabará con la farsa del anticristo, salvará al pueblo de Israel de la gran tribulación y establecerá su reino milenial sobre la tierra. También que los integrantes de la Iglesia serán reyes y sacerdotes y reinarán con Cristo por mil años.

¿Qué es el Milenarismo o Milenialismo?

Se refiere al período de mil años registrado en APOCALIPSIS 20: 2-7, donde se menciona seis veces la palabra milenio, definida de acuerdo con el contexto como un período literal de tiempo (que no se puede asegurar que se ajuste a nuestros calendarios convencionales). Esta escuela de pensamiento sostiene que existe un período literal de mil años más después de este tiempo en el que estamos viviendo y que se inicia después del período literal de la Gran Tribulación; al final de ese terrible evento, Cristo inicia su reino milenial en esta tierra.

Sin lugar a dudas, es definitivamente comprobable que la Iglesia, desde sus principios, creía en un milenio literal, un período de tiempo de mil años. Es un hecho histórico, ya que hay muchos escritos bíblicos que de una manera directa y otros indirecta, apoyan la doctrina de un milenio literal. Tanto en el Antiguo como en el Nuevo Testamento se menciona la promesa que Dios le hace a David. Para corroborar esta afirmación, citaremos los siguientes registros bíblicos: HECHOS 15:1-29 (15:13-18) Y 2ºSAMUEL 7:1- (16)17, a lo que se hace alusión claramente en Lucas 1:30-35. En esta concordancia se observan con mucha claridad aquellas promesas incondicionales que Dios le hace a su amigo Abraham y que como promesa las recibe David, el hombre según el corazón de Dios.

¿Los Amilenaristas enseñan que no habrá milenio, aunque esté registrado en la Biblia?

Todos los que profesan y enseñan el Amilenarismo también, por antonomasia, aunque son Antidispensacionalistas, son también Futuristas, pero ellos no creen que tenga que haber un milenio, o un período literal de mil años en los que se verán sucesos sobrenaturales en la tierra. Sostienen que Dios puede hacer eso, o dar fin a todo lo que existe cuando Él así lo determine, pero no que tiene predeterminada una cantidad de años para hacerlo.

Ese es el concepto que define a la Teología Amilenarista. No acepta la doctrina bíblica del milenio como un período de tiempo literal. Ellos, bajo su forma de pensar, establecen la enseñanza de que el reino milenario de Cristo es la Edad de la Iglesia, el período conocido como tiempo de gracia y que comprende desde la resurrección de Cristo hasta su segunda venida. Dejan fuera la acción de satanás en este tiempo, porque ya Cristo lo venció en la cruz. También dejan fuera las doctrinas del Arrebatamiento de la Iglesia y la Gran Tribulación y otras enseñanzas más. Es de suma importancia saber que esta forma de pensar resultó como una reacción en contra de algunos errores de interpretación y aplicación de la doctrina milenarista.

En la doctrina milenarista se venían perfilando algunos errores desde el siglo III d.C. Entre otros errores, el más notable y de mayores consecuencias, fue la tendencia materialista que poco a poco comenzó a desarrollarse dentro de la doctrina cristiana, en base a un milenio literal. Eso fue lo que ocasionó que algunos de los teólogos pensaran negativamente y que por completo se opusieran a lo terrenal, o sea, lo material. Se observa una justa y lógica razón por la cual llegaron hasta el punto de excluirla de su credo. También tuvo una gran influencia el rechazo de Agustín, obispo de Hipona, quien interpretó alegóricamente el milenio bíblico, al grado de hacer desaparecer la bíblica Teología Milenarista durante toda la Edad Media. Desde ese tiempo a la teología que se opone a la doctrina del milenio se le conoce como el Amilenarismo Agustiniano.

¿Cómo se puede entender la corriente de pensamiento premilenarista?

Sostiene que con la segunda venida de Cristo principia el período de mil años. Entonces establecerá su Reino sobre la tierra y juzgará literalmente a las naciones en la tierra (ISAÍAS 2:4;11:3,4; 66:16; MIQUEAS 4:3; JUAN 12:48; HECHOS 17:31; ROMANOS 2:16; 2ªTIMOTEO 4:1; APOCALIPSIS 12:5; 19:11-20). Pondrá en orden a todo en el planeta y seguirá como el rey, juez y sacerdote por el período de mil años antes del juicio final. Esto no ha sido solo una interpretación de APOCALIPSIS 20, fue y sigue siendo una continuación de la expectativa del Reino Mesiánico que se vislumbraba en la teología futurista judía. Esa fue la literatura que ayudó a los primeros cristianos a entender el reino milenial de Cristo, el Rey de reyes y así fue como le encontraron sentido a Isaías capítulo 11 y capítulo 65:17-25; 2ºSamuel 7:1- (16) 17, y de allí entendemos Lucas 1:32,33, y muchas otras referencias sobre la continuación del reinado de David, un reino para siempre, cuyo trono será estable eternamente, en donde la fecundidad abundante de la tierra y la paz entre todos los animales hará un maravilloso ambiente paradisiaco para todos los habitantes que aún existan en el planeta.

Los primeros representantes de esta escuela de pensamiento fueron teólogos del inicio de la Iglesia. Entre los muchos que fueron Premilenaristas se incluye a Papías (60-130 d.C.). Entre los escritos fragmentados de Papías, el preservado por Irineo es de particular importancia para la historia de las doctrinas. Describe en colores brillantes la maravillosa fertilidad de la tierra durante el reinado milenario: "El Reino de Cristo se ha de establecer corporalmente en esta tierra nuestra" (Historia de las Doctrinas (Iglesia Antigua) Reinhold Seeberg página 79, Eusebio, Historia Eclesiástica). Policarpo dijo: "Si andamos en forma digna de Él, si tenemos fe, reinaremos con Él". Otros fuero Justino e Irineo, entre los años 100-165 d.C; Tertuliano y Victorino de Pettau, por el año 304 D.C; y Lactancio (240-320 d.C.). Según los registros históricos, estos y muchos teólogos más fueron Futuristas Premilenaristas.

¿Los postmilenaristas son contrarios a los otros que son premilenaristas?

En realidad no son contrarios, solo interpretan diferente. Los postmilenaristas o postmilenialistas son futuristas. Sostienen que la segunda venida de Cristo sucederá, pero hasta después de los mil años que registra APOCALIPSIS 20 y que los acontecimientos registrados en el libro de Apocalipsis, en Mateo veinticuatro y sus paralelos, se cumplirán en el fin del mundo.

Joaquín, un Abad del siglo XII, escribió una nueva forma de expectación escatológica que resultó diferente del Amilenarismo, a esta nueva teología se le llamó Joaquinismo. Más tarde a esta teología se le conoció como el Postmilenarismo protestante. Este movimiento teológico fue una reacción contra el Amilenarismo Agustiniano y se inició a finales de la Edad Media, continuó por el siglo XVI y pasó por la Reforma de la Iglesia hasta la fecha.

El siglo XIX fue la gran época del Postmilenarismo. Esta corriente de pensamiento principió enseñando que antes del final de la historia habría una edad del Espíritu Santo, un período de prosperidad espiritual y paz para la Iglesia en la tierra. Explican que el milenio será inaugurado por una intervención de Cristo en el poder de su Espíritu y no por su advenimiento corporal, que resultará en la conversión del mundo entero y en el establecimiento del reino espiritual de Cristo en toda la tierra, a través de la Iglesia; que será la Iglesia la que reinará y no precisamente Cristo de manera corporal.

El primer exponente de influencia, en ese tiempo, fue Thomas Brightman (1564-1607). Esta teología llegó a tener un gran florecimiento en el siglo XVII y avanzó hasta el siglo XIX. Lo que hizo decaer casi por completo a este entusiasta movimiento fue la primera guerra mundial que se desató el 28 de junio de 1914. La gran desilusión que produjo esta guerra en muchos creyentes, quienes esperaban la conversión de todo el mundo y el gobierno de Dios sobre la tierra por medio de los cristianos, los debilitó, a tal grado que su gran ánimo decayó y disminuyeron el paso de sus actividades. Lo peor aún fue que después de esa guerra vino la segunda guerra mundial.

Un tiempo después, a principios de los años 60, resurgió esta teología con el nombre en inglés de "Kingdom Now", o en Castellano "Reino ya". Los cristianos que se apegan a esta teología esperan ser los gobernantes del mundo transformado por la predicación. Si se observa bien se puede ver que esta teología contiene algunos rasgos muy parecidos al Amilenarismo.

¿Cómo o de dónde salió ese término que se ha llamado Dispensacionalismo?

Dispensación es un término traducido del idioma griego de la raíz etimológica "οικός", de donde se deriva "οικονομια". De este vocablo han traído al Castellano la palabra economía; la misma palabra griega, en el Nuevo Testamento, se usa nueve veces como dispensación y diez veces "οικόνομος" como dispensador. Como se puede ver, todo se deriva de "οικός" (oicós) que significa "casa" y "νομος" (nomos) que significa "norma o ley", o sea, la ley de la casa. Esto explica el uso, aunque sea solo una vez en el Nuevo Testamento, del término "οικονομειν" que significa "encargado, responsable de la institución". Se entiende que se trata de un administrador, función a la que se le ha venido dando el uso de mayordomo, en el sentido de quien proporciona, propicia, facilita, o hace posible algo que requiere ayuda.

De lo anterior resulta que, teológicamente, se le haya utilizado como el estudio que describe todo el desarrollo del plan de salvación en varias administraciones o dispensaciones, a lo largo de su historia. En estas administraciones, Dios es el que se complace en dispensar las respectivas provisiones, propiciaciones y todo lo necesario para ayudar al ser humano. Lamentablemente, el hombre sigue siendo un ser hostil y rebelde contra Dios, un esclavo adicto a la perversidad de su dura y desorientada conciencia (Diccionario teológico ilustrado, Francisco Lacueva).

A la doctrina que enseña este sistema administrativo de Dios para sus creaturas se le ha llamado Dispensacionalismo. Los bien conocidos teólogos, John Nelson Darvy y Cyrus I. Scofield, en "Traza bien la palabra de verdad" (Editorial Moody, Chicabgo, 1955), son los más notables representantes de esta escuela de Pensamiento, aunque también se pueden citar muchos otros teólogos como Charles Rayrie, "Dispensacionalismo Hoy", (Editorial Porta voz, Grand Rapids, 1984); Guillarmo Walker, en "Revelación Progresiva" (Publicaciones Españolas, Dalton 1975) y otros más; aunque Agustín de Hipona en el siglo IV, ya había expresado algunas ideas al respecto al referirse a "Conocer las edades en la Biblia". Con excepción de Agustín, todos estos son literalistas radicales.

¿Es verdad que en esta teología dispensacional se estudia el tema de las llamadas setenta semanas de Daniel?

Esta escuela en todas sus investigaciones se basa en el sistema administrativo de Dios y es por eso que para explicar las setenta semanas de DANIEL 9:24-27, y particularmente el versículo 27, la toma en cuenta. La interpretación de las setenta semanas señala que está por cumplirse la otra, la semana en la que habrá una gran tribulación por siete años, que esa tribulación se dividirá en dos períodos de tres años y medio cada uno, que el primer período será de tres años y medio de aparente paz y los otros tres años y medio de gran tribulación; y que en estos siete años se realizará el reinado literal del anticristo personificado. Esta escuela presenta la segunda venida de Cristo en dos fases; el arrebatamiento de los fieles, lo que se ha llamado rapto, que se efectuará antes de los acontecimientos de la gran tribulación; y al final de la otra fase, sucederá la aparición o manifestación del Señor Jesús en Gloria sobre las nubes con su Iglesia, la Parousia. Que en esta vez será visto por todo el mundo, que todo ojo le verá (APOCALIPSIS 1:7), que vencerá al anticristo, que salvará a los judíos (2ªTESALONISENCES 2:8; ROMANOS 11:26) y que establecerá su Reino sobre la tierra. De estos Dispensacionalistas algunos son literalistas radicales, otros se han llamado literalistas moderados.

Esta escuela de pensamiento es, futurista, literalista, milenarista, premilenarista, tribulacionista y pretribulacionista. Todos los que son partidarios de esta escuela de pensamiento son futuristas, sostienen que el Apocalipsis en su mayor parte es escatológico, o sea, que trata de los eventos finales, los que Dios tiene planeados desde el principio hasta el fin del mundo.

¿Qué se enseña en la corriente tribulacionista?

Todos los tribulacionistas enseñan afirmando que al final de la era cristiana habrá un período conocido como el tiempo de "La Gran Tribulación". Una gran mayoría de estos tribulacionistas enseñan que son siete años de tribulación y esos son los siete años de la septuagésima semana de Daniel; que las sesentainueve semanas se cumplieron cuando se quitó la vida al Mesías (DANIEL 9:24-27). Sostienen que esto de la Gran Tribulación está claramente profetizado en DANIEL 12:1 y que Cristo en MATEO 24:21, anunció lo mismo que Daniel escuchó del mensajero que habló con él, o sea, la declaración de que habrá una Gran Tribulación.

Sin embargo, hay varias posturas que también son cristianas y tribulacionistas, pero que difieren en cuanto al tiempo, o sea, al cuándo, la duración y por quien será o de dónde vendrá la gran tribulación. Además de estas diferencias, las posturas tribulacionistas han relacionado el arrebatamiento de la Iglesia con la Gran Tribulación y en eso también difieren; unos dicen que el arrebatamiento es antes de la semana de la Gran Tribulación, otros dicen que el arrebatamiento es a la mitad de la Gran Tribulación, mientras que otros dicen que será después de la mitad de la semana de la Gran Tribulación y otros más dicen que el arrebatamiento de la Iglesia será al final de la Gran Tribulación.

¿Qué enseñan los de la postura pretribulacionista?

Los Pretribulacionistas ubican el arrebatamiento de la Iglesia justo antes de la gran tribulación y hacen la diferencia entre ese evento y la Parousia, como dos actos comprendidos dentro del mismo período de tiempo de la segunda venida de Cristo, no que sean dos venidas. El arrebatamiento, dicen, será un acto instantáneo, en el que Cristo no pondrá sus pies sobre la tierra ni será visto por la gente de este mundo. Sostienen que está dicho "en palabra del Señor" que nosotros que vivimos, no precederemos a los que durmieron. Porque el Señor mismo con voz de mando, con voz de arcángel, y con trompeta de Dios, descenderá del cielo; y los muertos en Cristo resucitarán primero. Luego nosotros los que vivimos, los que hayamos quedado, seremos arrebatados juntamente con ellos en las nubes para recibir al Señor en el aire, y así estaremos siempre con el Señor (1ªTESALONICENSES 4:15-17).

También explican que habrá dos acontecimientos simultáneos; en la tierra la Gran Tribulación y al mismo tiempo en el cielo la fiesta de las bodas del Cordero; al término de los siete años, Cristo descenderá con su Iglesia, acabará con la fiesta del anticristo, salvará al pueblo de Israel de la gran tribulación y establecerá su reino milenial sobre la tierra. Los integrantes de la Iglesia serán reyes y sacerdotes y reinarán con Cristo por mil años. Como todos los Tribulacionistas, también enseñan acerca de todo lo que sucederá durante los mil años del reinado de paz y de múltiples bendiciones, cuando Cristo regirá a las naciones con vara de hierro, manteniendo el control sobre todas las cosas en el planeta.

¿Cuál es la doctrina Postribulacionista?

Esta postura es futurista y también Premilenarista, pero a la vez es antidispensacionalista. Algunos han considerado bíblicamente la necesidad de cambiar ciertos puntos de esta doctrina, pero otros siguen pensando como inicialmente enseñó el canadiense, pastor Bautista, Robert Cameron. Los puntos iniciales de esta doctrina son:

1. Sostiene que la Iglesia visible pasará por la Gran Tribulación, a través de los sellos y las trompetas; que su arrebatamiento ocurrirá al final de los siete años de aquel período de gran angustia que sufrirá Israel como nación, cuando Cristo venga y termine con aquel período de prueba del que los cristianos que hayan salido victoriosos serán liberados y pasarán a estar con el Señor para siempre.

2. Sostienen que la Iglesia invisible será arrebatada antes que se desaten los sellos y que suenen las trompetas, antes de que empiece el momento de la ira de Dios y lo más difícil de la Gran Tribulación, cuando suene la final trompeta.

3. Dentro de esa misma postura algunos creen que toda la iglesia, visible e invisible, pasará por toda la Gran Tribulación. Robert Cameron dice que, después de reestudiar el tema, se cambió de Pretribulacionista a Post-tribulacionista; Cameron, convenció a Nathaniel West y después varios maestros de profecía del Seminario Evangélico de la Trinidad, en Deerfield, Illinois. Más tarde esta doctrina se extendió por todas partes, con los cambios ya referidos.

¿Qué son los Antidispensacionalistas?

Los Antidispensacionalistas también son futuristas, pero ellos no comparten el Dispensacionalismo en todo su sistema de interpretación. No forman un grupo determinado, se encuentran entre los mismos Milenaristas, Amilenaristas y los Postmilenaristas, como también los hay entre otras ramas que también enseñan el arrebatamiento de la Iglesia, pero que tampoco enseñan, ni aceptan el sistema dispensacional. Todos ellos no creen que Dios desarrolló varios y diferentes programas a través de la historia del mundo con el objeto de ayudar a la humanidad a que se beneficie de su misericordioso plan de redención, a la vez que no creen que Dios haya utilizado un programa en cada período de tiempo llamado dispensación, con el fin de educar y preparar a sus creaturas para beneficiarlos a todos llegado el momento definitivo, o sea, la total consumación de su glorioso plan de redención. Los Antidispensacionalistas no aceptan que ese plan se desarrolla por medio de cada uno de estos programas. Sencillamente piensan que Dios trazó un plan desde el principio hasta el final y que lo está llevando a cabo poco a poco hasta consumarlo definitivamente.

¿Qué se entiende por interpretación Preterista?

Este el otro extremo del concepto futurista de interpretación, enseña que Juan describe nada más los sucesos que tuvieron lugar durante el imperio romano, en la misma época del autor, hacia finales del primer siglo. Que fue escrito para los cristianos de aquel tiempo, que su función se terminó al cumplirse todo en el Imperio

Romano y que ya es solo una historia. Esto es evidente, dicen, en el triunfo de la Iglesia a principios del siglo IV en el Imperio de Constantino. El comentario bíblico "El Interpretador", asocia APOCALIPSIS 13 con Nerón, quien sufrió una lesión en la garganta y murió, pero que volvió a vivir y persiguió a los cristianos. Este concepto de interpretación preterista fue un buen atractivo para el racionalismo, porque de ese modo se podía eliminar lo predictivo de las profecías de Daniel y de Apocalipsis.

Indiscutiblemente, el punto de vista preterista tiene sentido en lo que se refiere a la interpretación de los mensajes a las siete iglesias de Asia Menor, pero no podemos decir que el resto del libro comprenda únicamente los sucesos del siglo primero. En esta escuela se está negando francamente el carácter profético del libro de Apocalipsis, en lo que corresponde al final de los tiempos. Además, aunque lo referente a las siete iglesias de Asia Menor sea historia, en cada una hay un mensaje para toda la Iglesia del Señor y abarca todo su desarrollo histórico hasta su gran final.

Este concepto de interpretación preterista se divide en dos líneas diferentes: El Ala derecha y el Ala Izquierda. Stuart, Beekwith y Swete, son los teólogos que representan el Ala derecha del concepto Preterista. Estos teólogos admiten que el libro de Apocalipsis es literalmente inspirado, que la mayor parte de lo que dice se cumplió en el Imperio Romano, bajo el emperador Domiciano; no obstante, el juicio final y el estado perfecto de la humanidad están todavía por realizarse en el futuro.

El máximo representante del Ala Izquierda es el Jesuita Alcázar, que escribe por el año 1612. Este y otros teólogos no admiten que el libro de Apocalipsis bíblico sea divinamente inspirado. Consideran a este libro como una obra simplemente literaria, de la misma clase de todas las obras literarias apocalípticas de aquella época y que su valor es únicamente como literatura. Según este concepto de interpretación, Juan no supo nada del futuro por inspiración divina y por lo mismo, no se espera que los eventos narrados en este libro de Apocalipsis se realicen durante la existencia de la Iglesia. Es Alcázar quien afirmó que el libro de Apocalipsis se cumplió totalmente en el tiempo del emperador Constantino, a principios de nuestra era. En este concepto se basan los autores modernistas que dieron origen a la Teología de la Liberación y hay un buen número de teólogos católicos romanos que sostienen la postura del Ala Izquierda.

Dentro del preterismo están los que afirman que el libro de Apocalipsis fue escrito por el año 68 d. C. y que todo se cumplió en el año 70 d. C., que en ese año sucedió la Gran tribulación y que en ese tiempo vino Cristo.

¿Qué es el concepto de Interpretación Histórico-Continuo y por qué fue el concepto fuerte de los reformadores?

Este concepto a veces es llamado simplemente Histórico y a veces nada más Continuo. Pertenece a lo que también se ha llamado interpretación historicista. Los reformadores se basaron en este concepto porque en su época era lo más claro y acertado, es correcto porque trata de ver históricamente el cumplimiento de la profecía desde el Antiguo Testamento hasta todo el Apocalipsis. Este concepto no está enfocado únicamente en el libro de apocalipsis y se entiende que se hicieron aplicaciones de acuerdo a los problemas que tuvieron que enfrentar en su momento. Ellos afirman que lo que todavía no se ha cumplido será la historia del futuro. Dentro de los teólogos católico-romanos hay quienes interpretan de acuerdo con este concepto, pero algunos de estos mismos manejan diferente interpretación respecto a todo el libro de Apocalipsis.

Es bueno no olvidar que este concepto presenta al Apocalipsis como un cuadro que comprende toda la historia de la Iglesia desde su principio hasta su final, desde la primera venida de Cristo hasta su segunda venida y más allá. También es necesario observar en este concepto que hay quienes han tratado de ajustar todos los registros del Apocalipsis a los eventos específicos de la época durante la historia. Por ejemplo, la bestia de Apocalipsis ha sido interpretada representando al tirano que fue contemporáneo del intérprete, es decir, el intérprete que se aventuró a compararlo, tal como sucedió con el papado en el tiempo de la Reforma. Estas interpretaciones, en particular, son insostenibles, ya que a través de la historia ha habido y habrá siempre casos que se asemejan, por lo que estas comparaciones solo servirán para confundir y provocar duda respecto a la verdad de la palabra de Dios, como ya ha sucedido en muchas ocasiones.

¿Qué se debe entender aquí por el concepto de Interpretación de la Filosofía de la Historia?

El concepto de interpretación Histórico-filosófica, por principio de cuentas, separa al Apocalipsis de su fondo histórico. Sostiene que el objetivo del libro no es instruir a la Iglesia acerca de cuestiones históricas ni futuras; que no se trata de predecir sucesos específicos, sino más bien trata de enseñar principios espirituales a los cristianos. Se expone la gran lucha contra el mal, en la cual nos brinda seguridad y además nos consuela; nos garantiza el triunfo final de Cristo sobre satanás y los poderes de las tinieblas. En esta teología se considera al Apocalipsis como un contenido que presenta una discusión entre las fuerzas del mal y el bien, o sea, que las fuerzas espirituales que son la razón de los eventos allí narrados se contraponen, están en oposición, pero que no se debe entender solo como una mera discusión entre esos eventos porque estos no son más que los instrumentos o herramientas que se manejan para mostrar que Dios gobierna sobre todo el planeta y que tiene bajo su control, todas las distintas situaciones que se presentan en el mundo, según sus propósitos.

Así mismo sostienen que esta lucha es repetitiva, que puede observarse en cada una de todas las épocas de la historia. Dicen que el libro de Apocalipsis es un instructivo que muestra cómo Dios está continuamente luchando contra el mal y que lo hace para defender a los cristianos, que así es como trata con todos los hombres de todos los tiempos, pero que siempre saca victoriosos a sus seguidores.

Para entender mejor este concepto, es necesario describirlo mostrando sus principios de interpretación, a fin de no confundirlo con el concepto preterista que sostiene que todo el apocalipsis ya se cumplió.

El primer principio. Es necesario aceptar al Apocalipsis bíblico, reconociendo su mensaje con dos propósitos:

1) El dirigido a los cristianos de la primera época de la Iglesia, cuya finalidad fue animarlos e infundirles valor en medio de las circunstancias en que se encontraban en ese momento de terrible persecución.

2) El Señor conoce el futuro, por lo tanto, conoce todo lo que su Iglesia tiene que enfrentar en el resto de su historia en este mundo. Es por eso que el mensaje en el último libro de la Biblia no solo serviría para consolar, animar y corregir a los primeros cristianos, su relevancia es permanente para todo el futuro de la iglesia hasta su grande y maravilloso final. Así como lo es también toda la Biblia.

El segundo principio. Que indiscutiblemente el Apocalipsis no se escribió directamente, ni para los cristianos del futuro y mucho menos para los no cristianos, pero que incluye a toda la Iglesia hasta su final y a toda la humanidad, como lo ha hecho Dios en toda la Biblia para todas sus creaturas. Cada parte de la Biblia fue escrita para aquellos a quienes originalmente se dirigió pero todos los principios universales envueltos en esos escritos, se encuentran en toda la Biblia y son mensajes que incluyen a toda la humanidad hasta su final. Esos principios tiene relevancia para todos los seres humanos de todos los tiempos y el último libro, el Apocalipsis, es el clímax de todo el gran mensaje de Dios, por lo que definitivamente se constituye en instrumento de máxima relevancia para el último tiempo.

El tercer principio. Se debe analizar el texto mismo para poder determinar el propósito del escrito y las circunstancias que rodearon al texto; las condiciones morales, las religiosas, las sociales y las políticas que prevalecían en el tiempo en que este libro fue escrito. También debemos motivarnos a investigar acerca del cómo pensaba el pueblo cristiano en ese momento de terror, enfrentando aquella terrible y cruel persecución imperial.

El cuarto principio. La mayor parte del Apocalipsis está escrito en lenguaje simbólico y no en lenguaje literal, pero todo el objetivo de su contenido son cuestiones netamente verdaderas y reales.

El quinto principio. En el Apocalipsis se usa lenguaje que se encuentra en el Antiguo Testamento con significado para el Nuevo Testamento.

El sexto principio. La forma del libro de Apocalipsis sí está dirigida a la imaginación, pero esto ni disminuye ni aumenta el valor real de ninguna parte de su contenido, por lo tanto, sus verdades son reales y concretas, claras y significativas, por supuesto para quienes las necesiten y las puedan creer.

En esta forma muy resumida, sobre este concepto de interpretación, he procurado poner, más o menos en claro, todos los vericuetos que se deben andar para poder llegar a la comprensión del verdadero mensaje del santo libro de Apocalipsis. Con respecto a esto, es más difícil limpiar las formaciones de sarro producidas por tantas y diferentes interpretaciones sobre este libro, que las reales dificultades para interpretarlo y, por cierto, y a pesar de todo, sigue siendo toda una brillante REVELACIÓN.

VI

Puntos de vista del tiempo en que se cumplen ciertas profecías de Apocalipsis.

Existen algunos puntos de vista diferentes con respecto al tiempo que abarca el cumplimiento de las profecías del Apocalipsis bíblico. Al respecto tal vez alguien pregunte: ¿por qué no se ha podido unificar el criterio al respecto siendo que es la palabra de Dios y Él no es Dios de confusión, sino de paz? (1ªCorintios 14:33). La respuesta es que la confusión no está en la palabra de Dios, sino en la mente del intérprete; por esa razón, si queremos seguir algún concepto de interpretación ya existente, es indispensable escudriñar las Escrituras, para asegurarnos de la calidad de su escuela y la veracidad de su corriente y su postura interpretativa. Entonces, los importante es conocer la base bíblica de toda interpretación.

Se entiende que existen más puntos de vista que los que vemos en este apartado, pero no es posible tratarlos todos en este espacio, por lo que me concretaré a los que me parecen más importantes y más conocidos, por supuesto.

Algunos intérpretes sostienen que el Señor Jesús regresó en el año 70 d.C., que las profecías de Apocalipsis fueron solamente para el tiempo de la guerra de los judíos con los romanos y que eso ya todo está cumplido.

Otros sostienen que el libro de Apocalipsis fue escrito por el año 63 d.C. y que todo lo profetizado en él abarca desde esa fecha hasta el año 325. Que la conversión del emperador Constantino se constituyó en el límite de las profecías de este libro.

Otros más dicen que todas las profecías de este libro abarcan desde el año 69 d. C. hasta la caída del imperio romano de occidente, en el año 476 d.C.

Algunos más se basan en el toque de la séptima trompeta y sostienen que las profecías de este libro abarcan desde el año 95 d.C. hasta el fin del universo material y que ese será el fin del tiempo.

Por último, cierto número afirman que las profecías de Apocalipsis se principiaron a cumplir en el año 1914 y de allí en adelante, en todo el resto del tiempo está en proceso el regreso del Señor Jesús "como ladrón", o sea, "el rapto de la Iglesia", el reinado de Cristo en la tierra, es decir, el milenio, así como otros acontecimientos futuros.

Hermano, ¿qué dice la Biblia respecto al tiempo que abarcan estas profecías?

Se observa una desbordante saturación en el ámbito interpretativo del libro de apocalipsis, tanto de los cristianos de buena fe, los que se esfuerzan en el afán de alertar y de orientar a quienes se interesan en saber algo respecto al futuro de sus vidas, así como también de escritores profanos y algunos mercenarios; entre ellos algunos bastante sensacionalistas, quienes, en lugar de orientación, provocan perturbación en la mente de aquellos lectores que más bien son motivados por la mera curiosidad que por estar correctamente enterados.

Si revisamos en la Biblia cada una las citas anotadas en relación con el concepto planteado y si tomamos en cuenta sus correspondientes contextos, supongo que será más fácil entender el verdadero mensaje del último libro de la biblia, armaremos mejor nuestras estructuras escatológicas y disfrutaremos más todo lo que entendamos y creamos como cristianos. Por lo pronto analicemos esto:

De inmediato, en MATEO 24:14, está la respuesta a una de las tres preguntas que los discípulos le hicieron al Señor (24:3). Concretamente le preguntan, "*¿qué señal habrá de tu venida y del fin del siglo?*" Su respuesta es: "*Y será predicado este evangelio del reino en todo el mundo para testimonio a todas las naciones; y entonces vendrá el fin*". Aquí no se refiere a ningún otro fin como algunos intérpretes han dicho, o como se maneja de manera profana; que el mundo se va acabar y punto. ¿Entonces, el cumplimiento de estas profecías no es en ninguna de las fechas citadas? Claro que no, lo que vale es la respuesta del Señor a la pregunta de los discípulos. Además, las profecías dicen que habrá cielos nuevos y tierra nueva donde mora la justicia (2ªPEDRO 3:9-18). Históricamente, ninguna de estas cosas se ha cumplido todavía.

No se debe perder de vista que el libro de Apocalipsis se cierra con los capítulos del 20 al 22, en estos tres capítulos se tratan cosas que todavía no han sucedido, el capítulo 21 principia hablando de los cielos nuevos y la tierra nueva y el capítulo 22:6 dice: *"Y me dijo: Estas palabras son fieles y verdaderas. Y el Señor, el Dios de los espíritus de los profetas, ha enviado su ángel, para mostrar a sus siervos las cosas que deben suceder pronto"* (APOCALIPSIS 1:1). Son cosas que por determinación divina deben ser hechas y como todavía no se han hecho, no se pueden ubicar históricamente en ninguna de las fechas que se han presentado en las interpretaciones que enlistamos arriba, porque no han sucedido, es más, no entiendo cómo las podríamos registrar nosotros como hechos históricos, si se supone que ya sería el fin del siglo para todos.

¿Quién las podría escribir?; y, ¿con qué validez hacerlo antes de que haya cielos nuevos y tierra nueva?, ¿cómo podríamos comentarlo nosotros?, ¿o ya estamos en los cielos nuevos y la tierra nueva? No me diga que eso es figurado, porque no rima con el tenor bíblico. ¿Qué diremos de otras citas más?, como APOCALIPSIS 6:15-17; 10:5-7 donde dice que el tiempo no será más, pero las fechas arriba citadas ya se quedaron atrás y el tiempo sigue corriendo.

Si fuera cierta alguna de esas fechas, ¿qué haríamos con estos textos bíblicos y con todo el capítulo 19 de Apocalipsis? ¿Qué no es literal?, de acuerdo, pero en tal caso debe tomarse como una representación simbólica de la realidad, ¿o no es así? ¿Qué es mayor, el símbolo o la realidad? Si no se acepta el símbolo porque es mucho, perdón, pero la realidad es mucho mayor que el símbolo. Así, concluimos que ninguna de las fechas citadas por los diferentes intérpretes mencionados arriba, es compatible con el indiscutible tenor Bíblico general.

¿La revelación de Apocalipsis es para todo el universo, o nada más para nuestro planeta?

Eso también es importante, debemos poner en claro que en ninguna parte de la Biblia se encuentran referencias a la destrucción del universo como se ha dicho, solo se habla del planeta tierra y se dice que la creación fue sujetada a vanidad, no por su propia voluntad, sino por causa del que la sujetó en esperanza (ROMANOS 8:19, 20).

¿Qué debemos entender por la palabra pronto, puesto que ya pasó mucho tiempo y nada de todo eso ha sucedido?.

La respuesta a esa normal y muy lógica inquietud la tiene la Biblia (SALMO 90:4; 2ª PEDRO 3:3-(8)14). La palabra pronto, aquí está utilizada como un adverbio de tiempo indefinido. Para nosotros que hemos aprendido a medir el tiempo basados en los normales movimientos de la tierra y por nuestras limitaciones que incluyen nuestro poco vivir en este planeta, pensamos que mil años son mucho tiempo, pero para Dios que es eterno y que no necesita auto-medirse el tiempo, mil años son como lo que para nosotros es un día. Por lo tanto, "pronto", "las cosas que van a suceder pronto", pueden suceder dentro un día, dos, o tres, o quizá mucho más, pero eso sí, seguro que sucederán.

VIII

Teologías del pacto y del reemplazo

Hermano, ¿de qué trata la teología del pacto?

Este intento de sistema teológico interpreta la Escritura, desde la perspectiva de los pactos de salvación, entre Dios y la humanidad. No es un sistema teológico desarrollado a partir de todos los pactos bíblicos, sino solamente sobre dos pactos: El Pacto de Obras y el Pacto de Gracia. Esta, relativamente, nueva escuela de pensamiento, sostiene que Israel como nación ya no puede seguir existiendo, dicen que al rechazar a Cristo y ser martirizado por ellos, ya quedaron fuera del pacto como nación, pero los israelitas que acepten a Cristo serán salvos y que la nueva Israel es ahora la Iglesia.

Al respecto, es necesario analizar detenidamente esta forma de entender la Biblia y analizar pasajes del Antiguo Testamento, por ejemplo: en Ezequiel, capítulos 36 al 39 y en el Nuevo Testamento, Romanos capítulos 9 al 11. Además, existen numerosos textos bíblicos que declaran que Israel es un pueblo que continuará después de todos los eventos finales. Esa Teología es parecida a la llamada Teología del Reemplazo, si es que no es la misma o una rama de ella. Lo único que se puede decir al respecto es que necesitamos conocer la Biblia para opinar con autoridad bíblica.

¿De qué trata la teología del reemplazo?

Esta Teología llamada del Reemplazo niega que Israel, como nación, siga siendo el pueblo de Dios. Este es el punto de vista teológico que existe entre la mayoría de los teólogos católicos y algunos de los teólogos protestantes. Afirman que los judíos han sido rechazados y reemplazados por "el verdadero Israel", que es la Iglesia. Niegan cualquier futuro étnico para los judíos en relación con los pactos bíblicos y afirman que el único destino espiritual para los judíos es ser parte de la Iglesia cristiana, o perecer definitivamente.

Esta forma de pensar es bastante cuestionable, porque aparte de ISAÍAS, JEREMÍAS, EZEQUIEL, DANIEL, JOEL, ZACARÍAS; y, en el Nuevo Testamento, LUCAS 1; HECHOS 1; ROMANOS CAPÍTULOS 9-11 y muchos textos más, existe mucha base bíblica que comprueba todo lo contrario a este sistema teológico. Además, Israel tiene mucha historia que evidencia el cuidado que Dios ha tenido de ellos, los ha pastoreado por todo el mundo y por tantos años desde Abraham hasta la fecha, en toda circunstancia por donde han tenido que pasar y ha seguido y seguirá cuidando de ellos hasta el final de su historia secular.

La razón por la cual se intercalan estas corrientes teológicas en este trabajo, es porque en ellas se encuentra una postura negativa muy firme respecto a la escatología de Israel, sin tener el cuidado de revisar todo el contexto en el que se desarrolla la historia de este pueblo y sin considerar el propósito de Dios para ellos y para todo el mundo.

SEGUNDA PARTE

IX

Introducción al estudio del Apocalipsis

La segunda parte de este trabajo de investigación, cubre todo el libro de Apocalipsis, desde el capítulo 1:1 hasta el 22:21.

Hermano, ¿acaso no consideras una aventura tratar cuestiones acerca del futuro?

No, de ninguna manera, todo mundo piensa, habla y actúa con base en el futuro, cada quien según sus intereses o sus inquietudes y con menos base que la que tenemos nosotros. Lo hacen porque creen y ni siquiera se dan cuenta que lo están creyendo, así trabajan los filósofos y también los científicos. ¿Por qué yo no podría atreverme como lo hacen todos? Además, eso es mi vocación y lo he hecho por más de sesenta años.

"Pre-dicar", o predecir, es hablar del futuro y con la mejor de las bases: La Palabra de Dios. Yo no inventé el Apocalipsis bíblico, solamente lo estoy comentando porque tengo muy buenas experiencias al respecto y porque es mi obligación. Para mí no es novedad, tengo muchos años de ser predicador, siempre he hablado del futuro. Esto es lo que me motiva y me impulsa a lo que pareciera ser una simple aventura. Lo hago pensando que alguien puede resultar beneficiado, que le puede servir para su vida y su relación con Dios. Estoy consciente que existe el riesgo de los escollos y los arrecifes en los mares de la interpretación. En ese mar hay escollos, lingüísticos, culturales, históricos y geográficos, pero si queremos ir más allá tenemos que sobrepasarlos. En este caso, los ingenieros civiles que nos construyen los puentes, son los traductores, que son seres humanos como nosotros, es por eso que tenemos que ser muy considerados con ellos cuando encontramos algunas fallas de traducción y a la vez tenemos que reconocer que les caracterizan conocimientos específicos en su particular especialización, lo que los hace muy respetables. Sin embargo, de todos modos y sin vituperios, debemos asegurarnos de lo que estamos haciendo, por lo que se hace necesario cotejar y contrastar sus trabajos de traducción, utilizando todas las herramientas que tengamos a nuestro alcance.

Para un mejor aprovechamiento de este trabajo, es indispensable ajustarnos a las siguientes indicaciones:

1°. No descuidar en ninguna forma y por ningún motivo, el método literal de interpretación. Se requiere, independientemente de todas las connotaciones y de las expresiones tropológicas, e inclusive de nuestras experiencias espirituales, que necesariamente reconozcamos el sentido del texto y que para eso tomemos en cuenta toda la exigencia gramatical.

Todo el contenido bíblico es un documento inteligible para los humanos cualquiera sea su idioma. Todas las implicaciones gramaticales y los signos de ortografía son determinantes semánticos, por esa razón y por cuestión de orden, cada palabra o signo que forma parte de algún texto siempre está desempeñando una función subordinada, sujeta al texto correspondiente, si este ha sido escrito según las reglas de la gramática de cual sea de los idiomas existentes. Esta comprensión nos permite pensar en la expresión de, "El Maestro de maestros", que dice: "*ni una jota ni una tilde pasará de la ley, hasta que todo se haya cumplido*" (MATEO 5:18). Podemos pensar que esa expresión es un tropo, pero se refiere a cabalidad, ajustado a peso y medida. Entonces, no debemos soslayar ningún signo o palabra de las Sagradas Escrituras, porque en ella no hay palabra baldía ni signo sin sentido, solo se requiere comprensión de la función que desempeñan los signos y las palabras en el texto.

2°. Es obligatorio para la comprensión del texto en cuestión aplicarse a la investigación del fondo histórico. Esto nos proporciona datos con relación al escritor y a los lectores; y a la vez también el ámbito geográfico, político, social y económico del momento en que se escribió ese documento.

3°. Distinguir en los párrafos, las oraciones, las frases y las palabras, si el sentido de cada uno de esos elementos que se encuentran en el texto que se estudia, es recto o figurado. Esto forma parte de la Hermenéutica, incluyendo el uso constante de las llamadas figuras de retórica, o lenguaje tropológico.

4°. Considerar el contexto inmediato, el contexto mediato y el contexto general. El contexto inmediato es el pre-texto y el post-texto, o sea, lo que hay que considerar inmediatamente antes y después del texto que estudiamos. El contexto mediato es todo lo que tenga verdadera relación con el texto que estudiamos, aunque sean textos que se encuentren en diferentes partes de toda la Biblia. En el contexto mediato se debe evitar la mala costumbre de podar y trasplantar textos para fines de interpretación forzada. El contexto general es el que nos obliga a mantenernos dentro del objetivo fundamental de todo el texto, el que se constituye en el contexto básico, el corrector de toda interpretación y, por supuesto, del tema que estamos estudiando. Para esto se requiere conocer bien los objetivos generales, los objetivos particulares y los objetivos específicos de toda la Biblia.

5°. Con respecto a los símbolos y los números simbólicos, se requiere revisar el significado y aplicarlo según el uso que en la Biblia tengan esos símbolos que tratamos de entender y aplicar; esto puede ser tanto en el Nuevo Testamento como en el Antiguo. Es necesario considerar el significado que históricamente se conozca de los símbolos y números, es decir, el uso que se les ha dado en la buena literatura y en las temáticas de alto nivel académico, a fin de aplicarlo si es necesario y conveniente en nuestro trabajo de interpretación.

6°. Ser serios y precavidos con respecto al texto que se estudia pues debemos lograr la correcta identificación de los personajes envueltos en las figuras representativas que se están utilizando en dicho texto. Si entendemos el sentido y propósito de una expresión, no buscar más interpretaciones rebuscadas.

7º. Todo libro u obra literaria que se estudia requiere que se tenga clara su estructura natural, el o los objetivos del autor y comprender su retórica. La gran mayoría de los eruditos en la materia concuerdan en que en un libro se debe observar la tendencia del autor y poner atención en su fechado.

8º. Tratar de obtener de la mejor manera la Exégesis correspondiente. Para esto no debemos olvidar que la Biblia es su propio intérprete y aunque esto se cuestione, en ella misma están las referencias y las concordancias correspondientes al texto que tratamos de interpretar, sin que nos olvidemos que esas concordancias deben ser analizadas y comparadas con trabajos similares para mayor seguridad; y, repito insistente, para este propósito es muy necesario no descuidar el fondo histórico de este importante libro de revelación.

Principiar con el fondo histórico nos permite asegurarnos que estamos ante un libro que nos presenta una realidad y no simplemente un cuento fabuloso. Que no es una novela imaginaria, aunque tenga forma de drama y que, de hecho, aunque pudiera ser un verdadero melodrama, debemos estar conscientes de que se trata de una indiscutible realidad.

¿Cómo se pueden encontrar los bosquejos del contenido del libro de Apocalipsis?

La Iglesia debe saber lo que Juan ha visto, debe saber que el Señor está viendo todo aquello que ya son hechos, lo que se está haciendo en ese momento y, lo más importante, las cosas que aún serán divinamente ejecutadas. La Iglesia debe estar enterada de todos los problemas a enfrentar, lo que respecta a su función, a su desarrollo y a su final glorioso. En primer lugar, el Señor entrega sus mensajes directamente a sus siete iglesias representativas seleccionadas por Él mismo. En este grupo de siete iglesias, en el mismo orden que se las dicta a Juan, está observando y mapeando siete períodos en el transitar de su Iglesia, en todo el mundo, a través de todos los tiempos, hasta que se cumplan todos los planes divinamente preestablecidos. En el transcurso de su recorrido la Iglesia pasará por siete períodos, en cada uno de ellos vivirá las mismas características de cada una de las siete Iglesias de Asia Menor, en el orden que las presenta en este libro apocalíptico. De esta manera el Señor traza el avance y el devenir de su Iglesia hasta su glorioso advenimiento y el victorioso final de todos sus verdaderos seguidores.

¿A qué se refieren con que aquellas iglesias hayan sido representativas de la Iglesia del Señor Jesús en todos los tiempos?

En las siete iglesias seleccionadas por el Señor Jesús hay una significación de triple sentido, o una advertencia con vigencia permanente que Dios le hace a su Iglesia. Observemos los siguientes tres sentidos del mensaje del Señor Jesucristo.

El primer sentido. No solo es un mensaje para las siete iglesias de Asia Menor, el mensaje comprende a todas las congregaciones que en ese mismo tiempo integraban toda la Iglesia del Señor Jesús, en las distintas áreas donde se encontraban establecidas, incluyendo la de Jerusalén, todas estaban padeciendo la terrible persecución bajo la mano férrea del emperador Domiciano. A la vez se estaba haciendo referencia a los problemas y la condición espiritual en la que cada una se encontraba.

El segundo sentido. Cuántas persecuciones, tribulaciones y crisis enfrentará la Iglesia en general en el futuro, cuál será su condición espiritual, sus circunstancias, sus problemas y su comportamiento en cada uno de los períodos o momentos, según el orden en el que el Señor Jesús le dictó a Juan de las siete iglesias seleccionadas y registradas en los capítulos dos y tres.

El tercer sentido. Todas y cada una de las características de cada una de aquellas siete iglesias se producirían simultáneamente y en conjunto, en el futuro. Los mismos distintos matices espirituales y los mismos distintos comportamientos, se repetirán dentro de cada uno de los siete períodos de la historia de la Iglesia, desde aquel momento hasta el final. Eso es lo que actualmente se conoce como los distintos paradigmas que existen en la Iglesia en general. El Señor Jesús está viendo en las siete iglesias los modelos que representan a su iglesia durante todo el tiempo de su peregrinación; sus distintos comportamientos y su condición espiritual.

Entonces, el libro de Apocalipsis tiene un mensaje práctico y vigente para cada situación y comportamiento de su Iglesia en cada instante de su peregrinación, y hasta para cada individuo, aunque esto parezca increíble. Dios trata individual y particularmente con cada persona, esto es muy claro en la Biblia; como ejemplo se cita Apocalipsis capítulos dos y tres: "*El que tiene oído, oiga lo que el espíritu dice a las iglesias*". Estas expresiones individualizadas se repiten siete veces cada una, nada más en estos dos capítulos, no obstante, su amoroso mensaje es para cada individuo, principalmente, una cariñosa amonestación y a la vez un mensaje de esperanza y de triunfo definitivo al final de la jornada.

¿Cuándo fue escrito el libro del Apocalipsis bíblico y quién lo escribió?

Según la mayoría de los teólogos y los exégetas expertos, el Apocalipsis fue escrito por el año 95, o quizás el 96 d.C. La inexactitud referente a fechas o años obedece a cualquiera de dos cosas: a la histórica variación de los calendarios, o a las variadas aportaciones de los historiadores. Esto no es para dudar, sino al contrario, en toda clase de historia sucede lo mismo con respecto a fechas, pero las diferencias en esos documentos importantes, cuando provienen de distintos escritores sobre el mismo tema, en lugar de contradecirse se corroboran entre sí, constituyéndose en una de las mejores pruebas de autenticidad de tales documentos, a pesar de sus diferencias.

Además, se han hecho estudios concienzudos que demuestran que el escritor es Juan, el hijo de Zebedeo, quien fue apóstol del Señor Jesucristo. Que es él a quien se refiere el primer versículo de este libro y que a él le fue enviada la revelación por medio del ángel.. Este Juan fue el que estuvo preso en la Isla de Patmos, que vivió en Éfeso.

En el capítulo uno, versículo cuatro, él mismo dirigiéndose a las siete iglesias, dice: *"Juan, a las siete iglesias que están en Asia"*, en ese mismo capítulo, versículo nueve, dice: *"Yo, Juan, vuestro hermano y copartícipe vuestro en la tribulación, en el Reino y en la paciencia de Jesucristo, estaba en la isla llamada Patmos, (preso) por causa de la Palabra de Dios y el testimonio de Jesucristo"*. En el capítulo 21 versículo 2, dice: *"Y yo Juan, vi la santa ciudad, la nueva Jerusalén, descender del cielo, de Dios, dispuesta como una esposa ataviada para su marido"*. En el capítulo 22 versículo 8, dice: *"Yo Juan, soy el que oyó y vio estas cosas"*. Históricamente se conoce como hecho comprobado que Juan estuvo en Éfeso y que el emperador Domiciano ordenó su destierro enviándolo a la isla de Patmos.

A estos testimonios personales podemos añadir lo que ha sido confirmado por los escritores del siglo II y los de la primera parte del tercero. Existen documentos que comprueban que Justino Mártir, Irineo, Clemente de Alejandría, Orígenes, Tertuliano, Hipólito, Eusebio de Cesárea y otros se refirieron al Apocalipsis de Juan el apóstol. Si no creemos en lo que dicen los documentos de aquellos hombres, entonces nadie puede opinar, ni decir otra cosa acerca de la cual no existen documentos, y si esgrimen documentos de la misma edad, también se puedan poner en tela de juicio, así como se ha pretendido hacer con estos de la calidad y certidumbre que hoy aquí estamos evocando.

A Eusebio de Cesarea (265-341 d.C.), le tocó vivir en el período apologético de la Iglesia y se empapó de los documentos frescos de los distinguidos teólogos de los inicios del cristianismo. Se trata de un historiador prolífero de esa época, en varios de sus diez libros de historia eclesiástica recopiló muchos importantes datos y entre esos se encuentran los que se refieren al escritor de Apocalipsis. Cita Eusebio: "Se dice que cuando Juan el apóstol escribió el

Apocalipsis, tenía entre 85 y 90 años de edad, que estaba preso en la Isla de Patmos, dentro del mar Mediterráneo en Asia Menor, y después, en la época de Trajano vivió por varios años en Efeso y allí ministraba, en donde por fin murió".

Esa área de Asia Menor, es muy conocida como la Anatolia y perteneció a la Antigua Grecia, allí es donde se pueden visitar los lugares donde florecieron las siete iglesias mencionadas en los capítulos 2 y 3 de Apocalipsis, tú puedes localizar los sitios de las siete iglesias. Por ahora la Anatolia corresponde a Turquía, que es uno de los países más grandes del Levante. Patmos es una pequeña isla rocosa, sin mucha vegetación, de 16 kilómetros de largo por 12 de ancho. Antes una prisión, ahora es un lugar turístico situado no muy lejos; se puede decir que está casi frente a Éfeso, por cierto, me consta que actualmente se puede apreciar la iluminación de la isla, desde la ciudad de Éfeso, donde Juan vivió y ministró por muchos años, antes y después de su exilio en esa isla, hasta que murió. Actualmente todavía se reconoce su tumba.

En los días que estuve en Efeso, procuré y me di la oportunidad de visitar las tumbas; personalmente pude leer los epitafios, porque tienen traducciones al inglés. Esas claras inscripciones indican que allí están los restos de donde resucitarán ambos: Juan y María, la madre de nuestro Señor Jesucristo quien también murió y está sepultada en ese cementerio de Éfeso.

El emperador del momento era Domiciano, quién, según la Historia, es el que ha sido más orgulloso y egoísta de todos los emperadores que el mundo ha conocido. Su nombre completo es Tito

Flavio Domiciano, nació en Roma el 24 de octubre del año 51 y fue emperador desde el 14 de octubre del año 81 d.C. hasta que murió el 18 de septiembre del año 96. Por 15 años Domiciano persiguió a los cristianos, y decretó que a él se le llamara "El Divino Cesar", ordenó erigir una estatua con la imagen de su persona y que se le adorara, también estableció un "Concilio Religioso" encargado de promover la adoración y a la vez vigilar a los adoradores. Con semejantes decisiones imperiales, todos los cristianos se convirtieron en el centro de atención y no fueron vistos con buenos ojos, fueron perseguidos porque se negaban a rendir adoración al emperador, y no lo hacían, aunque eso les costara la vida. Muchos cristianos fueron muertos, otros puestos en la cárcel y muchos otros tuvieron que vivir escondiéndose en las catacumbas.

De los tres períodos más grandes de persecución que padeció la iglesia por parte del imperio romano, este fue el más distinguido por su terrible crueldad. Bajo estas circunstancias era necesario un mensaje exactamente como el del Apocalipsis, mensaje que no solo les aseguraba la victoria contra Roma, sino la victoria definitiva en el mundo. Aquellos cristianos no tenían que ponerse a calcular cuánto tiempo faltaría para que se llegara el desenlace final, ellos se sentían victoriosos porque ya estaban viendo el final de todas las cosas y eso les era suficiente. Así también con este mismo mensaje, el Señor le da la misma fortaleza y la misma esperanza a toda su Iglesia en sus momentos críticos y en todos los tiempos, hasta que se llegue el momento del desenlace final. Dios no necesita improvisar nada, ni siquiera su mensaje, y todo lo prevé con su debida anticipación, todo lo hace a su tiempo. Por lo tanto, si Dios está dando un mensaje para fortalecer a su Iglesia en un momento y al mismo tiempo les permite verse en un futuro victorioso, ese mismo Dios está dando el mismo mensaje para su misma Iglesia envolviéndola en el mismo futuro en el que aquellos se estaban viendo envueltos, mensaje en el que permite también a toda su Iglesia verse en un definitivo final victorioso. Entonces, el libro de Apocalipsis es el mensaje para su Iglesia en todos los tiempos y por lo mismo también para nuestro tiempo, o sea, que es para nosotros como lo es toda la Biblia.

¿No hay argumentos que prueben lo contrario, que Juan no escribió el Apocalipsis?

Algunos comentaristas insisten en que el Apocalipsis fue escrito, por el año 69, o poco antes del año 70 d. C. Y que no lo escribió Juan el discípulo de Cristo. Para probarlo presentan los siguientes argumentos, a los cuales daremos respuesta:

Argumento 1.

Para el año 95 d. C., el apóstol Juan debió haber tenido noventa años de edad, o quizá más. Era demasiado viejo y físicamente débil. ¿Cómo pudo haber hecho este difícil trabajo de escribir todas estas revelaciones de Apocalipsis?

Respuesta.

1. Es una muestra de simpleza sostener este argumento y supone ignorar el poder de Dios para conservar la vida y la energía tanto física, como intelectual, de quien Él quiera. En Juan 21:22 Cristo le dijo a Pedro: "***Si quiero que él quede hasta que yo venga, ¿qué a ti?***". En otras palabras: "Si yo quiero que Juan viva muchos años, es mi asunto". El Señor Jesús sabía el tiempo que Juan duraría y sabía con qué propósito.

2. El historiador cristiano, Eusebio de Cesárea, escribe en su obra "Historia eclesiástica", indiscutibles evidencias que prueban que el apóstol Juan, después que falleció su perseguidor, el emperador Domiciano, en el año 96 d. C., salió de Patmos y fue a vivir otra vez en Éfeso, donde todavía estuvo por varios años trabajando en la obra de su Señor. Dice Eusebio: "Bastarán dos testigos para garantizar que entonces Juan todavía vivía, pues ambos son fidedignos y reconocidos en la ortodoxia de la Iglesia. Se trata de Irineo y Clemente de Alejandría".

Una razón válida que nos permite entender que el libro del Apocalipsis bíblico fue escrito en el año 95, o el año 96, después de Cristo, es el testimonio de Ireneo. Un reconocido cristiano y además un erudito, autor y apologista, que vivió desde el principio del Siglo II. Este Ireneo, fue quien escribió: "La Revelación fue vista no desde hace mucho tiempo, sino casi durante el tiempo de nuestra generación hacia el fin del reinado de Domiciano".

Ahora, si históricamente se entiende que este señor fungió como emperador hasta cuando fue asesinado, en el año 96, y el testimonio de Irineo dice que la revelación se principió a conocer a fines de su reinado, esto aclara categóricamente esta discusión. Entonces, estamos seguros que el Apocalipsis fue escrito cerca del año 100 d.C. y que fue escrito por el apóstol Juan, el discípulo del Señor Jesucristo.

También Irineo, en su libro II, titulado "Contra las herejías". Dice: "Todos los ancianos de Asia que mantienen contacto con Juan, el discípulo del Señor, dan testimonio, de que lo trasmitió Juan, [se refiere al Apocalipsis] pues permaneció con ellos hasta los tiempos de Trajano, sucesor de Domiciano; vivió hasta parte del reinado de Trajano, el emperador romano que reinó del año 98-117 d. C.

Por otra parte, sigue hablando Eusebio en su muy reconocida Historia Eclesiástica: "Clemente indica lo mismo respecto al tiempo y además añadió un relato, en la obra que tituló: "¿Quién es el rico que se salva?", indispensable para aquellos que gustan de oír cosas hermosas y de algún provecho. Así pues, tómala y lee lo que allí se haya escrito". Dice Clemente: "Oye este rumor, que no es solo un rumor, sino una tradición sobre el apóstol Juan, trasmitida y conservada en la memoria. Así pues, cuando murió aquel tirano, Juan pasó de la isla de Patmos a Éfeso. De allí salía, cuando se lo pedían, a las regiones vecinas de los gentiles, ya fuera para establecer obispo, para dirigir iglesias enteras, o para designar algún sacerdote de los que habían sido elegidos por el Espíritu".

Argumento 2.

Se observa, que no hay alusión alguna en el libro de Apocalipsis a la destrucción de Jerusalén en el año 70 d. C., "el evento más importante, en términos religiosos, en dos mil años", por tanto, se concluye que el libro de Apocalipsis fue escrito antes del referido evento, por el año 68 o 69 d. C. y no por el año 95 o 96 d.C., como se dice. Opinión del comentarista, Burton Coffman, "Comentario sobre Apocalipsis", página 5.

Respuesta.

Sin lugar a duda y como un hecho histórico, posterior al año 70 y antes del año 100 d. C., ocurrieron otros eventos también religiosos entre los cristianos que, si no exactamente como la destrucción de Jerusalén, fueron horripilantes hechos que afectaron grandemente a la Iglesia, que fueron de suma importancia para todos los cristianos, o sea, para aquellos a quienes, básicamente, se escribió el Apocalipsis.

Las férreas, terribles y muy sangrientas persecuciones que sufrió la iglesia verdadera, a manos de los emperadores romanos, fueron hechos que sucedieron después del año 70 y antes del año 100. Esos eventos tampoco se mencionan en el libro de Apocalipsis. ¿Por qué no? porque este libro no es un simple tratado de historia, no se enfoca en la narración de las crueles persecuciones que sufrió la Iglesia; este es un mensaje que Dios dirige concretamente a los cristianos que están viviendo bajo la crítica y muy terrible persecución imperial, mensaje que no solo los fortalece y los anima, sino que además les muestra la futura y definitiva victoria final. Entonces, ¿por qué tendría que narrar la destrucción de Jerusalén del año 70, si nada tenía que ver con la Iglesia? Además, alrededor del año 70 d. C., tampoco existe ningún dato histórico referente al libro de Apocalipsis, la razón es que no existía.

Argumento 3.

El comentario, en "El libro de Revelación" (Noble Patterson Publisher-Distributor, P.O. Box 7410, Ft. Worth, TX 76111, año 1966, página 27), de Foy E. Wallace, hijo, afirma que Apocalipsis fue escrito "temprano en el reinado de Nerón y antes de la destrucción de Jerusalén, no alcanzando el Apocalipsis el más allá de la era de las persecuciones romanas contra la iglesia". Sostiene que se trata de profecías sobre "el derrocamiento de la Jerusalén apóstata, la cancelación de la teocracia judaica con la demolición del templo, la caída calamitosa del judaísmo y el fin catastrófico del estado de Israel"; que el triunfo de la iglesia sobre los poderes perseguidores "se simboliza mediante las escenas triunfantes de una resurrección y una entronización, ambas figurativas, que las visiones del Libro de Revelación fueron cumplidas en las experiencias de las iglesias de aquel periodo".

Respuesta.

El comentarista Wallace, hijo, en su interpretación, parece estar olvidando la realidad histórica que forma el trasfondo del Apocalipsis bíblico. Parece como que no está muy bien informado respecto a la existencia de las iglesias mencionadas en los capítulos dos y tres del libro en cuestión, esas todavía en el año 70 no se habían desarrollado en la medida que estaban para los años ochenta y noventa. Da la impresión de que desconoce los testimonios de los contemporáneos del escritor de Apocalipsis y, en lo que respecta al tiempo, no toma en cuenta a los que vivieron allá, más cerca que él. La interpretación de Wallace entra en verdadero conflicto con la realidad histórica del momento que se trata. Además, la aplicación que él hace del cumplimiento de las profecías está limitada y encerrada dentro de los últimos años de la década de los sesentas, porque si se cumple todo en la destrucción de Jerusalén que sucedió en el año 70 d. C. ya no queda más mensaje para la Iglesia del Señor, y ¿qué hacemos con el versículo 19 del capítulo uno y otros similares que hay dentro del mismo contexto, que se refieren a las cosas que han de suceder después de estas?

Wallace interpreta al capítulo 13 versículo 7 de Apocalipsis, diciendo que Satanás obró por medio de los emperadores romanos, particularmente por medio de Nerón, para vencer a los santos, o sea, a los cristianos mediante "la destrucción de Jerusalén, la ciudad sagrada y el templo santo". La pregunta obligada para Wallace es: ¿Venció Nerón a los cristianos? Al contrario, aunque sí mató a algunos de ellos, la iglesia continuó su acelerado crecimiento. ¿Quedaron derrotados los santos, los cristianos como él dice, en la destrucción de Jerusalén? ¡De ninguna manera! Los vencidos por el momento fueron los judíos, no los santos de la iglesia, como él lo afirma. Por lo tanto, esa interpretación no aplica de ninguna manera, no concuerda con la realidad histórica. Históricamente se sabe que la mayoría de los cristianos salieron de Jerusalén y del área, a predicar a otras partes, antes de que el general Tito destruyera a Jerusalén, en el año 70 d. C. Cristo ya les había advertido lo que sucedería, habían recibido instrucciones sobre lo que tenían que hacer cuando sucedieran estas cosas (LUCAS 21:20-24).

X

INTERPRETACIÓN DEL APOCALIPSIS

Para interpretar un libro se requiere conocerlo, aunque no sea con toda exactitud, se debe conocer la temática, la organización de los bosquejos y distinguir él o los objetivos. La primera clave interna para entender el Apocalipsis bíblico, es entender, primero, los siete sellos, esto es muy importante para internarnos en todo el contenido.

Hermano, ¿cómo inicias este trabajo de interpretación?

Para principiar, aquí hablaremos del origen de esta profecía, su propósito, salutaciones y algunas declaraciones indispensables. Me gustaría poder hacerlo como si fuera un video, tratando de captar en cada palabra, frase y oración, la función de cada una de las imágenes que ilustran esos mensajes, porque cada una de ellas representa una o varias verdades que Dios nos está revelando por este medio.

¿Es verdad lo que se dice en las obras escritas, que todo libro debe tener estructura? ¿Cuál será la del libro de Apocalipsis?

La forma y el contenido de un escrito son dos cosas diferentes. La forma, entre otras cosas, es la que incluye la estructura de todo el cuerpo del escrito, la que se integra con sus temas bosquejados. El contenido del libro es la esencia del escrito, lo que debemos entender como el propósito, o el mensaje expresado en palabras escritas, que a veces se organiza en la forma de bosquejo. Entonces, en todo el escrito del libro de Apocalipsis se puede notar una estructura de tres partes generales y cada una de estas partes encierra la información necesaria en esta revelación. Aclarando, que estas partes estructurales en el libro de Apocalipsis no se deben confundir con su bosquejo temático declarado en el propósito del libro, ese bosquejo se refiere a la revelación. Cada bosquejo de este libro está compuesto por los temas necesarios con el propósito de revelación.

Entonces, la estructura de este libro, que es la forma como se presenta la obra o trabajo que contiene la revelación, tendrá las partes necesarias, cada una con su bosquejo correspondiente. A esas partes, más la suma de los demás elementos, se les conoce como la forma de un escrito. Toda la temática, los conceptos del mensaje o contenido se encuentra dentro de la estructura.

Las cosas que has visto, las cosas que son y las cosas que han de ser después de estas, es el mensaje o propósito del libro y se conoce como el contenido del escrito, todo eso queda comprendido dentro de la forma. Entonces, la estructura es el orden en el que se presenta ese bosquejo y el espacio que abarca cada una de sus partes. El libro de Apocalipsis es profético por naturaleza y por propósito.

¿Cuál es la estructura del libro de Apocalipsis?

La estructura del libro de Apocalipsis, según mi punto de vista, presenta tres partes generales:

La primera parte está en los primeros tres capítulos (1-3). En el capítulo 1 vemos las declaraciones de parte del Señor Jesucristo y las introducciones necesarias. En los capítulos 2 y 3, los importantes mensajes a las siete iglesias de Asia Menor.

La segunda parte está comprendida de los capítulos 4, versículo 1, hasta el capítulo 11 versículo 14, después del segundo "ay". En esta parte vemos muy importantes revelaciones previas. Aquí se le ordena a Juan subir a donde se le mostrarán las cosas que sucederán después de estas. El Cordero abre los sellos para revelar lo que Daniel no pudo ver porque era para el tiempo del fin, las siete trompetas, las oraciones de los santos, el derrocamiento de satanás, los cuatro ángeles del río Éufrates, la necesidad de continuar con la predicación, el deslinde de lo más importante de la propiedad de Dios y los dos testigos, hasta el tercer "ay". Hasta aquí terminan las revelaciones preparatorias para el desarrollo del tercer "ay".

La tercera parte es la última de la estructura del libro y está comprendida en los capítulos 11:15 hasta el final del capítulo veintidós. Esta tercera parte se subdivide en dos grandes documentales, cada uno con varios videos que se muestran, principiando con el desarrollo del tercer "ay", la llegada del Rey de reyes y el juicio de las naciones, con lo que se pone en orden todo en el planeta. El segundo documental, una vez que todo está en orden, bajo el mismo concepto de redención, inicia el Régimen divino sobre el planeta, un gobierno de misericordia y oportunidad para aquellos que no resultaron responsables, en el juicio de las naciones y los malvados, pero que no formaron parte de la Iglesia y no entraron a las bodas del Cordero. No obstante, ellos y sus descendientes seguirán viviendo por mil años en el planeta bajo un sistema de gobierno de justicia y misericordia, será una población mundial mucho mayor que la actual. Después de los mil años serán probados, el dragón será suelto y se afanará en engañar a la humanidad y los que se dejen engañar correrán el mismo destino con el dragón. Este documental incluye el juicio final de todos los que han nacido y muerto en el planeta y la destrucción final de todos los impíos que siguieron los pasos del dragón, la serpiente antigua que es el diablo y satanás.

XI

Capítulos del libro de Apocalipsis

Primera parte del libro del Apocalipsis

Aunque no necesitemos, ni los capítulos ni los versículos para la interpretación, por cuestión de orden nos guiaremos por ellos. Permítame insistir que, aunque los capítulos y versículos de la Biblia sean muy necesarios para la localización y memorización de porciones bíblicas, en ningún momento los podremos usar para fines interpretativos, a fin de evitar posibles confusiones.

Capítulo 1.

Hermano, ¿cómo se puede conocer el origen de esta escritura llamada Apocalíptica?

La introducción contiene la declaración del origen y el tema, o sea, "la Revelación que Dios le dio a Jesucristo", "para hacer saber a sus siervos, las cosas que se harán y se verán pronto". Esta revelación es de Jesucristo porque Dios se la dio, a Él se la entregó y Él la recibió, y se la trasmitió a su ángel quien, por medio de Juan, se la manifiesta a sus siervos, para que conozcan las cosas que deben suceder pronto. Esta es una revelación para la Iglesia, no es para la nación de Israel. Aquí, el término "pronto", tiene resonancia continua a través del tiempo hasta nosotros, puesto que Dios no mide el tiempo como nosotros lo medimos.

El Señor Jesús, recibió de parte de Dios la revelación, luego, el Señor Jesucristo dio al ángel las indicaciones de la importancia de la revelación, para que se las entregara a Juan, un humano, y así este las comunicara por escrito a sus consiervos los humanos, a través de aquellas siete congregaciones de Asia Menor, seleccionadas como los paradigmas que Dios ya estaba previendo en su Iglesia en el futuro. "La revelación de Jesucristo", no es para mostrarnos quién es Él. Interpretar de esa manera cambia la estructura del versículo y no corresponde a la sintaxis de esa oración gramatical. En segundo lugar, y lo más grave, si se aceptara ese cambio, obligaría a entender que todo el contenido del libro es Jesucristo, puesto que al inicio se declara que eso es de lo que se va a tratar en el libro, por lo que habría que quitar de ahí todas las imágenes que no concuerdan con la imagen de Jesucristo. Ahora, si se hacen estos cambios, también se tiene que cambiar toda la estructura del libro y eso afectaría a todo el contenido, entonces sí estaríamos en muy serios problemas al interpretar el Apocalipsis.

Para no tropezar con problemas de interpretación tratemos con cuidado el primer versículo, como la declaración del contenido general del texto completo. El Señor Jesucristo comunica por los medios ya mencionados, una importante revelación que es necesaria, son los acontecimientos venideros. Esta es la información de lo que se desea que se sepa del futuro para evitar la destrucción de seres inocentes. Como conclusión, me permito sugerir que aceptemos el primer versículo tal como está gramaticalmente escrito; respetar la sintaxis gramatical y los signos de puntuación, a fin de que sea posible la correcta interpretación del versículo y por consecuencia la totalidad del libro.

¿Por qué fue Juan el comisionado para entregar la revelación?

Hasta ese momento a Juan se le reconoce como el último que ha quedado de los apóstoles, entonces es el indicado para recibir y entregar la revelación de todas las cosas que están por venir pronto.

¿Por qué Dios, o el mismo Señor Jesús no entregó directamente los mensajes a las siete iglesias?

Aún con Juan se observa el mismo método de Dios, se vale de una figura humana para dar su mensaje a los humanos, como lo hizo el mismo Señor Jesús desde la cruz, en su condición humana estaba intercediendo por los humanos, diciendo: "Padre perdónales porque no saben lo que hacen". Esa oración me estremece y me hace pensar muchas cosas importantes en relación con la gran misericordia de Dios hacia nosotros los terribles pecadores. Es demasiado lo que se inclina desde su grandeza para facilitarnos el que podamos tener una íntima relación con Él.

¿Cuál es la importancia de esta Revelación?

Desde el primer versículo se destaca su importancia y el valor para el lector. La información para los que leen y oyen las palabras de esta profecía en relación con la premura del tiempo, es suficiente para que se eleve su importancia. Este trabajo tiene como principal objetivo estimular al lector para que se anime a difundir el mensaje profético del libro de Apocalipsis. No es otra profecía, es la misma que ya está registrada en la Biblia, no anuncia nada nuevo, son los mensajes de Dios a través de los profetas, es el mismo mensaje del Señor Jesucristo, es el clímax de toda la profecía con sus detalles. Anuncia la consumación de los tiempos y la definitiva transformación de este planeta con todo lo que hay en él (ROMANOS 8:18-23). Su máxima importancia se expresa con una bienaventuranza a los que leen y oyen esta profecía, a los que guardan las cosas en ella escritas.

¿Puede eso ser entendido por toda la gente de este mundo?

Si una persona quiere entender la voluntad de Dios estoy seguro que la entenderá. Ahora, si el más grande problema que había, ya quedó resuelto desde el momento en que Cristo en su carne (como humano) cumplió con la ley que decía: La paga del pecado es muerte, o sea, cuando anuló el acta de los decretos que nos era contraria, que era contra nosotros y que la clavó en la cruz y que despojó a los principados y a las potestades y que los sacó a la vergüenza en público triunfando sobre ellos en la cruz. Entonces, ahora lo que debemos entender es, primero: Que esto sucedió en la consumación de los siglos, es decir, en los últimos tiempos (HEBREOS 9:26). *"De otra*

manera le hubiera sido necesario padecer muchas veces desde el principio
del mundo; pero ahora, en la consumación de los siglos, se presentó una
vez para siempre por el sacrificio de sí mismo para quitar de en medio el
pecado", o sea, el delito contra la ley divina. Segundo: que ahora con
una clara mentalidad de todo lo sucedido; tanto en nuestra contra,
debido a la mal intencionada intromisión de satanás, como a nuestro
favor, debido a todo lo hecho por la gran misericordia del Creador
para consumar de un vez por todas el gran plan de redención, dando
la total y final solución a aquel gran problema, solución que además
incluye la función de El Espíritu Santo, quien ayuda para que nosotros por decisión propia produzcamos un nuevo estilo de vida, una
vida en consonancia con la santidad, la misericordia y la justicia de
Dios.

¿Qué pasa con la liquidación de Satanás?

En toda la trama de los planes de Dios, el más grande problema a
resolver era la liquidación de satanás; pero para un grande problema, una gran solución. A Dios le interesan sus creaturas, las que
creó a su imagen y conforme a su semejanza; sus hijos, estos que
desde el error de Adán quedaron bajo condenación y sin poder
escapar por cuenta propia. Sin embargo, Dios no renunció a sus
derechos de propiedad sobre la creación del planeta y en su gran
misericordia puso en marcha su plan de rescate. Adán, al quebrantar
la ley, la principal cláusula del pacto, cuya sanción era la muerte por
cometer el delito de alta traición contra su creador, queda separado
de esa relación con el cielo y enemistado con Dios, entonces satanás

valiéndose de esa mala decisión de Adán, tomó bajo su control a todo el planeta con todas sus creaturas, incluyendo al hombre. Por ese delito que es pecado contra Dios, provino la muerte (ROMANOS 5:12; 6:23), porque estaba escrito y la cláusula decía: "*Mas del árbol de la ciencia del bien y del mal no comerás; porque el día que de él comieres, ciertamente morirás*" (GÉNESIS 2:17).

Satanás, esgrimiendo como argumento esta disposición legal, la usa como ley de Dios contra los humanos y la considera su derecho para establecer el régimen del imperio de la muerte y someter a toda la humanidad. Ante tal situación se requiere cumplir la ley para librarse de la muerte, pero la sanción de la ley es la muerte y un muerto no puede volver a morir por sí mismo y menos por otros. Entonces leemos del sentido de la encarnación en HEBREOS 2:14,15: "*Así que, por cuanto los hijos participaron de carne y sangre, Él también* (Cristo) *participó de lo mismo* (de carne y sangre; el Gran Creador del universo se convierte en una célula y se enclaustra por nueve meses en un vientre humano y nace como un bebé, se desarrolla y llega hasta la cruz)", para así como todo un ser humano, legalmente poder destruir por medio de la muerte, al que tenía el imperio de la muerte; esto es, al diablo, y librar a todos los que por el temor de la muerte estaban durante toda la vida sujetos a servidumbre.

Este era el más grande problema que había que resolver. A manera de aclaración, leamos en 2ªCORINTIOS 5:17- 21: "*De modo que, si alguno está en Cristo, nueva creatura es; las cosas viejas pasaron; he aquí todas son hechas nuevas*". Y todo esto proviene de Dios, quien nos reconcilió consigo mismo por Cristo y nos dio el ministerio de la reconciliación; que Dios estaba en Cristo reconciliando consigo al mundo, no tomándoles en cuenta a los hombres sus pecados y nos encargó a nosotros la palabra de la reconciliación. Así que somos embajadores en nombre de Cristo, como si Dios rogase por medio de nosotros; os rogamos en nombre de Cristo: Reconciliaos con Dios. Para completar esta aclaración, leemos COLOSENSES 2:13-15: "*Y a vosotros, estando muertos en pecado y en la incircuncisión de vuestra carne, os dio vida juntamente con Él, perdonándoos todos los pecados, anulando el acta de los decretos, que había contra nosotros, que nos era contraria, quitándola de en medio y clavándola en la cruz, y despojando a los principados y a las potestades, los exhibió públicamente, triunfando sobre ellos en la cruz*". Hizo todo eso porque somos hechura suya, ya no creados en Adán, ahora creados en Cristo Jesús, para buenas obras las cuales Dios preparó de antemano para que anduviéramos en ellas (EFESIOS 2:10). Todo esto y más, está resumido en el libro de Apocalipsis.

¿Cómo se puede entender: "Ahora en la consumación de los siglos"?, si eso se escribió hace casi dos mil años?

Nosotros, quienes actualmente no tenemos mucha duración biológica, tenemos muy reducido el concepto del tiempo y queremos que todas las cosas sucedan durante nuestra limitada existencia humana, pero para Dios es diferente. Las expresiones: "Los postreros tiempos", "Al fin de los tiempos", "Consumación de los tiempos", "Aquel día", "El día del Señor", se refieren a un mismo período de tiempo que abarca una serie de acontecimientos que se han estado sucediendo, desde la primera venida de del Señor Jesucristo hasta su segunda venida en Gloria y majestad (1ª TESALONICENSES 5:4; FILIPENSES 1:6; 1ªCORINTIOS 5:4,5; JOEL 2:11, APOCALIPSIS 1:10). Inclusive el diablo tiene un concepto diferente al nuestro, él no está sujeto a los movimientos de rotación y traslación de nuestro planeta, decir corto o poco tiempo puede ser lo que para nosotros es mucho todavía, pero el diablo en su forma de medir el tiempo sabe que ya le queda muy poco. *"Por lo cual alegraos, cielos, y los que moráis en ellos. ¡Ay de los moradores de la tierra y del mar! Porque el diablo ha descendido a vosotros con gran ira, sabiendo que tiene poco tiempo"* (APOCALIPSIS 12;12). Aquí se está haciendo referencia al momento cuando, por traidor, Dios lo degradó, lo bajó de su posición y lo despojó de sus investiduras celestiales (ISAÍAS 14:12-15; EZEQUIEL 28:12-19).

Si entendemos bien, él estuvo en Edén, en el huerto, como representante de Dios en la tierra antes que Adán. Sigue en la tierra, pero fue arrojado del huerto y desechado como el peor estiércol de muladar. Por el momento no fue destruido, todavía tiene una función que desempeñar, antes de su terriblemente trágica y final destitución. Entonces la expresión: *"Ahora, en la consumación de los siglos, el tiempo está cerca"*, está totalmente vigente. Tomar esto en cuenta, nos ayuda a comprender mejor todo el plan de Dios. Oír que el diablo sabe que tiene poco tiempo y que legalmente perdió la batalla, que Cristo lo venció en la cruz, que lo despojó del derecho que esgrimía contra la humanidad y contra el planeta, que fue ahí donde Cristo con su gran solución resolvió aquel gran problema, todo esto se puede entender mejor si logramos comprender bien el concepto de tiempo. Es por eso que el diablo sabe lo que le espera y como conoce algo la Biblia, seguro que sabe lo que dice APOCA-

LIPSIS 20:1-3,7-10. Sabe que está atado con una gran cadena y puesto en el abismo por mil años, y después será lanzado al lago de fuego donde estará por toda la eternidad sin poder salir. Los demonios también saben su tiempo (MATEO 8:29), le reclamaron al Señor Jesús, le dijeron: "¿Has venido acá para atormentarnos antes de tiempo?" Indiscutiblemente, el tiempo se llegará, y está cerca. Entonces, el libro de Apocalipsis es muy importante para nosotros, porque es ahí en donde se nos da la información del cierre definitivo de un ciclo, o sea, de una de las etapas de los planes de Dios para este planeta y por supuesto para toda la humanidad. A nosotros nos toca saberlo y proclamarlo sin temor, porque se trata de nosotros y de todos nuestros semejantes.

¿Cómo es que hay otra introducción? ¿Si ya se hizo una, por qué se hace otra?

La primera introducción (1:1-3) es general, es la introducción a todo el mensaje del libro, en la que se comisiona a Juan para entregar la revelación a las siete iglesias. La segunda (1:4-25) es una introducción personal de Juan ante los pastores y aquellas siete iglesias. En el versículo 5 les entrega un saludo fresco de parte de Jesucristo el soberano de los reyes, lo describe y les refiere su segunda venida y les hace saber en parte su identificación, que dice: "*Yo Soy el Alfa y la Omega, principio y fin, el que ha de venir, el Todopoderoso*" hasta el versículo 8.

Juan es el comisionado para escribir y comunicar la revelación a los siervos de Dios, así como se entiende en el primer versículo. Tal como se le indica, se dirige a las siete iglesias que están en Asia (esta es la primera, de 55 veces que se emplea la palabra siete, en Apocalipsis). Jesucristo es el testigo fiel, el primogénito de los muertos. En Israel, el primogénito, es el primer hijo nacido de una mujer, o el primer hijo engendrado de un hombre y también los primogénitos de los animales pertenecían a Dios, eran las primicias (ÉXODO 13:2;34:19,20). En Israel, ser primogénito era un honor, pues tenía privilegios y derechos; heredaba el rango de su padre, el jefe de la familia y en relación con sus hermanos recibía doble porción de la herencia y se constituía en el jefe de la tribu a la que pertenecía. El Señor Jesús, terrenalmente, era el primogénito de su madre María (LUCAS 2:7), pero no solo eso, en COLOSENSES 1:15,16, se le llama Primogénito, en el sentido de dignidad y supremacía, denota posición y carácter. En el SALMO MESIÁNICO 89:27 dice: *"Yo también le pondré por primogénito, el más excelso de los reyes de la tierra"*.

¿Por qué primogénito de los muertos, no había muerto nadie antes que Él?

La respuesta principia en COLOSENSES 1:15-20. Dice: *"Él es la imagen* (visible) *del Dios invisible, el primogénito de toda creación"*. Observemos la siguiente aclaración bíblica: No dice que es lo primero que fue creado, dice que es el primogénito de toda creación *"Porque en Él fueron creadas todas las cosas"*. Por esto, el primogénito, Él es el principio de toda creación, porque en Él fueron creadas todas las cosas, las que hay en los cielos y las que hay en la tierra, visibles e invisibles; sean tronos, sean dominios, sean principados, sean potestades; todo fue creado por medio de Él y para Él. Y Él es antes de todas las cosas y todas las cosas en Él subsisten; y es la cabeza del cuerpo que es su iglesia (Iglesia = congregación. Es su congregación).

Sigue la aclaración: "*Él, que es el principio, el primogénito*, (el primero) *de entre los muertos, para que en todo tenga la preeminencia; por cuanto agradó al Padre que en Él habitase toda la plenitud,* (la totalidad) *y por medio de Él, reconciliar consigo todas las cosas, así las que están en la tierra como las que están en los cielos, haciendo la paz mediante la sangre de su cruz* (La paz respecto al gran conflicto ocasionado y aparentemente sostenido por satanás, pero sabiamente permitido por el gran Creador, hasta el momento en que dice: "*Consumado es*" (JUAN 19:30; COLOSENSES 2:14,15))". Ese conflicto que existe y persiste desde el principio, es el problema que Cristo vino a resolver por completo y todo se arregló desde el principio, desde Adán hasta el final preestablecido por Dios (APOCALIPSIS 13:8 Inmolado desde el principio del mundo).

Para corroborar lo anterior, tomemos en cuenta JUAN 1:1-3,14. "*En el principio era el Verbo y el Verbo era con Dios y el Verbo era Dios. Este era en el principio con Dios. Todas las cosas por Él fueron hechas y sin Él nada de lo que ha sido hecho fue hecho. Y aquel verbo fue hecho carne y habitó entre nosotros* (y vimos su gloria, gloria como del unigénito del Padre) *lleno de gracia y de verdad*". Entonces, Cristo murió antes de Adán.

Es cierto que, según el diccionario enciclopédico y con todo el sentido gramatical, el término Primogénito en su sentido recto es: el primer hijo en el orden de nacimiento en una familia. Esto indica inicio y ubicación, esto es lo que nos puede causar dificultad y hasta confusión, porque se piensa en el primero de los que siguen en el orden de una serie enumerada de nacimientos, pero con base en todo el texto referido, se entiende que en la presencia del creador, es diferente, se trata del plano, o la maqueta diseñada desde antes de la fundación del mundo, desde donde se desarrolló todo el plan de la creación de este mundo y su respectiva redención, como todo un plan perfecto.

Cristo se humanó, se hizo hombre, esto es; se hizo "Adam", que es lo mismo a que se hizo humano. Tomó la naturaleza terrenal para hacerse cargo de representar legalmente, a toda la raza terrenal, o sea, la raza humana, desde Adán hasta el último, incluso se hizo cargo de todo lo que estaba a cargo de Adán, todo el planeta. Toda la descendencia de Adán fuimos muertos, entonces, vino desde su trono y se sometió al proceso humano. Entonces, Cristo, el Adam sin pecado, pudo representarnos muriendo en la cruz por el primer Adam el pecador y su descendencia, por eso fue el primero, el primogénito de los muertos, fue el sustituto que representa al primer pecador y muere como si Él hubiera sido el Adam que pecó, por lo tanto; el primero que murió, y también tomó el lugar de toda la descendencia de Adán, aunque fuera pecadora; de esa manera se constituye en el primogénito de los muertos. Al decir, es hecho, se entiende literalmente que no es que Él sea el culpable, pero que se hizo, o se le hizo, se le constituyó, o sea, que se hizo el primogénito de todos los que pecaron y murieron en Adán.

¿Qué significa la expresión, El Gran Yo Soy?

"YO SOY el Alfa y la Omega, principio y fin, dice el Señor, el que es y que era y que ha de venir, el todo poderoso". No dice que fue ni que será, dice: "YO SOY", eso significa permanencia, que es eterno, significa que no tiene principio ni fin, siempre es.

Las palabras directas del Señor son:

1. "YO SOY", Él es Jehová, el que se le reveló a Moisés en la zarza (ÉXODO 3:14), y también se reveló a su Iglesia y Juan tiene el gran privilegio de verlo glorificado y en acción.

2. El Alfa y la Omega, primera y última de las letras del alfabeto griego, el principio y el fin. No hubo nadie antes ni habrá nadie después de mí. Esto indica que Él es el único, en Él se encierra todo, lo llena todo, lo cubre todo, que en Él está todo, Él es la solución de todo, Él es el Dios que hemos conocido. Nadie puede hacer nada contra sus seguidores, solamente lo que Él permita, Él es quien tiene en su mano el tamiz y quienes sean seleccionados, serán las pepitas de oro que recogerá cuando regrese. Más, el que perseverare hasta el fin, este será salvo (MATEO 24:13). Esta expresión no es solamente una referencia a la tribulación, es un principio aplicable a todo lo que requiera perseverancia ante el tiempo y ante todo tipo de dificultades.

En los capítulos 10, 11, ¿hay todavía otra introducción sobre lo mismo?

No es otra introducción, son oraciones de transición que introducen al desarrollo del tema que va a tratar. *"Yo estaba en el Espíritu en el día del Señor, y oí detrás de mí una gran voz como de trompeta, que decía: Yo soy el Alfa y la Omega, el primero y el último. Escribe en un libro lo que ves, y envíalo a las siete iglesias que están en Asia: A Éfeso, Esmirna, Pérgamo, Tiatira, Sardis, Filadelfia y Laodicea"*. Observemos lo específico y directo que es el Señor, citó en orden, según su propósito, los nombres de los lugares donde se encontraban las siete iglesias seleccionadas por Él mismo.

¿Qué es el día del Señor?

Juan, aún preso en la Isla de Patmos, ya está para presenciar lo que los profetas antiguo-testamentarios habían llamado el día de Jehová, o en Español, el día del Señor (ISAÍAS 2:12;13:6,9; 14:3; EZEQUIEL 13:5; 30:3; JOEL 1:15; 2:1;3:14; AMÓS 5;18,20; SOFONÍAS 1:7,14; MALAQUÍAS 4:5). Hay muchas citas más que se refieren a ese día como día de castigo, día de la ira de Jehová, de venganza, de juicio. En el Nuevo Testamento hay citas del día del Señor refiriéndose al día de su venida o día del juicio.

En APOCALIPSIS 1:10, se entiende que Juan estaba envuelto en una atmósfera espiritual frente al gran día de Jehová (Jehová se traduce como "Señor" en el Nuevo Testamento), viendo a toda la Iglesia en el futuro y lo que tiene que suceder en el Gran Día de ajuste de cuentas. Día en el que el Señor de señores enjuiciará a todo el liderazgo de este mundo, los que controlan la geopolítica y la economía del planeta. Esto no se refiere al juicio final que será cuando los muertos grandes y pequeños tendrán que estar ante el gran trono blanco, esa será otra experiencia y será póstuma para todos los líderes del planeta. Aquí estamos en el punto cuando solo se ajustarán las cuantas a los gobernantes impíos y a todos sus seguidores, incluyendo a todos los malvados, abusivos, ladrones, asesinos y demás, quienes no dieron oído a las advertencias de Dios y siguieron haciendo su propia voluntad.

Juan está alerta y dice (12-20): "*Y me volví para ver la voz que hablaba conmigo; y vuelto, vi siete candeleros de oro, y en medio de los candeleros, a uno semejante al Hijo del Hombre, vestido de una ropa que llegaba hasta los pies, y ceñido por el pecho con un cinto de oro. Su cabeza y sus cabellos eran blancos como blanca lana, como la nieve; sus ojos como llama de fuego; y sus pies semejantes al bronce bruñido, refulgente como un horno; y su voz como estruendo de muchas aguas. Tenía en su diestra siete estrellas; de su boca salía una espada aguda de dos filos; y su rostro era como el sol cuando resplandece en su fuerza. Cuando le vi, caí como muerto a sus pies. Y Él puso su diestra sobre mí, diciéndome: No temas; Yo soy el primero y el último; y el que vivo, y estuve muerto; mas he aquí que vivo por los siglos de los siglos, amén. Y tengo las llaves de la muerte y del Hades*".

Observemos; Juan se volvió para ver quien hablaba con él; ve siete candeleros de oro, y en medio de los siete candeleros a uno semejante al Hijo del Hombre. ¡Estaba viendo a su maestro! Aquel sobre quien se recostaba en su pecho; lo vio como lo había conocido, como se identificaba con la humanidad: "El Hijo del Hombre" y oyó su voz y lo reconoció, su ropa le llegaba hasta los pies, pero ceñido por el pecho con un cinto de oro. Esta era la vestimenta típica del sumo sacerdote, que oficiaba en el templo. Vio sus cabellos blancos como blanca lana, como nieve; todo un sumo sacerdote. La vestimenta y los candeleros, aunque fueran siete, eran conocidos para Juan, él había estado en el templo, además, sabía que en ÉXODO CAPÍTULOS 28 Y 29 estaba toda esta descripción que incluía al candelero. Lo diferente fue que vio más candeleros.

El Señor sabiendo que Juan no entendía esto de las siete estrellas y de los siete candeleros, en el versículo 20, se lo explica: *"El misterio de las siete estrellas que has visto en mi diestra y de los siete candeleros de oro: las siete estrellas son los ángeles de las siete iglesias* (los mensajeros, enviados o pastores) *y los siete candeleros que has visto, son las siete iglesias"*. ¡Misterio revelado! Sin embargo, a Juan le faltaba entender por qué oficiaba entre siete candeleros y no como se hacía en el templo en Israel. Juan tenía que entender que este Sumo Sacerdote no era nada más de Israel, tenía que recordar lo que el Señor les dijo antes de ascender al cielo: *"Id por todo el mundo y predicad el evangelio a toda criatura, El que creyere y fuere bautizado, será salvo; mas el que no creyere, será condenado"* y *"he aquí Yo estoy con vosotros todos los días, hasta el fin del mundo, Amén"* (MATEO 28:20; MARCOS 16:15,16). Juan ahora lo está viendo oficiar en toda la Iglesia y como Sumo Sacerdote para siempre.

A la vez, vio que de su boca salía una espada de dos filos, estaba viendo el poder y la autoridad de su Palabra para enjuiciar, ya no es aquel que crucificaron; ahora su rostro era como el sol cuando resplandece en su fuerza, ya no tiene su rostro ensangrentado. Al ver esto Juan en su maestro, captó todo muy rápido y calló como muerto a sus pies. ¿En dónde estaba Juan?, estaba en el Espíritu, transportado en la visión hasta donde estaba el Señor.

Lo maravilloso es que esas experiencias las tuvieron seres humanos como nosotros, o sea, que sí se pueden tener esas experiencias con el Señor. Juan estaba consciente, se dio cuenta que el Señor puso su diestra sobre él diciéndole: *"No temas, YO SOY el primero y el último; y el que vivo y estuve muerto; mas he aquí que vivo por los siglos de los siglos, amén. Además, tengo las llaves de la muerte y del Hades"* (VERSÍCULOS 17 Y 18).

El cierre de este asunto. Esta visión nos debe quedar clara si revisamos ISAÍAS 22:22: *"Pondré la llave de la casa de David sobre su hombro y abrirá y nadie cerrará y cerrará y nadie abrirá"*, se está usando la "llave" como símbolo de autoridad, de control sobre la casa, el poder para abrir o cerrar las puertas cuando le plazca. El poner la llave "sobre el hombro", indica que la autoridad y el poder estarán depositados sobre el que tiene la fuerza suficiente para ejercerlos, es el Rey de reyes y Señor de señores. Esta es una referencia a la ceremonia en la que se representaba la autoridad con que se investía al que ocupaba el trono de David (SALMO 89:3,4; 2 REYES 11:12). En esa ceremonia le ponían al rey la corona, y el testimonio eran las llaves de la casa de David que le ponían al rey sobre su hombro. Estas Escrituras, se refieren a la visión que está viendo Juan y describen a Cristo como el único que puede ser legítimamente Sacerdote según el orden de Melquisedec, y de la misma manera como el único y verdadero Rey porque pertenecía a la genealogía de David. Juan podía estar seguro de lo que estaba viendo y oyendo, él se sentía ya en la misma gloria con el Señor, pero todavía tenía que hacer algo en la iglesia, a pesar de la situación que prevalecía. Estaba bien convencido de estar viendo en medio de los siete candeleros a su Señor y Maestro, aquel sobre quien se recostaba cuando andaba con ellos y que ahora le estaba dando una nueva comisión, entregar esta revelación a su Iglesia.

Estas cartas constituyen el paquete de toda la revelación que comprende la trayectoria de la Iglesia a través de los siglos hasta el final. Juan está en el glorioso foro donde se le hace la presentación audiovisual mediante un extenso y glorioso video, en el cual se le muestra todo el contenido de las siete cartas, dirigidas a las siete iglesias que representan a toda la Iglesia del Señor pasando por todos los tiempos hasta su final. Este video no es de ciencia ficción, es la verdadera revelación del futuro y no solo de la Iglesia, sino de todos los sistemas establecidos por los hombres y de los actos finales de parte de Dios sobre la situación actual de este planeta.

Capítulos 2 y 3.

Hermano, ¿nada más en los capítulos 2 y 3 están los mensajes a las siete iglesias?

Los capítulos dos y tres, son los que registran los nombres de los lugares en donde se encontraban las siete iglesias que el Señor Jesucristo seleccionó para tratar con ellas directamente en ese momento, y a la vez asignarles el compromiso de representar a toda la Iglesia en general, a lo ancho y a lo largo de su desarrollo histórico, hasta el retorno del Rey de reyes. Cada una de estas iglesias son realmente históricas, o sea, que existieron geográficamente en aquella área y en aquella época, así pues necesitaban ese mensaje dadas las circunstancias por las que estaban pasando bajo la persecución del imperio romano; y ese mismo mensaje es para toda su Iglesia a través de toda su historia, en igualdad de circunstancias.

La gran mayoría de los teólogos coinciden, en que las siete iglesias fueron seleccionadas por el Señor Jesús para representar siete diferentes períodos por los que su Iglesia tendría que pasar durante su peregrinación por este mundo. La Historia Universal atestigua lo antes dicho. Otra cuestión, las siete iglesias en conjunto, con sus particulares características de cada una, representan comportamientos y situaciones que matizan a la Iglesia, a la misma vez en cada período histórico, en el mismo momento y en diferentes lugares.

Al ángel de cada iglesia, le repite: "yo conozco tus obras", o sea, que todo está a la vista del ojo escrutador de Dios. Según los nombres de cada ciudad que el Señor Jesucristo le dictó a Juan, así cada iglesia recibe el correspondiente mensaje enviado. En esta forma el Señor está viendo su futuro, por eso eligió esos lugares sabiendo bien lo que significan sus nombres, para que cada una representara cada correspondiente época: Éfeso significa "Deseable", Esmirna significa "Mirra", Pérgamo significa "Elevación", Tiatira significa "Dulce sabor de trabajo", Sardis significa "Piedra Preciosa", Filadelfia significa "Amor fraternal", Laodicea significa "Pueblo del Juicio".

¿Cuáles son los mensajes?

Al ángel de la iglesia en Efeso (2;1-7). Éfeso significa "deseable". Ciudad que pertenece a la comarca de Lidia, bajo el rey Creso, cuya capital era Sardis. Éfeso está ubicada en la costa occidental de Asia Menor, en la arteria principal del comercio que iba de Oriente hasta Roma en el Occidente. Allí en Éfeso se encontraba el famoso templo de Artemisa (Diana) que para los efesios era la diosa madre. Éfeso fue conquistada por los Jonios, los griegos que formaron una muy importante confederación de doce ciudades, Éfeso llegó a ser la capital de esa confederación.

Por el año 555 a. C. Creso, rey de Lidia había tomado a Éfeso, después cayó bajo el yugo persa, más tarde bajo el imperio griego y por último cayó bajo el imperio de Roma. Muchos judíos que adquirieron la ciudadanía romana vivieron en Éfeso y allí tuvieron una sinagoga donde el apóstol Pablo predicó y al fin fundó la Iglesia de Éfeso, también el apóstol Juan allí pasó los últimos años de su vida pastoreando. En el Apocalipsis, esta iglesia histórica representa el período apostólico de la Iglesia. Hasta la fecha el período apostólico todavía es "Deseable".

En el CAPÍTULO 2, VERSÍCULO 1, el Señor Jesús le ordena a Juan escribir al ángel de la Iglesia en Éfeso. Después el Señor se Identifica para asegurarle quién lo está comisionando. **Versículos 2,3; Elogios**: Le reconoce su arduo trabajo, su paciencia y que no puede soportar a los malos, que ha probado a los que se dicen ser apóstoles y no lo son, que los ha hallado mentirosos. **Versículos 4,5; Reproches y amonestaciones:** has dejado tu primer amor, es decir, lo más importante, recuerda, por tanto, de donde has caído, arrepiéntete y haz las primeras obras, pues si no; vendré pronto a ti, y quitaré tu candelero de su lugar, si no te hubieres arrepentido. **Versículo 6, Reconocimientos**: por hacer lo que el Señor quiere que se haga. Aborrece las obras de los nicolaítas, quienes son integrantes de una secta gnóstica. **Versículo 7.** Al que oyere y venciere comerá del árbol de la vida, el cual está en medio del paraíso de Dios. Esto debe entenderse como la vida eterna. Notemos lo variado de este caso y la poca amonestación, es la iglesia del período apostólico. Según la historia, para el año 100, los cristianos ya habían evangelizado todos los dominios del imperio romano y otras áreas fuera del imperio, pero al final ya se les había menguado el celo evangelístico y todavía no habían llegado a todo el mundo, es lógico que a eso se deben los reproches.

Al ángel de la Iglesia en Esmirna (2:8-11). Esmirna significa "mirra". La mirra, para que despida su característica aroma, debe ser machacada, golpeada. Actualmente la llaman Ésmir. Como Éfeso, también Esmirna estaba ubicada en la costa de Asia Menor y formaba parte de la confederación Jónica. Después de ser destruida por Aliates, rey de Lidia, en el año 580 a. C., estuvo en ruinas más de 200 años, los sucesores de Alejandro Magno la reconstruyeron con base a los planos que él dejó. La nueva Esmirna llegó a ser una gran ciudad comercial y los romanos se la anexaron en el año 133 a, C.

La iglesia de Esmirna es la segunda en la lista de las siete que fueron seleccionadas por el Señor Jesús en Asia Menor, es la Iglesia machacada, la que sufrió tan terrible persecución que tuvo que vivir en catacumbas. No se le reprochan muchas cosas, nada más se le exhorta a permanecer firme en la persecución (APOCALIPSIS 2:8-11). Esmirna es la iglesia que en la historia representa el período de la Iglesia perseguida, desde el año 100 hasta el edicto de Milán en el 313 d. C. Un período de dos siglos de persecución, una Iglesia más que bien machacada. **Versículos 8-10:** El Señor Jesucristo, después de identificarse, le reconoce a Esmirna su trabajo y su celo por la obra y la anima a que no tenga temor de lo que el diablo hará; echará algunos a la cárcel, van a pasar por tribulación, pero es nada más para que sean probados. **Versículo 11:** El que tenga oído, que oiga lo que el Espíritu dice a las iglesias. El que venciere, no sufrirá daño de la "segunda muerte", o sea, de la condenación eterna. Eso indica que algunos tenían que morir en la persecución, pero ya no sufrirían daño de la muerte segunda, quedarían totalmente libres de la condenación eterna.

Al ángel de la iglesia de Pérgamo (2:12). Pergumum, o Pergamos, actualmente se llama Bérgama (fonética árabe) y está ubicada a 24 km. del mar Egeo. Esta es la tercera ciudad de las siete, de los capítulos dos y tres de Apocalipsis. Pérgamo fue la capital del reino de los Atalos. Por los años 129-126 a. C., los romanos se apoderaron de la ciudad y la pasaron a la provincia de Asia, de la que más tarde Pérgamo fue la capital. Pérgamo significa "elevación", y muy bien representa el período de la Iglesia imperial, desde el edicto de Milán en el año 313 hasta el 538. Un período que también dura poco más de doscientos años. Se inicia con la victoria de Constantino, después de que este, en la lucha por el trono de Roma, venció al general Magencio, en el puente Milvio, en el año 312, y así fue como aquel Constantino llegó a constituirse en el primer emperador romano que se cristianizó, este hombre fue reconocido como un gran político. Fue el emperador que promulgó el edicto de Milán en el año 313, de tolerancia religiosa, concediendo a los cristianos el derecho de practicar su religión con la misma libertad que los paganos lo hacían. Fue cuando los cristianos pudieron salir de las catacumbas, donde habían estado por unos doscientos años, debido a la terrible persecución promovida por el imperio romano. Es en este período cuando el cristianismo se eleva como la religión oficial del Imperio romano y se convierte en la Iglesia imperial. Un período que dura hasta que el obispo de Roma, en el año 538 fue llamado "obispo universal", por autorización del emperador romano de Oriente, así fue como se originó oficialmente el papado en la Iglesia cristiana.

Versículos 12,13: después de identificarse como el que tiene la espada aguda de dos filos, le hace al ángel de la iglesia en Pérgamo un especial reconocimiento porque mora en donde está el trono de satanás y a pesar de todo retiene su Nombre y no ha negado la fe, ni porque Antipas el testigo fiel fue muerto entre ellos, ahí donde mora satanás. Según datos, aquí se está refiriendo a hechos que son históricos en Pérgamo, pero a la vez está apuntando hacia un período difícil para la verdadera Iglesia, en el cual los ataques de satanás vinieron en otra forma, aunque también hubo mártires. **Versículos 14,15, El reproche más fuerte:** Tienes contigo a los que enseñan la doctrina de Balaam, que enseñaba a poner tropiezo a los hijos de Israel; a comer de cosas sacrificadas a los ídolos y a cometer fornicación. También tienes a los Nicolaítas que yo aborrezco. **Versículos 16,17, Fuerte amonestación y advertencia:** Le pide que se arrepienta, *"pues si no vendré a ti y pelearé contra ellos con la espada de mi boca"*.

En la ciudad de Pérgamo, en aquellos tiempos, había un templo dedicado al dios Zeus, o quizás a Júpiter, ese templo tenía la forma de un gran trono. Los cristianos lo identificaban como el trono de satanás, porque a ellos les causaba muchos problemas para la predicación de la Palabra de Dios, pero también otra gente no cristiana identificaba el lugar como el trono de satanás. La doctrina de Balaam y la de los nicolaítas, eran sectas seudocristianas que estaban dentro de la iglesia, eran solo unas de las muchas que se formaron a la par con el desarrollo de la Iglesia; eran la cizaña en medio del trigo. Dice que los que tenían la doctrina de Balaam, enseñaban a comer alimentos sacrificados a los ídolos y también a fornicar, poniendo tropiezo a la iglesia. La fornicación puede ser literal, pero en esa época era usual utilizar la palabra fornicación para referirse a la fornicación espiritual, o sea, a dejar la sana doctrina por doctrinas erróneas, no cristianas, llamadas doctrinas de demonios.

Los nicolaítas eran seguidores de Nicolás, quien enseñaba el gnosticismo, doctrina que enseñaban algunos teólogos alejandrinos, ellos extraían de la Biblia sus conceptos mediante el método alegórico. Establecían doctrinas que consistían en una mezcla de cristianismo con filosofías griegas y afirmaban poseer un conocimiento interior revelado. Irineo combatía con particular fuerza todas las diversas doctrinas de los llamados cristianos gnósticos, porque había varios grupos de esos gnósticos, y cada grupo interpretaba las Sagradas Escrituras a su manera, y a esa interpretación le llamaban la "verdad" cristiana.

Al ángel de la iglesia en Tiatira (2:18-29). Tiatira significa "dulce sabor de trabajo". Ciudad de Asia Menor que se encuentra en lo que fue la comarca de Lidia, en el camino de Pérgamo a Sardis. Entre los años 301 y 281 a. C., Seléuco Nicátor estableció allí una colonia de macedonios, le cambió el nombre, se llamaba Pelopia de Eutipía y le puso por nombre "Tiatira". Los habitantes de esta ciudad fueron expertos y muy reconocidos en el arte de teñir las telas del apreciado color púrpura. Lidia la comerciante de púrpura era originaria de Tiatira (HECHOS 16:14).

Aquí estaba la cuarta de las siete iglesias, que además de ser una iglesia local en ese momento, también representa a la iglesia del período Medieval. Desde el edicto de Flavius Petrus Sabbatius Justinianus (Justiniano) el emperador romano de oriente, en el año 538 d.C. quien facultó al obispo de Roma, dándole el título de jefe universal de la iglesia; este período se extendió hasta el año 1517, el año que explotó y se inició el movimiento de Reforma de la Iglesia.

Versículo 19, elogios a la iglesia de Tiatira: "*Yo conozco tus obras, amor, fe, servicio, tu paciencia y que tus obras postreras son más que las primeras*". En esta iglesia hay una mujer llamada Jezabel, es una referencia a la malvada y perversa Jezabel, la esposa del rey Acab, que según los relatos de 1 REYES CAPÍTULOS 16-18, Y 2

REYES CAPÍTULOS 9 Y 10, fue la mujer que indujo a rey Acab y a todo Israel a la más obstinada idolatría y a la fornicación. Es el símbolo de la depravación y de la idolatría en el pueblo de Dios. *"Y le he dado tiempo para que se arrepienta, pero no quiere arrepentirse de su fornicación"*, lamentablemente van a tener que sufrir; ella y los que con ella adulteran, si no se arrepienten de las obras de ella, y a sus hijos herirá de muerte, y así todas las iglesias sabrán que Él es Dios y que escudriña la mente y el corazón y da a cada uno según sus obras. Aquí se está hablando de juicio contra los que se aferran obstinadamente a sus teorías religiosas anti-bíblicas y se entregan a las prácticas inmorales.

En los **versículos 24-29**, observamos algo muy importante: Pero a vosotros los demás que están en Tiatira, a cuantos no tienen esa doctrina y no han conocido lo que ellos llaman las profundidades de satanás. Está refiriéndose al gnosticismo que persistió por años y que sigue afectando a la Iglesia del Señor todavía, no solo con sus ideas, también con sus prácticas inmorales y con sus vidas desenfrenadas. No obstante, a los demás que están en Tiatira, les dice, yo os digo: *"No os impondré otra carga; pero lo que tenéis retenedlo hasta que yo venga"*. Al que venciere y que guardare la palabra del Señor hasta el fin, le dará autoridad sobre las naciones y las regirá con vara de hierro, *"y le daré la estrella de la mañana"*, y otra vez, el que tiene oído oiga lo que el Espíritu dice a las iglesias.

A pesar de todo, en esta iglesia se distingue un remanente de cristianos que se apartan de las doctrinas de la ramera Jezabel. Estaban en medio de ella, pero se mantenían fieles al Señor Jesucristo, deseaban reformar la Iglesia, pero no pudieron. Notemos el significado de las palabras de Cristo: "*Pero a vosotros los demás que están en Tiatira*", está viendo un remanente, a los que están luchando en medio de la apostasía, pero hace una clara y definitiva separación. Es admirable la paciencia del Señor, puede esperar por años tratando de que se arrepientan, aunque no quiere tiene que declarar sentencia definitiva contra la ramera y sus adeptos.

Al ángel de la iglesia en Sardis (3:1-6). Según datos, Sardis significa piedra preciosa; hay un poco de duda respecto a la relación de Sardis y Sardio o Cornalina. Según Plinio en su Historia Natural: Esa piedra de sardio toma el nombre de la ciudad de Sardis. Según otros historiadores, es lo contrario, dicen que allí había yacimientos de sardio y esto es lo que le da el nombre a Sardis. Me parece lógico, que si Sardis significa piedra preciosa, y en esa área se encuentra esa clase de piedras, entonces es factible que esas piedras le dan el nombre a la ciudad de Sardis. Actualmente este lugar se llama Sart. Como otras, también Sardis fue destruida por un temblor; por ello, el emperador Tiberio la eximió de impuestos para ayudar a su reconstrucción. Actualmente allí se hallan las ruinas de los templos de Artemisa, de Zeus, y de una iglesia cristiana. Sardis fue la antigua capital del reino de Lidia, se ubica a unos 80 Km. al este de Esmirna. En el año 546 a. C. Ciro derrotó a Creso y se apoderó de su capital, más tarde quedó bajo el imperio romano.

Por alguna razón relacionada con Piedra preciosa a Sardis se le dio el significado de "Canto de gozo" y representa a la Iglesia en el período de la Reforma, desde 1517 hasta 1798. Según la Historia, la reforma se terminó, oficialmente, al finalizar la guerra de los 30 años (1618-1648) con la paz de Westfalia, pero los reformados continuaron trabajando en sus iglesias por un largo tiempo, lamentablemente poco a poco fueron perdiendo fuerza hasta que nada más les quedó el nombre de reformados, pues fueron muriendo espiritualmente sofocados por las presiones papales, hasta el año 1798.

¿Por qué escoger el año 1798 para el fin del período de Sardis? Es el año en el que el general Louis Alexander Berthier, por órdenes de Napoleón Bonaparte, invadió Roma y estableció la República. Berthier logró aprehender al papa Pio VI y lo llevó prisionero a Francia, lo privó de todo el poder político y de su Guardia Suiza y se la sustituyó por una guardia de soldados de la República, de ese modo le dio un gran y fuerte golpe a la supremacía política papal del momento.

Escuchemos lo que le dice el Señor al ángel de la iglesia en Sardis: *"El que tiene los siete espíritus de Dios y las siete estrellas, dice esto: Yo conozco tus obras, que tienes nombre de que vives, y estás muerto"*.

Si no se quisiera tomar literalmente el número siete, no importa, pero se entiende que siete significa plenitud, entonces, dice: El que tiene plena autoridad. No obstante, al hablar de siete espíritus, tenemos margen para pensar que se trata del divino parlamento supremo (GÉNESIS 1:26; 3;22; 11:7; 18:1-33; OSEAS 12:3,4). Sin embargo, entendiéndolo bien, esto también significa plenitud. Referente a las siete estrellas en su mano, vemos que no abandona a ninguno de sus líderes, los quiere tener en su mano hasta el final.

El movimiento de reforma se había iniciado casi a la par con el Renacimiento, con las 95 tesis que Lutero clavó en la puerta de la catedral de la universidad de Wittenberg, el 31 de octubre de 1517, las cuales, al ser copiadas por sus amigos, se diseminaron por toda Alemania, así la Reforma se disparó y se extendió por toda Europa. Felipe Melancton, junto con otros, redactó la llamada "Confesión de Ausburgo", el primer tratado sobre libertad de conciencia. De ese modo este movimiento reformador toma fuerza y continua hasta el 1648, año en que se frena con la paz de Westfalia.

Los reformados continúan trabajando como iglesias en distintas partes de Europa bajo el lema: "El justo por la fe vivirá", esto llegó a convertirse en el canto de gozo de cada cristiano. Lo triste de todo ese gozo, fue que después del convenio de la Paz de Westfalia, poco a poco, el lema se fue convirtiendo en una licencia para pecar, y la vida espiritual decayó en muchos cristianos. Aunque el señor dice: Pero tienes unas pocas personas en Sardis que no han manchado sus vestiduras; y andarán conmigo en vestiduras blancas, porque son dignas. A pesar de todo continua un remanente fiel, y Dios conoce los que son suyos (2 TIMOTEO 2:19), así también dice: "*El que venciere será vestido de vestiduras blancas; y no borraré su nombre del libro de la vida, o sea, que existe el riesgo de que el nombre sea borrado del libro de la vida, y confesaré su nombre delante de mi Padre, y delante de sus ángeles*". Anima a todos los que necesitan reubicarse, si vencen también lucirán sus vestiduras blancas delante de Dios y de sus ángeles.

Al ángel de la iglesia en Filadelfia (3:7-13). El nombre Filadelfia significa "Amor fraternal". Otra de las ciudades del reino de Lidia, en Asia Menor, fue fundada por Atalo Filadelfo. En el año 17 a. C. fue destruida por un terremoto, pero pronto fue reconstruida, siendo capital de los Amonitas. En su tiempo, Juan dirigía la Iglesia en este lugar y la carta enviada a ella solo contenía elogios a pesar de todos los reproches dirigidos a las demás. El nombre actual de Filadelfia es: "Ala-Sheher", nombre griego del prehelénico.

Versículo 7. Escribe al ángel de la iglesia en Filadelfia: *"Esto dice el Santo, el Verdadero, el que tiene la llave de David, el que abre y ninguno cierra, y cierra y ninguno abre. 8. Yo conozco tus obras; he aquí, he puesto delante de ti una puerta abierta, la cual nadie puede cerrar; aunque tienes poca fuerza, has guardado mi palabra, y no has negado mi nombre. 9. He aquí, yo entrego de la sinagoga de Satanás a los que se dicen ser judíos y no lo son, sino que mienten; he aquí, yo haré que vengan y se postren a tus pies, y reconozcan que yo te he amado. 10. Por cuanto has guardado la palabra de mi paciencia, yo también te guardaré a la hora de la prueba que ha de venir sobre el mundo entero, para probar a los que moran sobre la tierra. 11. He aquí, yo vengo pronto; retén lo que tienes, para que ninguno tome tu corona"*.

Filadelfia representa a la Iglesia en el período de 1798 hasta los primeros años del 1960. La aprehensión del papa en ese año 1798 por el general Louis Alexander Berthier, abrió una gran puerta para la predicación del evangelio, se frenó la supremacía papal que se imponía sobre todos los reyes del mundo, los reyes pudieron actuar con criterio propio. Partiendo de ese momento hacia adelante, a los cristianos evangélicos se les abrió la puerta del planeta, tuvieron libertad para predicar el evangelio por todas partes del mundo. En ese período la Iglesia goza de la puerta abierta. Hay elogios para Filadelfia, y les informa que es su oportunidad, que es el momento ir por todo el mundo; predicar el evangelio a toda creatura.

La Historia de la Iglesia en el siglo XIX, nos informa de un gran despertar en el pueblo evangélico. Se dice que predicadores y misioneros establecían iglesias en distintos países del mundo, y donde fuera todos predicaban el mismo mensaje, todos hablaban del inminente regreso de Cristo. Desde ese tiempo, muchos misioneros, tanto de Inglaterra como de Los Estados Unidos de América se internaron en varias regiones del mundo, trabajaron evangelizando, traduciendo la Biblia a los idiomas y dialectos de los nativos. Hubo predicadores de mucho renombre en muchas partes del mundo; entre ellos el doctor Joseph Wolff, de Inglaterra, y otros como Hetzepeter en Holanda, Enrique Gausen en Italia, y otros en América Latina: Francisco Ramos Mejía, José María Rozas, y hasta la biblia del sacerdote Emanuel Lacunza. por estar escrita en español. Hubo muchos otros bastante reconocidos, dentro de ellos John Nelson Darby, que anduvo predicando por muchas ciudades de muchos países del mundo. En los Estados Unidos de América, también hubo muchos paladines distinguidos y un gran despertar en general. A partir de ese tiempo hubo una gran ramificación denominacional, desde entonces hasta el momento se pueden contar más de mil cien denominaciones evangélicas y muchos grupos cristianos, algunos llamados independientes, pero organizados. La iglesia evangélica logró mucho control sobre los falsos ministros que en ese tiempo deambulan por todas partes.

La supremacía papal y su política no se terminó, pero por lo menos se frenó por un poco de tiempo, aunque hasta hoy no dejan de usar estrategias en el afán de sofocar a la Iglesia evangélica, han hecho mil cosas y hasta han imitado algunas de las prácticas de los evangélicos.

Al ángel de la iglesia en Laodicea: Laodicea significa "Pueblo del Juicio". Antes el nombre de esta ciudad era Dióspolis, significa ciudad de Zeus (Zeus, el principal dios del olimpo en Grecia).

En esa ciudad estaba la última de las siete iglesias seleccionadas por el Señor Jesucristo. Esta ciudad fue capital de Frigia Pacatiana, en Asia Menor, se ubica a unos 88 km al sureste de Esmirna, al sur de Colosas y de Hierápolis. Por el año 60, fue destruida por un sismo, pero los laodicenses la reconstruyeron sin pedir ayuda a Roma, lo que habla bien de su riqueza. En Laodicea se fabricaban tejidos con una lana negra de carneros, fabricaban elegantes prendas de vestir, lo que era una actividad comercial muy importante, era un lujo y comúnmente la usaban los laodicenses. También había allí un centro médico donde se preparaba el célebre polvo frigio para el tratamiento de la vista. Estas cosas eran motivo de orgullo y presunción para la gente de ese lugar. En Laodicea por ese tiempo había muchos judíos. Parece ser que Epafras trabajó evangelizando esa área y fue el fundador de la Iglesia en Laodicea (COLOSENSES 4:12,13). Los cristianos de esta iglesia trabajaban en esas industrias por lo que era una congregación rica. Debido a ese ambiente se alejaron de los principios cristianos. Esto hizo a esa iglesia merecedora de una serie de reproches de parte del Señor Jesucristo.

VERSÍCULOS 3:14-22. 14: *"He aquí el Amén, el testigo fiel y verda-dero, el principio de la creación de Dios, dice esto: 15. Yo conozco tus obras, que ni eres frío ni caliente. ¡Ojalá fueses frío o caliente! 16. Pero por cuanto eres tibio, y no frío ni caliente, te vomitaré de mi boca. 17. Porque tú dices: Yo soy rico, y me he enriquecido, y de ninguna cosa tengo necesidad; y no sabes que tú eres un desventurado, miserable, pobre, ciego y desnudo. 18. Por tanto, yo te aconsejo que de mí compres oro refinado en fuego, para que seas rico, y vestiduras blancas para vestirte, y que no se descubra la vergüenza de tu desnudez; y unge tus ojos con colirio, para que veas. 19. Yo reprendo y castigo a todos los que amo; sé, pues, celoso, y arrepiéntete. 20. He aquí, yo estoy a la puerta y llamo; si alguno oye mi voz y abre la puerta, entraré a él, y cenaré con él, y él conmigo. 21. Al que venciere, le daré que se siente conmigo en mi trono, así como yo he vencido, y me he sentado con mi Padre en su trono. 22. El que tiene oído, oiga lo que el Espíritu dice a las iglesias"*.

De las siete iglesias, esta es la que recibe las más fuertes amo-nestaciones. Laodicea representa el último de los siete períodos de la trayectoria de la Iglesia del Señor Jesucristo en este mundo. El Señor Jesús marcó la trayectoria de su Iglesia hasta el final de su peregrinación y le tiene medido el tiempo hasta el momento en que se tiene que separar la paja y guardar el trigo en su granero (MATEO 13:30). Si podemos comparar las características de la iglesia de Lao-dicea, con la Iglesia de nuestro tiempo, observándola desde los años '60 del siglo pasado hasta su regreso en Gloria y Majestad, entonces podremos entender el tiempo de su venida. ¿Cuándo será? Nadie sabe (MATEO 24:36). Solo me resta recordar y repetir las palabras del Señor Jesucristo: *"**Cuando estas cosas comiencen a suceder, erguíos y levantad vuestra cabeza, porque vuestra redención está cerca**"* (LUCAS 21:28). Si le tomamos el pulso a nuestro mundo actual, y nos damos cuenta de su gravedad, todo lo que se refiere a Laodicea suena muy sugestivo y característico para nuestro tiempo.

Después de aquel brillante período representado por la muy distinguida iglesia de Filadelfia, comprendido desde del año 1,798 hasta 1,960; surge en el ámbito general de la sociedad humana, una serie de drásticos cambios que sacuden todas las estructuras sociales existentes en el momento. Algunos de los significativos cambios que se observaron a partir de los años sesenta del siglo XX, han sido evidentemente notable y han marcado a la humanidad en todos los órdenes de su propio vivir. Al mismo tiempo, y dentro de la maraña de esos escandalosos cambios que se presentaron en el mundo, se inicia el último de los siete períodos de la Iglesia del Señor, esta Iglesia de Laodicea, período en el que a usted y a mí, nos ha tocado vivir, significa "Pueblo del juicio".

Concretamente, de los años sesenta para acá, se pudo y se puede notar que Filadelfia se fue diluyendo dentro de un nuevo ambiente. Al son y la marcha de los avances científicos y tecnológicos, todo fue cambiando en el mundo actual y este ritmo influyó produciendo cambios que poco a poco se fueron notando en la Iglesia en general. Por ese tiempo ya se estaban sintiendo los efectos de una depresión espiritual en el pueblo pentecostés y quizá en todo el pueblo evangélico; se hacían observaciones al respecto, se comenzaron a oír comentarios negativos; la gente comenzaba a quejarse de que ya nos estábamos materializando y sonaban distintas versiones que denunciaban un decaimiento del ánimo y de las prácticas de los cristianos del ámbito pentecostés. Aparecieron muchos predicadores mercenarios y misioneros turistas. No pasó mucho tiempo, en seguida, entre los años sesenta y setenta, como una reacción ante esa sentida crisis, fueron apareciendo por distintos lugares algunos grupos con ciertas modalidades que presentaban rasgos de corte pentecostés.

Ya para los finales de los años setenta y principios de los ochenta del siglo XX, se dejó sentir la entrada de una nueva y extraña (para nosotros) ola de términos y prácticas en la Iglesia. Se trataba de la ola del llamado "Neopentecostalismo", conocido como el "El movimiento de la fe". Este es un movimiento que ha venido reemplazando al Movimiento Pentecostés clásico del siglo XIX, y envolvió al movimiento carismático de los años sesenta y setenta del siglo XX. Esta nueva ola trajo todo un tren de cambios, más que doctrinarios fueron actos y expresiones novedosas, como las siguientes: "Fe sobre fe", "Confesión positiva", "Prosperidad financiera", "La Risa Santa", "Borrachera espiritual", "Guerra espiritual", decláralo y es suficiente, una nueva revelación, conquista de territorios, nombramiento de apóstoles y de profetas efectuado por personas ungidas, es promesa de Dios reclámale, el resurgimiento de la corriente del "kingdom Now" en inglés, y en español: El Reino Ya, o El Reino Ahora, todo eso y muchas otras cosas que no se conocían en la Iglesia por los años cincuenta.

Algunos de los cambios que se observan tanto en el ámbito cristiano como en la sociedad en general, a partir de los años sesenta del siglo pasado y que han sido evidentemente notables, han logrado, hasta cierto punto, influenciar a toda la Iglesia del Señor Jesucristo. A esto le agregamos la aceleración de los pasos de la ciencia y de la tecnología, y con ellas la invasión de los diversos gérmenes ideológicos, que sin duda hay algunos que son muy buenos, otros buenos y otros que tienen algo de bueno, a la vez, algunos también sin duda infestaron hasta los más ínfimos estamentos sociales.

En el libro negro de la Franc-Masonería, página 116, se hace la siguiente declaración: La Era de Acuario (Nueva Era), que se inicia a finales de los cincuenta y principios de los sesenta, de nuestro vecino siglo pasado, es ya la Era de la venida del Señor Jesucristo. Dice: ¡El Señor Jesús es el aguador o Acuario! que viene para terminar con la historia de este mundo, y establecer uno nuevo con pleno dominio de Brama. La corriente ideológica conocida como la "Nueva Era", ha invadido y aún está invadiendo todos los órdenes de la sociedad humana.

¿Quién es ese señor llamado Brama y en verdad estos son los tiempos finales?

En los años sesenta, se escucharon declaraciones de la Nueva Era apuntando hacia la meta de un mundo totalmente envuelto en sus doctrinas y sus prácticas. Para lograrlo se propusieron utilizar cada uno de los camuflajes idóneos para infiltrarse en todas las esferas de la sociedad humana: en la educación oficial, en la política mundial, en la economía mundial, en la religión mundial. Para esto se infiltrarían en los clubes sociales, en las escuelas, en los gobiernos del mundo, en los ejércitos de cada país, en los deportes, en todos los credos religiosos y en las organizaciones de todo tipo y en cuanto más se pueda y como sea idóneo, para sus fines propuestos.

En 1960 había solo un reducido grupo de hinduistas y no había muchos ocultistas todavía, sin embargo, actualmente se han multiplicado y hay más de setenta millones de yoguis de Nueva Era, entre maestros de su doctrina, los adeptos y más de diecinueve millones de ocultistas, eso nada más en los Estados Unidos de América. Este acelerado aumento de nuevos baales que han aparecido, debemos reconocerlo como una falsa substitución de la verdadera vida espiritual que el Señor Jesús sabe que necesitamos todas sus creaturas en este mundo. Los cristianos sinceros, necesitamos vivir lo que creemos sin ignorar lo que nos rodea, no debemos alabar la sapiencia, pero tampoco debemos envolvernos en la simpleza. Debemos estar conscientes de quiénes somos y dónde estamos parados. La Nueva Era tiene miles de redes mundiales y cientos de reuniones diarias y utilizan diferentes métodos y técnicas de alcance, tienen centros en más de cincuenta países, el 50% de los europeos son sus adeptos (todos estos datos se encuentran en sus publicaciones desde el 2003).

También, desde los años sesenta, se han venido emprendiendo reformas en los sistemas educativos oficiales por influencia de ellos, entre las pocas cosas buenas han venido introduciendo muchas destructivas que a través de la niñez están afectando a las futuras generaciones, ideas que, oficializadas, han relajado hasta los suelos la disciplina escolar, con efectos en la disciplina familiar; les dieron a los niños el derecho de acusación contra padres y maestros sin la debida regulación, y de manera totalmente indefinida, lo que legalmente se conoce como garantías incondicionales. Todo se ha hecho, según se argumentó, con base en las filosofías de Pablo Freyry y Juan Jacobo

Rouseou, pero ajustando su interpretación convencional de acuerdo a sus intereses particulares. Esa mala interpretación filosófica, que destruyó los valores morales y desorientó la disciplina escolar, dio origen a leyes que ocasionaron el actual desenfreno en la conducta general de la sociedad, propiciando entre muchos de los niños escolares la más alta y bastante generalizada conducta antisocial, hasta desembocar en lo que se conoce como la delincuencia infantil. Un grande y grave problema para el cual los gobernantes del mundo no estaban preparados, ni lo están y creo que ni lo estarán jamás.

Por lo tanto, es la Iglesia del Señor, todos los que se consideran verdaderos cristianos, los quienes tienen que asumir la responsabilidad de abandonar la vana religiosidad y buscar tener reales e importantes encuentros con el Señor Jesucristo, una vida espiritual de verdad, que impacte aun a los profanos, ya que muchos de ellos tienen inclinación espiritual y son candidatos para el Reino de los cielos. Eso ayudará con creces a pasar sobre la cresta ondeante de esta terrible ola de maldad, que casi nos asfixia a todos y va hundiendo a la niñez cristiana.

En cada una de las diferentes áreas de todo el vivir humano, sutilmente se han venido introduciendo productos psicológicos, productos inyectados o ingeridos, estimulantes que motivan y que van condicionando la mentalidad de las personas, induciéndolas a una franca, extrema y desorientada liberalidad, productos que actúan como diluyentes en el desmoronamiento de los valores morales. No me estoy refiriendo a los valores de alguna sociedad determinada, o de alguna región del mundo, ni de algún tiempo pasado que se hayan establecido según los intereses particulares; me refiero a los valores que se basan en los principios universales, los que sirven a toda la humanidad en su propia salud física, moral y espiritual, que son los factores indispensables para impulsar la realización de las funciones normales de los seres inteligentes, valores fundamentales para el bienestar y la convivencia fraternal y digna de estos seres creados a imagen y conforme a la semejanza de Dios. Esos valores se encuentran en la Biblia que es la palabra de Dios.

Todo se ha venido introduciendo sigilosamente, así como las canciones de los Beatles en su época, que fue por ese mismo tiempo que influenciaron la mente de una gran cantidad de gente que los escuchó. Sonó mucho el eslogan: hacia una moral sin dogmas. Al mismo tiempo se propagó la idea del matrimonio a prueba y la unión libre, se aceleró y se distorsionó el movimiento de liberación femenina, el movimiento filosófico existencialista y el hipismo nudista; para rematar, se estableció legalmente el derecho homosexual. La Organización de naciones Unidas (ONU) en el año 1994, en la ciudad del Cairo, Egipto, aprobó una reforma a la Carta de Derechos Humanos, en los siguientes términos: "Todo hombre que se enamore de otro hombre, así también una mujer que se enamore de otra mujer, tiene derecho de contraer matrimonio, a ser casados por un ministro o un sacerdote, a exigir que se les case en la iglesia, y adoptar hijos. Si algún ministro o sacerdote se niega a casarlos, los contrayentes tienen el derecho de acusarlos por discriminación ante los tribunales correspondientes, y dicho ministro o sacerdote será sancionado con multa hasta por 5000 dólares". Eso reza en la carta de los derechos humanos, que tiene carácter y aplicación mundial.

El grupo de los siete, como se han llamado los siete países que, desde la crisis del petróleo, a partir del año 1975, se han auto-considerado del primer mundo, aprobaron por unanimidad la citada propuesta de la organización homosexual. Enseguida Canadá incluyó, esa reforma en su legislación, Francia ya lo practicaba de hecho y ahora por derecho. Dos años después, en el mes de abril de 1996, en San Francisco California, 200 parejas de homosexuales contrajeron matrimonio legalmente. Todos los países se están enfrentando a esta misma situación, toda la sociedad humana se está envolviendo en el mismo ambiente. Israel tiene en la cámara de Diputados personas que están pugnando por la inclusión de esta reforma en su legislación nacional, y esto a pesar de que la base de su Constitución política es lo máximo, el Antiguo Testamento. Es una gran influencia la que ha venido ejerciendo la Asociación Americana de homosexuales, (The American Gay Asociation y también la Asociación mundial) sobre todo en los más altos funcionarios de los gobiernos del mundo.

La traducción de su biblia está adaptada a sus intereses. Por ejemplo: en la traducción de ellos, a Dios, a la vez que le llaman padre también le llaman madre y en lugar de enseñar lo que dice PROVERBIOS 23:13,14, le enseñan a los hijos que exijan libertades a sus padres. Se han dado a la tarea de crear en las mentes de los niños que ellos tienen la libertad de elegir a qué sexo quieren pertenecer. Hay iglesias ricas en Estados Unidos de América que tienen muchos matrimonios homosexuales en calidad de miembros activos. Hay pastores, hombres y mujeres homosexuales. Los argumentos que manejan son: ¡Dios ama al pecador! Cristo murió en la cruz por todos, pero Él dice: *"Ni yo te condeno, vete, y no peques más"*, y ellos dicen: Lo que nosotros hacemos es natural, no se puede considerar pecado. Esos son sus argumentos. Muchas iglesias en Estados Unidos de América se han convertido en centros de la Nueva Era, y muchas otras han aceptado oficialmente estas y otras distorsiones. Este es el ambiente que rodea a la Iglesia del Señor Jesucristo en estos momentos.

Esto no es mal únicamente de los Estados Unidos de América, o de México, o de algún otro país, es un movimiento mundial que deliberadamente ha estado propuesto a contaminar los cerebros de los niños, aun desde antes de nacer y continúa por todo el sistema escolar, en la casa con los programas de televisión, el internet y por todos los medios informativos. Por si fuera poco, el medio en que se vive está totalmente infestado de todos estos y muchos otros males que indefectiblemente tendrán que producir consecuencias irreversibles.

Del año 1960 en adelante, en el pueblo de Dios, en la Iglesia, se fueron observando cambios muy notables y no por persecuciones como han sufrido y seguirán sufriendo los cristianos, sino por algo más peligroso, algo que no duele, algo que más bien agrada, que atrae, que estimula, que gusta, pero que produce actitudes que han venido afectando notablemente la vida espiritual en general, la buena relación con Dios, lo que de hecho nos ha afectado a todos. Con esto no quiero decir que debemos convertirnos en anacoretas, o en santos de los pilares, más bien, que necesitamos estar conscientes de la realidad que nos rodea, y tomar en serio no simplemente nuestras creencias, sino los principios bíblicos que han de regir nuestra vida diaria, mejor dicho, aquellos principios basados en la Palabra de Dios, que son los que rigen a los verdaderos cristianos.

Siguiendo el orden de la lectura, en el VERSÍCULO 14, el Señor Jesús se presenta en la iglesia de Laodicea con una triple identificación: La primera. Él es el "Amén". En las 48 veces que se encuentra en la Biblia esta palabra, se ha usado con sentido de afirmación, pero si observamos un poco más, le encontramos un significado de cierre, o de sello, de final, pero también se usa para decir: "así sea, así será, o así se hará". ¿Qué se hará? Lo que el Señor está diciendo. La segunda. "El Testigo fiel y verdadero". Las principales características de un testigo fidedigno son las que aquí se mencionan: "fiel y verdadero". Testigo de la realidad de Dios y de sus planes para la humanidad entera (JUAN 1:18; 5:37; 1ª JUAN 4:12) y testigo del comportamiento de su Iglesia, el que en su calidad de profeta nos reveló los misterios del Reino de los cielos (MATEO CAPÍTULO 13). En el griego la palara testigo, asociada con fidelidad, tiene también la connotación de mártir. La tercera. El principio de la creación de Dios. La palabra principio tiene el significado de CAUSA, no quiere decir que fue lo primero que creó Dios, más bien significa que Él es la causa que originó todas las cosas, que por Él fueron hechas y sin Él nada de lo que ha sido hecho fue hecho, Él es el principio, o CAUSA de toda la creación. Expresa con toda claridad lo que necesitaba recordar la iglesia de Laodicea: Su veracidad, Su fidelidad y su Divinidad. En el versículo quince, por séptima vez repite: Yo conozco tus obras, pero aquí hace una reclamación muy terminante, "que ni eres frio ni caliente". ¡Ojalá fueses frío o caliente! Pero por cuanto eres tibio y no frío ni caliente, te vomitaré de mi boca. El Señor Jesús le refiere a la abominable tibieza del ángel de la iglesia de Laodicea, la vanidad de sus presunciones, y su gran necesidad de reconocer y proceder al más sincero arrepentimiento.

Este ángel (Mensajero) tristemente protagonizó la escena más lamentable de la Iglesia del Señor Jesucristo, no tomó en cuenta el intachable y más perfecto guion de tan gloriosa obra redentora, ni se percató de la mirada del divino autor. Suficiente razón para tratarle de manera inexcusable y desenmascararlo ante la corte celestial, poniendo en evidencia su infidelidad y su por demás reprochable conducta.

Lo que es altamente alentador, es a pesar de la condición espiritual de las iglesias, y principalmente Laodicea, el Señor Jesús no los excluye, se pasea por en medio de los siete candeleros, los que representan a toda su Iglesia hasta el final de toda su peregrinación por esta tan escabrosa senda. ¡Eso me alienta mucho y me anima a esforzarme hasta llegar a la meta! ¿Por qué? Porque yo y mi gente, vivimos en el período de la Iglesia de Laodicea.

Con toda la seguridad que nos inspiran las anteriores y muy importantes declaraciones, pasaremos al capítulo cuatro. Aquí se inicia la segunda parte del libro de Apocalipsis. Nos internaremos en las cuestiones que corresponden a las descripciones y advertencias con las que el Señor prepara a su Iglesia para que conozca sus planes, y su gran misericordia para con los incrédulos, como también la esperanza para sus fieles seguidores.

Segunda parte de la estructura del libro de Apocalipsis.

Capítulo 4.

Hermano, ¿qué es entonces lo que sigue en este estudio, después de que Juan escucha los mensajes a las siete Iglesias?

El versículo uno, de este capítulo cuatro, es clave para ver lo que sigue después de los mensajes a las siete iglesias. Juan vio una puerta abierta en el cielo y oyó una voz como de trompeta que le dijo: sube acá, y yo te mostraré las cosas que han de ser después de estas. Así que esto es lo que sigue en este estudio. Primero las cosas que son, y luego las que han de ser después estas. (APOCALIPSIS 1:19)

¿Entonces ahora sí, esta es la parte donde podemos ver los acontecimientos finales?

Esta parte está contenida en los capítulos que van del 4:1 hasta el capítulo 11 versículo 14, terminando con el segundo "ay". Aquí vamos a poder ver muchas cosas pero no son los acontecimientos finales todavía. Veremos los preparativos para los eventos finales, lo que Dios sabe que necesitamos saber antes de los juicios divinos. Por ser sumamente importante que nosotros conozcamos todas esas informaciones, nos las proporciona de la manera muy sencilla. Esta revelación está muy bien ilustrada, Dios nos la presenta así para que la podamos entender. Utiliza el género dramático de origen celestial adaptado a la comprensión humana, además en la mayoría de los temas que trata, se vale del método pictórico; confecciona figuras, les da la forma y les aplica el color. Hace todas las combinaciones de acuerdo al papel que cada figura tiene que desempeñar en cada escena que le corresponda.

Otra cuestión importante que no debemos olvidar, es que toda la revelación de apocalipsis es de carácter preventivo, son anuncios de lo que Dios hará según sus planes. Es verdad que muchas de las cosas reveladas se han venido cumpliendo día tras día, hasta hoy, también es verdad que eso ya forma parte de la historia que nos ha tocado vivir, pero eso es lo que prueba la veracidad de la palabra de Dios y es lo que indica el avance progresivo del cumplimiento profético en el tiempo predicho. El que ya estemos viviendo eso, no es más que la flecha que señala que el camino por donde vamos es el que nos avecina a los tiempos del fin establecido por Dios.

¿Ahora sí, ya vamos a principiar a ver las visiones de este enigmático libro?

Sí, pero principiaremos por aclarar que los capítulos 4 y 5 no son dos piezas, los dos son una pieza, un video que contiene dos escenas que están muy relacionadas entre sí. La primera tiene un escenario maravilloso, es la preparación para lo que sigue. Juan, dice que al instante estaba en el Espíritu y vio un trono establecido en el cielo y en el trono estaba uno sentado. El aspecto del personaje que estaba sentado en el trono era semejante a piedra de jaspe y de cornalina. Alrededor del trono había un arco iris, semejante a la esmeralda y otros veinticuatro tronos; en ellos estaban sentados veinticuatro ancianos, vestidos de ropas blancas, con coronas de oro en sus cabezas. Juan vio, que del trono salían relámpagos y oyó truenos y voces; delante del trono ardían siete lámparas, que eran los siete Espíritus de Dios. También vio como un mar de vidrio y junto y alrededor del trono vio cuatro seres vivientes, fantásticos, todos llenos de ojos por delante y por detrás; el primero era semejante a un león, el segundo semejante a un becerro, el tercero tenía como rostro humano y el cuarto era semejante a un águila volando. Cada uno de estos seres vivientes tenía seis alas y por dentro estaban llenos de ojos; estos no cesaban de decir: Santo, santo, santo es el Señor Dios Todo poderoso, el que era, el que es y el que ha de venir. Los veinticuatro ancianos se postraron delante del que estaba sentado en el trono, lo adoraron y echaron sus coronas delante del trono diciendo: Señor, digno eres de recibir la gloria y la honra y el poder; porque tu creaste todas las cosas y por tu voluntad existen y fueron creadas.

¡Formidable visión! Juan está en el preludio de un ambiente de adoración celestial, todavía falta lo que sigue, el momento más solemne y más significativo. Ya Juan está colocado en el mirador donde se le van a mostrar las cosas que sucederán después de estas, se siente soñado, siente que está en la máquina del tiempo, que se va a transportar hasta el fin del mundo; disfruta de aquel ambiente que le parece de fantasía pero está seguro de que está en la máxima e incomparable realidad. Admira y disfruta todo, al ver a los veinticuatro ancianos, entiende que allí hay una representación del pueblo de Dios, de todos los tiempos, "patriarcas y apóstoles". Cuando ve a los cuatro seres vivientes, se da cuenta que están asumiendo un papel representativo muy importante. Juan los identifica y por eso los califica como vivientes, no porque los demás que están allí no estén vivos, sino porque su mente se trasladó a la vida de la tierra y, además de identificar a estos como parte de la creación terrestre, se da cuenta que toda la creación y el pueblo de Dios están representados allí, que toda la naturaleza de la tierra testifica que Dios es el creador de todo y que todo adora a Dios, que toda la creación reconoce a su creador, que no nada más algunos de los humanos. Dios ha invertido mucho en toda su creación en este planeta, y sigue invirtiendo, y pese al gran conflicto con satanás, nunca ha renunciado a sus derechos de propiedad, ni ha abandonado en el descuido a sus creaturas. Él es el dueño de todo lo que existe en esta tierra y toda su creación lo reconoce y le obedece, con excepción de muchos de los que creó a su imagen y conforme a su semejanza.

Ahora veamos a Juan, trémulo de emoción en el momento en que está representando a la iglesia del Señor, él va en el mismo vehículo formando parte y viviendo todos los sucesos que la Iglesia tiene que experimentar. Tiene a la mano un enorme telescopio y está ubicado en un mirador desde donde pudo presenciar, no solo el futuro desarrollo de la Iglesia hasta su final, sino que también la otra perspectiva, el de todas las cosas negativas en su planeta. Se le muestran escenas preparatorias que le ayudan a entender toda la revelación que tenemos en el libro de Apocalipsis; además del caminar de la Iglesia a través de los siglos, también está viendo todo el desarrollo histórico del mundo, su incierto y lúgubre final, y no solo eso, se le muestran las renovadas instalaciones de los cielos y la tierra, en donde mora la Justicia, con el Rey de reyes y Señor de señores, en una nueva sociedad con nuevos sistemas operativos (2ª PEDRO 3:13; APOCALIPSIS 21:1).

Capítulo 5.

Hermano, ¿qué sigue después de que Juan se instala en ese maravilloso ambiente, con su telescopio para ver todo el futuro de la Iglesia y del mundo?

El capítulo 5 es continuación del 4, no es otro video, es la segunda parte del video que principias en el capítulo cuatro. Juan sigue en la presencia de Dios en el gran día de Jehová y ahora ve al que estaba sentado en el trono, con un libro en su mano derecha, el libro estaba escrito por dentro y por fuera, sellado con siete sellos. Escucha a un ángel que, a gran voz, pregona: ¿quién es digno de abrir el libro y desatar sus sellos? Nadie se atrevió ni siquiera a mirarlo. Uno de los veinticuatro ancianos se acercó y le dijo: yo lloraba mucho, porque no se había hallado a ninguno digno de abrir el libro, ni de leerlo, ni de mirarlo; y yo menos, dice Juan. Entonces uno de los veinticuatro ancianos se acercó y le dijo: no llores, ¡sí hay quien abra el libro! El León de la tribu de Judá, la raíz de David, Él es el que luchó y ha vencido para abrir el libro y desatar sus siete sellos. Juan cambia su semblante y emocionado levanta la vista para ver al imponente León de la tribu de Judá, no vio a ningún León, pero vio en medio del trono y de los cuatro seres vivientes a un Cordero como inmolado. Tenía siete cuernos y siete ojos que son los siete espíritus de Dios enviados por toda la tierra. ¡No era un león, era el Cordero de Dios que quitó el pecado del mundo!

Aquel Cordero inmolado, tomó el libro, los cuatro seres vivientes y los veinticuatro ancianos se postraron delante del Cordero, todos con arpas y copas de oro llenas de incienso, que son las oraciones de los santos. Con el nuevo canto celebraron diciendo: *"Digno eres de tomar el libro y de abrir sus sellos porque fuiste inmolado y nos redimiste con tu sangre y nos hiciste reyes y sacerdotes y reinaremos sobre la tierra"*.

Sublime, gloriosa y significativa escena, el León de La tribu de Judá (GÉNESIS 49:9-12) que, como cordero fue llevado al matadero (ISAÍAS 53:1-12; JUAN 1:29), nunca se podría representar menos que León, siendo Dios el creador de todo el reino animal. Nada más que Este es el descendiente de la tribu de Judá, nunca dejó de ser admirable, consejero, Dios Fuerte, Padre Eterno, Príncipe de Paz, pero asumió el papel de Cordero y fue inmolado y con su sangre nos ha redimido para Dios.

Juan vio algo muy único en este cordero, los siete cuernos y siete ojos; y entendió que el número siete significa plenitud, totalidad y perfección. También sabía que cuerno significa reino, señorío, poder y autoridad. Entonces entiende que el Señor se está identificando no solo como el cordero que quita el pecado del mundo, sino que también tiene todo el señorío y pleno poder sobre todo, que Él es el único indicado para aplicar la justicia sobre todo el planeta identificándose ante todos los incrédulos y Juan, al ver sus siete ojos entiende que en Él está la plenitud del espíritu Santo de todo el Dios del universo, y sobre toda la tierra.

Entusiasmado, Juan ansiaba por entregar las cartas a las iglesias, pero todavía le faltaba ver toda la información para los cristianos, las escenas donde los actores representan directamente cada evento tal como tiene que suceder. Esto fue lo que precedió al comienzo de la apertura de los siete sellos.

Capítulo 6.

Recordatorio: No nos dejemos distraer por los números de los capítulos y versículos, porque nos perdemos.

Hermano, ¿quieres decir que ya llegamos al momento de la apertura de los siete sellos?

En efecto, es el principio de la apertura de los siete sellos. En el capítulo seis se ve la apertura de seis. Son dos videos; el primero tiene cuatro escenas conocidas como los cuatro jinetes apocalípticos y el segundo video tiene las otras dos escenas que son diferentes a las anteriores.

Las primeras cuatro escenas son las señales que, como vista previa, leemos en MATEO 24. Aquí, el Señor Jesucristo, por la necesidad de orientación y prevención que tenemos respecto a los planes de Dios, quiere mostrarnos lo que Él llama principio de dolores de parto, lo hace antes de que oigamos lo que más nos inquieta y que nos gustaría saber. Tal vez lo hace por principio de orden, como base para todo lo que presenta en el desarrollo de la temática apocalíptica, pero su mayor interés siempre es que no nos dejemos engañar por nuestro enemigo.

Los buenos intérpretes saben que los primeros cuatro sellos encierran una importante información preparatoria, alertadora e indispensable respecto a lo que viene en seguida. Que a todos nos quede claro que estos cuatro jinetes representan lo que es solo principio de dolores, que todavía no es el parto, todavía no llega el fin, para eso falta lo más crítico. Al principiar la apertura de los primeros cuatro sellos, me parece escuchar la voz del Señor Jesucristo que resuena en nuestros oídos y nos Dice: *"Estos cuatro jinetes son las figuras que representan la primera parte de mis respuestas a la triple pregunta"* de mis discípulos, y sigue todo el mensaje para los tiempos del fin (MATEO 24; MARCOS 13; Y LUCAS 21).

El Maestro contesta a sus discípulos las tres grandes preguntas que le hicieron (MATEO 24: 3), nada más que aquí es diferente, les contesta en videos y con caballos. En el primer video aparecen los cuatro caballos de diferentes colores, cada uno es representativo de lo mismo con que principió el Maestro a responder a sus Discípulos su pregunta triple. Con estas primeras cuatro figuras, nos previene acerca de lo que tiene que suceder antes, nos mantiene informados y vigilantes ante la inminencia de las manifestaciones siguientes.

Después de los primeros cuatro sellos continúa la revelación en los demás. Al abrir los siete sellos, oír los toques de las 7 trompetas y los siete ángeles con las siete copas de la ira de Dios y todas las demás declaraciones en este libro, es como estar leyendo amplificados los capítulos 24 y 25 DE MATEO, MARCOS 13, Y LUCAS CAPÍTULOS 17 y 21, así como otras partes de toda la Biblia. En los sellos quinto y sexto, nos brinda una muestra de cómo se aplica la justicia divina, cómo tratará con los fieles y con los que fueron víctimas por su fe, y cómo será su trato hacia los incrédulos necios y hacia los crueles e inmisericordes victimarios; nos muestra lo que puede hacer y cómo por misericordia detiene la ejecución, asegurando que no destruirá al justo con el impío.

¿Por qué debemos ver los primeros cuatro sellos en un video como un solo asunto?

Porque así los presentó el Señor Jesucristo. Es una revelación preventiva en un bloque de verdades necesarias para lo que sigue, son alertas, prevenciones y precauciones que debemos tomar en cuenta. Veamos al Cordero, quien personalmente abre todos los sellos. En el primero: "*Y uno de los cuatro seres vivientes como con voz de trueno me dijo: Ven y mira. Y miré, y he aquí un caballo blanco; el que lo montaba tenía un arco, le fue dada una corona y salió venciendo y para vencer*". No dice si el arco tenía flecha en él, le fue dada una corona. Salió venciendo desde antes de Adán y para vencer. Esta última expresión, "para vencer", denota intención y preparación, deseo o propósito, vencer a todos los que se dejen y que le obedezcan.

Acerca de este caballo se ha especulado mucho, entre todo lo dicho, se afirma que el jinete representa a Cristo. En realidad, el único argumento que para esa interpretación pudiera ser válido, es el caballo de color blanco que monta este jinete, pero ni siquiera el caballo llena los requisitos. Tratando de entender esto, tomemos en cuenta, aunque sea someramente, la historia de las guerras antiguas. En aquel tiempo el caballo era, básicamente, uno de los elementos principales en las batallas. Cuando un ejército en campaña, lograba tomar control de un pueblo, una ciudad, o un país, el general del ejército triunfador entraba al frente de sus soldados montado en un bonito y buen caballo blanco muy bien adornado, en ocasiones el conquistador era el mismo rey. Entraba venciendo y para vencer, o sea, al entrar iba venciendo y entraba con el propósito de tomar control de los vencidos. Por esta razón, el caballo de color blanco se convirtió en el símbolo de la victoria de su jinete, aunque en muchas ocasiones esos personajes victoriosos o triunfadores, después de un determinado tiempo resultaban completamente vencidos, derrotados, encarcelados y muertos al final, como le sucederá al jinete del caballo blanco del capítulo seis de Apocalipsis. Muchas de las victorias de los humanos son efímeras tal como será la del falso dios y príncipe de este mundo (LUCAS 4:5-7; JUAN 12:31;14:30; 2 CORINTIOS 4:4; EFESIOS 2:2;1JUAN 5:19).

¿Qué tiene que ver esa historia con el caballo del primer sello del capítulo seis de Apocalipsis?

Aunque en general se entienda que el color blanco significa pureza, justicia y santidad, en este caso, Dios confecciona una figura montada en un caballo blanco como un guerrero victorioso, para mostrarnos como es el engaño, para que entendamos las artimañas del error (EFESIOS 4:14), cómo satanás imita al Rey de reyes. Dios quiere que vivamos en alerta roja para que no nos dejemos engañar. Este jinete no tiene el poder en su boca como el verdadero Cristo, por eso se le tiene que proveer de un arco aunque no tenga flecha, y como tampoco tiene corona, se le coloca una para que presuma de ser un rey, y aparece victorioso venciendo y para vencer. Como lo hizo en el Edén y lo hace siempre, vence a quien se deje y trata de tenerlo bajo su control.

En toda la Biblia se observa una lucha de contrarios, un conflicto permanente, puede decirse, una guerra y como en aquel tiempo no había aviones ni misiles se representa según la época. El Señor

Jesús nos muestra esta lucha representando la guerra de la mentira o engaño contra la verdad; y qué mejor que un jinete aparentemente victorioso, en su caballo de guerra de color blanco que sale de quien sabe de dónde, porque no indica su origen, pero sí presumiendo ser el jefe, o el rey, aunque es mejor decir: El padre de la mentira, porque desde el principio es mentiroso, monta su caballo blanco elegantemente engalanado, intentando imitar al verdadero y definitivo vencedor. No obstante, quien sepa distinguir las características de lo genuino, lo auténtico, lo legítimo, diferenciándolo de lo falso y de la simulación, o sea, del engaño, el que sabe distinguir que no todo lo que brilla es oro, esa persona es quien nunca se dejará engañar. No olvidemos este principio: "El engaño para lograr su objetivo se presenta con todo el parecido a la verdad". Eso es bien sabido en el mundo del oropel, de los espejismos y las baratijas.

¿No habrá riesgo de confundir a los jinetes de los dos caballos blancos?

Nunca se podría comparar la figura del insípido jinete de ese caballo blanco descrito en un solo versículo, el 2 del capítulo 6, que forma parte de un concierto de maldad donde los otros tres que aparecen tras él como sus seguidores representan toda clase de calamidades. ¡Cómo comparar eso con la gloriosa figura que representa al verdadero Cristo en el capítulo 19, Cristo es el mismo Dios! El caballo blanco del capítulo 6 es el más apropiado ícono para representar al engaño que puede confundir luciendo un caballo que tiene un parecido, al verdadero, auténtico y real caballo blanco del capítulo

19:11. La verdad es que esta es la máxima de las pruebas, de que existe el riesgo de ser convencidos por las apariencias del engaño y la mentira, que no es otra cosa, más que el mismo Diablo (JUAN 8:44). El Señor Jesucristo no esconde su origen ni su identidad; se sabe de dónde viene, Cristo no es uno que sale quién sabe de dónde, los cielos se abrieron y se le vio venir de allá con gloria y majestad, desciende del cielo triunfante sobre potestades y principados, exhibiéndolos a la vergüenza en público. Juan vio el cielo abierto de donde vio venir un caballo blanco y el que estaba sentado en él se llama FIEL Y VERDADERO, el cual con justicia juzga y pelea, es el VERBO DE DIOS, y tiene escrito este nombre: REY DE REYES Y SEÑOR DE SEÑORES, sus ojos como llama de fuego, no necesita que se le dé una corona porque Él es el Rey de reyes y Señor de señores, y siempre ha tenido su propia corona. Él nunca trae un arco, y en caso de que necesitara un arma traería una espada; y ni la necesita porque con el espíritu de su boca y el resplandor de su venida le es suficiente, de su boca sale una espada aguda, para herir con ella a las naciones, y las regirá con vara de hierro.

¿Cómo confundir esas enclenques figuras con tan grandes diferencias? Escuchemos resonar la voz del Maestro Divino: *"Mirad que nadie os engañe, porque vendrán muchos en mi nombre diciendo: yo soy el Cristo; y a muchos engañarán"* (MATEO 24:5)..

Notemos la importancia de esto. Nada más que Él en este texto, para ilustrar los hechos calamitosos que ya les había anunciado a sus discípulos, ahora está utilizando caballos, como lo hizo con ovejas, asnos, cultivos y otras cosas, en sus enseñanzas. Aquí, con figuras de caballos sigue anunciando guerra y calamidades y no representan nada bueno; igual que en nuestra época las figuras de guerra y calamidades que existen tampoco son buenas, son amenazas continuas y representan lo mismo que los caballos en aquel tiempo, esas figuras, tanto aquellas de caballos como las atómicas actuales, no dejan de ser bélicas. Lo que el Maestro de maestros esbozó en MATEO 24 y sus paralelos, nos lo muestra con figuras representativas en videos que Juan escuchó y vio de cerca, y nos los trasmitió.

¿Cuál es el quinto sello?

En el quinto sello, o sea, el quinto video, se nos muestra algo muy importante. Bajo el altar están todos los que habían sido muertos por ser creyentes y predicadores de la palabra de Dios y por el testimonio que ellos tenían. Ellos clamaban en alta voz diciendo: ¿Hasta cuándo Señor, santo y verdadero, no juzgas y vengas nuestra sangre de los que moran en la tierra? Y les fueron dadas sendas ropas blancas, y les fue dicho que reposasen todavía un poco de tiempo, hasta que se complete el número de sus consiervos y sus hermanos que también han de ser muertos como ellos.

¿Quiénes son esos que están bajo el altar, pidiendo que se les haga justicia?

Esto también es información, es parte de la Historia de la Iglesia. El Señor Jesús no quiere que ignoremos nada respecto de su Iglesia, o sea, de nuestros hermanos que han muerto por defender su fe. Principiando con Esteban, el primer Mártir cristiano que murió apedreado, solo por su testimonio en el que aseguraba que Jesús era el Cristo, el Mesías prometido, el Rey de los judíos. De este mártir en adelante, los demás que fueron muertos por los judíos y los miles de cristianos perseguidos destrozados por las fieras en el circo romano, los indefensos cristianos que fueron puestos ante los gladiadores para que los matasen y otros que fueron quemados y ejecutados en diferentes formas, más todos los millones de cristianos que murieron en las cruzadas, más las víctimas inocentes en la mal llamada santa inquisición y todos los que fueron muertos en el patíbulo a largo de mil años que duró la edad media que se inició en el año 476 d.C. y finalizó el año 1453. En este video oímos que a todos estos mártires se les dice que esperen. ¿Hasta cuándo? Hasta que se complete el número de los que han de morir, así como ellos. Así se nos informa de los que se sacrifican por su fe en el Señor Jesucristo.

Yo celebro el que se les mencione y se nos informe, y que se les trate como algo muy especial en este quinto sello, un sello exclusivo para ellos, sin duda que es con propósito, si no se les mencionara no sabríamos qué fin tendrían todos los que han sido mártires por el Nombre del Señor Jesús, pero al tomarlos en cuenta en esa forma, es motivo de ánimo para nosotros, para mayor fortaleza si se necesita morir por nuestra fe en Jesús.

En cambio, lo que se nos presenta en el siguiente video, en el sexto sello, es un completo contraste en todos los aspectos. Un gran terremoto, el sol se pone negro y la luna se pone roja como sangre, las estrellas caen sobre la tierra, el cielo se abre como un libro, los montes y las islas se movieron de su lugar. Ahora sigue el escándalo, los reyes de la tierra, los príncipes, los capitanes, los ricos y los fuertes, todo siervo y todo libre, todos se escondieron en las cuevas y entre las peñas de los montes; y decían a los montes y a las peñas: caed sobre nosotros, y escondednos de la cara de aquel que está sentado sobre el trono y de la ira del Cordero. Se nos está informando cómo reaccionarán los injustos y malvados ante el juicio, al tener que enfrentar, sin remedio, la presencia del Rey de reyes y Señor de señores. ¡Tan tranquilos que estaban! Sabemos que ahorita estén en eminencia, pero cuando aparezca el Juez de toda la tierra, todo cambiará para ellos (VERSÍCULOS 12-17). De eso se trata, que veamos la diferencia del trato de Dios con unos y con otros.

Capítulo 7.

Hermano, ¿el capítulo siete cambia de tema, es como el que ya vimos, o algo mejor?

El capítulo siete es continuación del seis, el relato sigue, es todavía el mismo sexto sello, es otro video con el mismo escenario, pero con diferentes escenas y diferentes personajes. Dice Juan: "*Después de esto vi cuatro ángeles en pie sobre los cuatro ángulos de la tierra*". Los vio deteniendo los cuatro vientos, para que no soplase viento alguno sobre la tierra, ni sobre el mar, ni sobre ningún árbol; es decir para asfixiarla. Cuando los cuatro ángeles están listos para ejecutar la orden de asfixiar el planeta (la justicia de Dios), de inmediato, un ángel sube de donde sale el sol, este tenía el sello del Dios vivo; y clama a gran voz a los cuatro ángeles, quienes habían recibido el poder de causar daño a la tierra y al mar. Este ángel, por orden de la misericordia de Dios, interrumpió la acción de los cuatro ángeles que estaban deteniendo los cuatro vientos. Les ordenó esperar diciéndoles: *"Todavía no, esperen hasta que hayamos sellado en sus frentes a los siervos de nuestro Dios"*. Juan exhala aire a manera de un silbido sordo: ¡Dios tiene que hacer juicio, pero no lo hará hasta que asegure a los suyos! ¡Gracias Dios! Exclama Juan y dice: *"Oí el número de los sellados; ciento cuarenta y cuatro mil sellados de las doce tribus de Israel"*. Juan estaba saboreando el acto de los sellos.

Entonces viene otra escena. Dice Juan: después de esto miré y he aquí una gran multitud, la cual nadie podía contar. Eran de todas naciones, tribus, pueblos y lenguas, que estaban delante del trono en la presencia del Cordero, vestidos de ropas blancas y con palmas en las manos; y clamaban a gran voz, diciendo: La salvación pertenece a nuestro Dios que está sentado en el trono, y al Cordero. Y todos los ángeles estaban en pie alrededor del trono, y de los ancianos y de los cuatro seres vivientes; ¡millones de millones de ángeles! y se postraron sobre sus rostros delante del trono y adoraron a Dios, diciendo: Amén, la bendición y la gloria y la sabiduría y la acción de gracias y la honra y el poder y la fortaleza, sean a nuestro Dios por los siglos de los siglos, Amén.

Sigue esta misma escena. *"Uno de los ancianos habló diciéndome: Estos que están vestidos de ropas blancas, ¿Quiénes son, y de dónde han venido? No se Señor, tú lo sabes, y Él me dijo: Estos son los que han venido de grande tribulación y han lavado sus ropas y las han blanqueado en la sangre del Cordero. Por esto están delante del trono de Dios y le sirven día y noche en su templo; y el que está sentado sobre el trono tenderá su pabellón sobre ellos. No tendrán hambre ni sed, y el sol no caerá más sobre ellos, ni ningún otro calor. Porque el Cordero que está en medio del trono los pastoreará y los guiará a fuentes de aguas de vida; y Dios limpiará toda lágrima de los ojos de ellos".*

Este cuadro es la demostración de la gran cantidad de seres humanos que, llegado el momento, estarán reunidos en la presencia de su padre amoroso; serán de todas las razas, pueblos, naciones, tribus y lenguas, y de todos los siglos y de todas las partes de nuestro planeta. ¡Gloriosa información para la Iglesia!, ese será el feliz final de los creyentes, de todos los que a través de la historia de la Iglesia y los que por ahora militan todavía.

Interesante mensaje. Primero aparecen los cuatro ángeles para mostrar la justicia de Dios, con eso Él nos demuestra que en un momento puede acabar con toda clase de vida en el planeta, pero no es su plan. Al hacer esa demostración de poder destructor, nos hace notar también su grande misericordia y nos informa que su plan no es destruir a ninguna de sus creaturas que han sido engañadas por satanás. Dios no ejecutará ningún juicio destructivo contra nadie, sin antes demostrarles de muchas maneras su misericordioso plan de redención, pero si no quieren oír ni creerle, tendrá que separar a los suyos, los que le creen y tratan de hacer su voluntad, los que le reconocen como su Dios, porque Él conoce el camino de los justos, mas la senda de los malos perecerá (SALMO 1:1-6). Esto, además de un aviso, es la enseñanza en la que Dios trata de que veamos que por su justicia tendrá que ejecutar a sus opositores incrédulos, pero por su misericordia no desamparará a sus fieles creyentes que lucharon por hacer su voluntad y los separará antes de la ejecución de los que deben ser tratados conforme a la justicia de la ley. ¡Ojo, esto no será el fin del mundo!

De Israel sellan ciento cuarenta y cuatro mil. Si el número es simbólico o literal, no importa, lo que importa es que Dios los tiene contados y sellados y sabe a cuántos y a quiénes protegerá, y que es una cantidad determinada. Con esto está mostrando a la iglesia cómo piensa de sus creaturas y que, a los Israelitas, a pesar de su negativa actitud, los está tomando en cuenta. También nos dice que no protegerá a todo Israel, que los escogidos son nada más los que le creyeron y trataron de vivir una vida conforme a su voluntad. Esta es una escena semejante a la que sucedió con Caín y Abel. Eso habla de la justicia, la equidad y gran misericordia de Dios.

Israel es el pueblo que Dios escogió para bendecir al mundo. El hecho de que la Biblia nos vino de ellos, los profetas y muchos de sus siervos que fueron verdaderamente fieles en el Antiguo Testamento y todos los que creyeron en Cristo a pesar de que las autoridades religiosas se opusieran, los apóstoles y los primeros predicadores, todos fueron del pueblo de Israel, esto es suficiente para saber que Dios tiene una gran cantidad de Israelitas que en medio de todos los problemas y los obstáculos que han tenido, han tratado de hacer la voluntad de su Dios. Y Dios los ha pastoreado desde Abraham hasta la fecha, nunca los ha desamparado. Con los mensajes que fueron para ellos, nosotros somos admonizados, para que entendamos cómo trata Dios a los que ama. Todos los que estamos militando como cristianos hemos venido siendo amonestados con la palabra que ellos recibieron de parte de Dios y junto con ellos estaremos también todos los gentiles que hemos alcanzado el misericordioso perdón de Dios.

¿Entonces eso de suspender la acción de los cuatro ángeles es la demostración de la gran misericordia de Dios?

En efecto, Él nos está mostrando que tendrá que aplicar la justicia, nos queda bastante claro que lo puede hacer y la prueba más clara la tenemos en cruz del calvario, según lo que leemos en JUAN3:16-18; ROMANOS 5:6-8; 2ªCORINTIOS 5:21; MATEO 27:22-28:1-20. Nosotros somos quienes deberíamos ser ejecutados, pero Él, quien no quebrantó la ley, fue ejecutado en lugar de que fuéramos nosotros. Por lo tanto, podemos estar seguros que no destruirá al justo con el impío (GÉNESIS 18:23-33). Dios no abandonará a los suyos, los que le creyeron, y no permitirá que sean víctimas de nadie ni de nada y los guardará de la hora de la prueba que ha de venir sobre el mundo entero, para probar a los que moran sobre la tierra (APOCALIPSIS 3:10).

Me preocupa eso de que Dios escoge a los que Él quiere, ¿y qué pasa con los demás?

El Señor la contesta muy clara y categóricamente: *"No todo el que me dice, Señor, entrará en el reino de los cielos, sino el que hace la voluntad de mi Padre que está en los cielos. Muchos me dirán en aquel día: Señor, Señor, ¿No profetizamos en tu nombre, y en tu nombre echamos fuera demonios, y en tu nombre hicimos muchos milagros? Y entonces les declararé: Nunca os conocí; apartaos de mí, hacedores de maldad"* (MATEO

7:21-23). Y categóricamente llamando a la gente y a sus discípulos, les dijo: "*Si alguno quiere venir en pos de mí, niéguese a sí mismo, tome su cruz y sígame* (MATEO 16:24); y el que no toma su cruz y sigue en pos de mí, no es digno de mí (10:38)". También les dijo: "*Yo soy el camino, la verdad y la vida; Nadie viene al padre, sino por mí*" (JUAN 14:6). El que escoge o selecciona algo, lo hace con base a requisitos que debe tener lo seleccionado, por eso se dice escoger, no es al azar, porque eso no sería escoger. Las selecciones no se hacen a rumbo o sin ningún orden, todo tiene requisitos.

Sabemos que Dios es paciente para con nosotros, no queriendo que ninguno perezca, sino que todos procedan al arrepentimiento, proceder al arrepentimiento requiere hacer una decisión. Que sin excepción sean salvos, los que acepten su misericordioso plan de redención. Si no hubiera ninguna condición, no sería necesaria la Biblia, las epístolas ni los pastores (2 PEDRO 3:9). No obstante, llegado el tiempo de la consumación de sus planes, con todo su pesar, después de tanta advertencia, tendrá necesariamente que actuar con justicia con todos los que no quisieron aceptar su plan de redención, ni quisieron hacer su voluntad, y que en ninguna forma reconocieron a su creador.

Por mucho tiempo he oído que esa gran multitud que sale de la gran tribulación son los que no se van en el rapto de la Iglesia, y que por eso tienen que pasar por la gran tribulación y ser decapitados si quieren ser salvos. ¿No es así?

En lo personal, no me es fácil aceptar que la gran multitud de todas las naciones, pueblos, tribus y lenguas, que claman a gran voz que la salvación pertenece a Dios y al Cordero, además que tienen palmas en sus manos (que significa triunfo) y que han emblanquecido sus ropas en la sangre del Cordero, más todo lo glorioso que se dice de ellos en esa descripción y esa recepción (APOCALIPSIS 7:9-17); y que se diga que esos son los infieles y que por no estar preparados, es decir, por no estar en plena comunión con Dios, se quedaron y tuvieron que pasar por la gran tribulación para morir guillotinados por su pecado para poder ser salvos, porque no se fueron con el Señor en el rapto de la Iglesia.

Sinceramente, no puedo encontrar congruencia entre la perfecta suficiencia del sacrificio de Cristo y la insuficiente guillotina de la bestia para dar salvación a una enorme multitud de quienes se hace tan bonita descripción y se les hace una tan gloriosa recepción, además de la protección y el cuidado; pabellón y pastoreo. Al respecto, alguien me dijo: Los que se van en el rapto son los que forman la iglesia y van a estar en las bodas del Cordero, ¿qué mejor recepción quieres? A lo que yo pregunto: ¿entonces todos los que se cuentan y los que no se pueden contar por ser enorme cantidad, pero que se les hace una gran recepción no son iglesia? Además, ¿en qué parte de la Biblia se describen las bodas del Cordero, cuándo y en dónde se van a celebrar? Es más fácil entender lo que se nos muestra en el sexto sello, en el capítulo siete, que rebuscar datos para querer documentar una idea extra-bíblica. Porque las bodas del Cordero se mencionan en el capítulo 19 cuando se describe la venida de Cristo.

Mi pregunta es: ¿En dónde o en qué parte de la Biblia existe otro registro semejante? ¿Hay alguna celebración más grande que esta que aquí se describe? ¿Una celebración que sea para los fieles, para el pueblo de Dios? ¿Los que perseveraron hasta el fin, que fueron fieles y que se han ido en el arrebatamiento para que no pasen por la gran tribulación? Perdónenme, pero no puedo creer que quien diseñó esta revelación haya planeado una gran recepción y un gran festejo para la llegada de los infieles que no se fueron en el rapto y a los que fueron fieles y que perseveraron hasta el rapto los haya ignorado, al menos en este contexto no se dice o no se oye nada acerca de los fieles que estaban esperando el rapto y que fueron arrebatados.

No me diga que esa celebración será en las bodas del Cordero, porque eso no se puede probar con la Biblia. Según mi investigación, en ninguna parte del Apocalipsis ni en los demás libros de la Biblia se encuentra otra recepción como esa. Se ha dicho que la celebración de los que participaron del arrebatamiento (1ªTESALO-NICENSES 4:14:18) se efectuará en las bodas del cordero. De acuerdo cien por ciento, pero esas bodas, ¿Cuándo serán? Según los registros, la acción de los siete ángeles derramando las siete copas de la ira de Dios sobre la tierra, es parte de los juicios que se anuncian contra la ramera y las naciones, y esos juicios serán cuando Cristo se manifieste viniendo en las nubes como dice la Escritura, en su gran caballo blanco, o sea, en su segunda venida, y es entonces cuando sí se observa una gran celebración. Las bodas del Cordero serán cuando se manifieste con poder y gran gloria, en su regreso como Rey de reyes y Señor de señores, en su segunda venida, cuando haya puesto a sus enemigos bajo las plantas de sus pies.

Capítulo 8.

Hermano, ¿este es ya el último de los siete sellos?, ¿es en el que aparecen las siete trompetas?

Es correcto, el contenido de este capítulo 8 es continuación del 7. Este es el último de los siete sellos. Al abrir este sello, dice Juan que se hizo silencio en el cielo como por media hora. Es otro video. En la primera escena, como si se abriera una cápsula, repentinamente sin aviso y sin señal aparecen siete ángeles, a cada uno se le da una trompeta, al parecer están listos para tocar cada uno la suya, pero de momento hay un cambio, se hace un silencio como por media hora.

Diferente escenario, otro ángel aparece. Otra interrupción, piensa Juan, pero lo interesante de esta interrupción es que Dios es quien lo hace para dar lugar a lo que inevitablemente debe suceder, lo que ya está decretado, pero antes hay algo muy importante que hacer y al mismo tiempo hace notar su gran misericordia a favor de sus creaturas. Sigue insistiendo porque no quiere la destrucción de nadie. Los ayuda en lo que parece ser lo más difícil. Todo esto, se hace para ayudar a los santos, pero a la vez es una llamada a la preparación para lo que viene; van a sonar las siete trompetas y lo más grande viene al toque de la séptima, tenemos que estar preparados.

En la tierra los santos necesitarán ayuda espiritual, por eso Dios suspende la acción de las trompetas, Él quiere ayudar a sus creaturas, tienen que dar lugar a esa tan importante preparación; se le ordena a un ángel que les brinde ayuda en lo que más necesitan, en sus oraciones. Una vez más, sale a relucir su grande misericordia y su bondad.

Juan vio que se le dio mucho incienso al ángel; el incienso era para añadirlo a las oraciones de todos los santos sobre el altar de oro que está delante del trono. ¡Interesante! El incienso es para añadirlo a las oraciones de todos los santos, el ángel no tiene la comisión de ayudar a los que no oran. ¡Oh maravilla! Aquí Juan entiende bien todo el asunto. Toda la revelación muestra el gran interés de Dios por sus creaturas; pero, en honor al orden y bienestar, Él tiene que manifestar su santa justicia en este mundo de injusticia y de maldad. Entonces, el silencio es un elocuente mensaje: ¡Prepárense! ¡Prepárense! Se necesita mucha oración, ¡Oración! Porque cada toque de trompeta anuncia juicios fuertes, pero con el séptimo toque se presenta todo el programa que se desarrollará en relación con la manifestación del Rey de reyes y Señor de señores, y por fin, dice Juan: Se ha llegado el momento de la ira del Cordero. Es muy significativa esa pausa, tal como lo es también la actuación de los siete ángeles.

Las seis trompetas dan los anuncios finales pero en la séptima se abre definitivamente un gran programa de cambios; juicios a todas las naciones, a todos los sistemas operativos del mundo, pero lo más importante de esta séptima y final trompeta es el anuncio del más grande y sublime de todos los acontecimientos en esta revelación; el fin de toda la corrupción en este mundo y el establecimiento del Nuevo, Último y Sempiterno Reino de Dios sobre la tierra.

¿Así, tan importante es la oración, que Dios detuvo la acción de los ángeles para auxiliar a los cristianos con incienso?

La oración es un medio de comunicación, también las actitudes y las acciones cuentan en la comunicación. La verdad es que nosotros los humanos nos comunicamos con oraciones, con actitudes y con acciones. De este modo es como se establecen la relaciones buenas o malas. Si queremos vivir en buena relación con otras personas: esposa, hijos, parientes, vecinos, compañeros de escuela, de trabajo y amigos, necesitamos cuidar nuestra comunicación. Si queremos cultivar y mantener nuestras relaciones, tenemos que comunicarnos y saber cómo comunicarnos. Es con oraciones como nos comunicamos, si algún buen día quieres comunicarte con Dios, tienes que orar y si quieres cultivar y mantener una buena relación con Dios tienes que mantenerte, no solo en comunicación sino también en comunión con Él.

Si entre humanos es necesaria la comunicación y la buena relación de amistad, cuánto más que eso es necesaria la comunicación y la buena relación de amistad con nuestro grande y misericordioso Salvador. Tanto que nuestra relación con Él debe ser permanente, pero se establece y se cultiva con las oraciones, eso siempre nos permitirá estar preparados, listos para participar en todo lo que Dios tiene planeado hacer en este planeta. A eso se debe la urgencia del ángel, Dios vio que se necesitaba añadir incienso a las oraciones de los santos.

¡Entonces, la oración es muy importante! Muy necesaria para mantenernos cerca de Dios, por eso el Señor Jesús dijo: "*Orad siempre y no desmayar*" (LUCAS 18:1). ¡Qué grande es la misericordia de Dios! Se ve en todas las prevenciones, hasta proveer incienso para agregar a las oraciones de los santos. Él nunca nos abandona y trata de mantenernos en guardia constante ante todo lo que está por venir. Nos ayuda para que nuestras oraciones lleguen hasta el altar de oro en su presencia.

Dice Juan: Ahora entiendo más la revelación del capítulo siete, ese video muestra en conjunto la grande y final cosecha del Señor, todo el pueblo de Dios, de todos los tiempos, desde Adán hasta la segunda venida del Señor. En efecto, el propósito de Dios es informar bien a la Iglesia acerca de todo y quiénes serán los elegidos, los victoriosos, los que llegarán al final, los que estarán allí cuando ya se haya cumplido todo lo que ha sido establecido. Todos los fieles al Dios verdadero, del Antiguo y Nuevo Testamento, los que todavía estén vivos cuando el Señor regrese serán arrebatados y transformados, junto con todos los creyentes resucitados que murieron antes del arrebatamiento de la Iglesia y que en ese momento resucitarán (1ªTesalonicenses 4:13-18; 1ªCorintios 15:51,52).

Todos, los 144 mil sellados de las doce tribus de Israel, los mártires que están esperando que se complete el número de sus hermanos que han de padecer como ellos y todos los fieles de todos los tiempos estarán juntos en un futuro cercano delante del trono de Dios, sirviéndole continuamente en su templo. El que está sentado sobre el trono extenderá su tabernáculo sobre todos ellos. ¡Qué emocionante experiencia y por toda la eternidad! Para todos los que el Señor rescató a precio de sangre, desde Adán hasta el último que nazca en el planeta, todos los verdaderos creyentes, incluyendo los que por ahora todavía están padeciendo tribulaciones y que se les está ayudando con el incienso, porque necesitan de la oración y a los que tendrán que pasar por el rigor de la furia del hijo de perdición. Todo indica la preparación necesaria para el momento crítico que vendrá sobre todo el mundo (CAPÍTULO 3:10), esperemos el toque de la final trompeta (1ªCORINTIOS 15:52; APOCALIPSIS 11:15).

Después de asegurar a los suyos y tratar de hacernos entender que Él tiene un pueblo que no será destruido y que ocupará un lugar importante en su presencia, ahora sí, los siete ángeles se disponen a tocar sus trompetas. Cada toque de trompeta tiene un propósito; con esto, Dios, además de anunciarnos lo que sucederá, quiere que nos enteremos de la importancia que tiene para los cristianos el toque de la séptima trompeta. Desde el anuncio de la aparición del Rey de reyes y la declaración que se hace (APOCALIPSIS 11:15-19), y todos los demás acontecimientos; el enjuiciamiento de todos los responsables de la destrucción de la tierra, la gran confusión y todos los grandes y pequeños males, hasta el restablecimiento del orden en el planeta y su completa purificación (APOCALIPSIS 19:11-21), entonces se establecerá el Reinado Milenial.

De este modo podremos ver que, la gloriosa e incomparable descripción del Señor Jesús en su venida, será una gran manifestación, verdaderamente celestial, inconfundible, de inmediato se distinguirá y sin duda ni meras suposiciones, con toda exactitud podremos saber que se trata del mismo que ya se nos mostró en APOCALIPSIS 1:12-18 y en el 11:15-18; 19:11-16. Este será quien pondrá fin a los sistemas gubernamentales del mundo, este no es el jinete del primer caballo blanco que forma parte de los primeros cuatro jinetes, Este es el verdadero Rey de reyes y Señor de señores.

¿Por qué el mismo ángel que está ayudando a los fieles con el incienso en sus oraciones termina arrojando fuego en la tierra?

Es precisamente el motivo de que este ángel muestre tanta urgencia ayudando a los santos, poniendo incienso a las oraciones, porque él sabe lo que va a suceder enseguida; eso también es parte de su comisión. El incensario que sirvió para aumentar con incienso las oraciones , es el mismo con el que se arrojó fuego a la tierra donde se oyen truenos, voces, relámpagos y un terremoto. Lo maravilloso es el hecho de que el ángel, con el mismo instrumento que tiene en su mano, muestra la misericordia de Dios, pero también la justicia divina. Así es Dios, misericordioso, pero justo. ¡Qué combinación! Así trabaja la perfección de Dios. ¿Acaso no es el mismo mensaje del Señor Jesús y toda la predicación del evangelio? La piedra del ángulo que es fundamento para los que creen, es tropezadero para los incrédulos y la predicación es espada de dos filos, lo que sirve para salvación de los que creen también será para juicio y condenación de los incrédulos; la paja será quemada y el trigo será puesto en su granero. Por fin, se llegó el día de la gran cosecha, después de asegurar el trigo bajo la protección divina (MATEO 13:24-30) principia la acción de las siete trompetas.

¿Aquí nada más cuatro de los siete ángeles tocan sus trompetas?

Así es, los primeros cuatro ángeles aparecen advirtiendo con vivos ejemplos los juicios que se avecinan y nadie sin Cristo podrá escapar de esos terribles, pero muy justos juicios, que se están anunciando.

El primer ángel tocó su trompeta. Hubo granizo y fuego mezclados con sangre, que fueron lanzados sobre la tierra; y la tercera parte de los árboles y toda hierba verde se quemó. Es una vista previa, los productos de la tierra también serán afectados. ¡Los efectos de este azote alcanzarán necesariamente a mucha de la producción alimenticia, provocando hambre! Esto es una alerta de parte de Dios, avisando por escrito, para conocimiento de todas las generaciones que se interesen en su futuro final. Todavía hay oportunidad pero se terminará, es para los que quieran creer y aceptar que el sacrificio de Cristo aún está vigente y con resultados gloriosos.

El segundo ángel toca su trompeta. Juan vio como una gran montaña ardiendo en fuego fue precipitada en el mar; y la tercera parte del mar se convirtió en sangre. También vio morir la tercera parte de los seres vivientes que estaban en el mar y la tercera parte de las naves fue destruida. Aunque el mar es parte de la tierra, es otro lugar y otro ambiente y el hombre piensa que puede ser lugar de refugio, este toque de trompeta está avisando a quienes quieran huir allí para refugiarse, no importa que sean submarinos muy bien reforzados y equipados, el mar no será lugar de refugio seguro para nadie, hasta allí alcanzará la justicia de Dios.

El tercer ángel toca la trompeta. Juan vio caer del cielo una gran estrella ardiendo como una antorcha, vio que cayó sobre la tercera parte de los ríos y sobre las fuentes de las aguas. Juan oyó el nombre de la estrella que es Ajenjo y dice que muchos hombres murieron por causa de las aguas porque se hicieron amargas. Esto va parejo; dijo Juan, ni ríos ni las fuentes de aguas quedan sin juicio. ¿Qué hará la gente sin esos recursos? Es la amorosa advertencia que nos dice que no nos atengamos a los recursos que tengamos a nuestro alcance, en ese momento donde esto suceda, no habrá nada que pueda subsistir. Son advertencias misericordiosas de parte del creador de todo ser viviente, tratando de hacerles pensar que no habrá medios o formas de escapar de la justicia divina. ¿Cómo reaccionarán las creaturas inteligentes ante todo esto cuando sea la realidad? Es mejor tomar en cuenta las misericordiosas advertencias.

El cuarto ángel toca su trompeta. Juan ve algo fantástico, el toque de esta trompeta hirió a la tercera parte del sol y de la luna y la tercera parte de las estrellas, para que se oscureciese la tercera parte de ellos y no hubiese luz en la tercera parte del día, ni en la noche. Juan estaba perplejo por lo que estaba viendo, pero se acordó que todo esto había sido anunciado por los profetas (ABDÍAS 1:4) y por su Maestro cuando les habló de las señales de su venida. Una tremenda advertencia, no habrá ninguna ciudad de refugio entre los astros como se ha pretendido. Admirable creador, interesado en hacer saber la realidad de todo lo que sucederá, a fin de que sus creaturas decidan buscar su misericordia, los hace ocuparse en todas estas advertencias, Él les quiere evitar la destrucción inevitable que sin duda afectará a sus creaturas. Con esto nos explica que no hay más refugio aparte del que Él está ofreciendo e insiste en extender su gran misericordia en forma de tabernáculo, sobre todos los que quieran aceptar la oferta.

¿Ya estamos llegando al final de la revelación?

No, estamos todavía en el tema de las trompetas. Estas que siguen son las últimas tres con sus respectivos ayes. Son los más importantes toques de trompeta en toda la revelación, incluyendo esta del libro de Apocalipsis, porque además de la información que puede beneficiar a muchos, también anuncian hechos que serán muy tristes para muchos otros, los últimos hechos serán definitivos y sucederán después de que el ángel toque su séptima trompeta.

Hasta aquí escuchamos las primeras cuatro trompetas, faltan las otras tres. No nos asustemos ni nos confundamos, todavía no principian los juicios, son advertencias y demostraciones que indican que no habrá manera de escapar del juicio divino. Únicamente todos los que reconozcan a su creador y acepten su plan de redención podrán escapar de la verdadera justicia que inevitablemente será manifestada, pero nada más sobre los incrédulos y adversarios de Dios.

¿Por qué las trompetas se separan en secciones de cuatro, de dos y una, al momento de accionar?

De las siete trompetas, las primeras cuatro, aunque tratan de la cercanía de las grandes manifestaciones de juicio divino, todavía son avisos precautorios motivados por la misericordia de Dios. En la quinta trompeta se nos informa respecto a hechos que Dios quiere hacernos conocer con referencia a satanás. Nos informa que él fue desechado del cielo a la tierra y que trae un ejército de ángeles que lo siguieron. En la sexta trompeta, Dios quiere que sepamos que Él tienen todo preparado desde el principio y que moviliza un gran ejército mucho mayor que el de satanás. La séptima trompeta (11:15) también es un aviso, pero nos informa que ya es el momento de la grande manifestación del Rey de reyes quien tomará posesión de los reinos de este mundo.

Después del toque de la cuarta trompeta, antes de principiar la quinta, aumenta la intensidad de la información, Juan mira volar un ángel por en medio del cielo y repentinamente oye que dice a gran voz: ¡Ay, ay, ay de los que moran en la tierra, a causa de los últimos tres toques de trompeta que están para sonar! Son los tres ángeles que siguen (APOCALIPSIS 8:13).

Capítulo 9.

Hermano, ¿por qué se dice que en el capítulo nueve hay dos temas contrarios?

El contenido del capítulo nueve es continuación del ocho y de las siete trompetas. En este se registran las trompetas, quinta y sexta. Son dos videos muy diferentes uno del otro. En una revelación puede haber sucesos del tiempo pasado que debemos conocer para entender mejor lo que sucede, o prever lo que está por suceder.

En esta parte del libro se nos están mostrando dos eventos de condiciones contrarias. Es diferente la función de los respectivos personajes, también los objetivos son diferentes en cada video. En el primero, en los versículos 1-11, vemos la estrella que cae del cielo. Con esto, Dios nos está informando de un evento sucedido desde antes de Adán, lo que se conoce como la caída de satanás, quien por su rebeldía tuvo que ser destronado y desechado del cielo. Este lucero que cayó del cielo es un gran querubín a quien ni el arcángel Miguel se atrevió a proferir juicio de maldición contra él, sino que dijo: el Señor te reprenda (JUDAS 1:9). Desde este capítulo y más adelante lo estaremos viendo en sus actividades. Por cierto que en el capítulo 12 se nos muestra un poco acerca del momento cuando fue destronado.

Los datos más importantes de su caída están consignados en ISAÍAS 14:12-17; EZEQUIEL 28:11-19. Su caída está representada de manera retórica, con la ley de doble referencia. Si esta figura de retórica no se quisiera aceptar, según Terry, con toda seguridad se puede decir que la caída de ese querubín está representada típicamente, utilizando como tipos a elementos propios y conocidos como Reyes. En esos textos ya citados, Dios está dirigiendo una enérgica y definitiva represión a dos reyes insoportablemente altivos: el rey de Babilonia y el de Tiro, pero a la vez se está refiriendo a un cierto personaje que demostró las mismas características que estos dos reyes.

¿Estás tú bien seguro que en este primer video, el toque de la quinta trompeta se trata de satanás?

Claro que sí, revisemos el video. Veamos la información que corresponde al quinto ángel que toca su trompeta. Aquí, Dios nos está regalando una información acerca de satanás, para que podamos saber quién es, de donde vino y dónde radica, a qué se dedica y cómo orquesta y realiza sus operaciones.

Primer video. 9:1-12. El quinto ángel toca la trompeta, es el primer ay. *1) Una estrella cayó del cielo a la tierra: y se le dio la llave del pozo del abismo. 2) y abrió el abismo, al instante subió humo del pozo como el humo de un gran horno; y se oscureció el sol y el aire por el humo del pozo, 3) y del humo salieron langostas sobre la tierra; y se les dio poder, como tienen poder los escorpiones de la tierra. 4) Y se les mandó que no dañasen a la hierba de la tierra, ni a cosa verde alguna, ni a ningún árbol, sino solamente a los hombres que no tuviesen el sello de Dios en sus frentes. 5) y les fue dado no que los matasen, sino que los atormentasen cinco meses; y su tormento era como tormento de escorpión cuando hiere al hombre. 6) y en aquellos días los hombres buscarán la muerte, pero no la hallarán; y ansiarán morir, pero la muere huirá de ellos. 7) El aspecto de las langostas era semejante a caballos preparados para la guerra; en las cabezas tenían como coronas de oro; sus caras eran como caras humanas; 8) tenían cabello como de mujer; sus dientes eran como de leones; 9) tenían corazas como corazas de hierro; el ruido de sus alas era como el estruendo de muchos carros de caballos corriendo a la batalla; 10) tenían colas como de escorpiones, y también aguijones; y en sus colas tenían poder para dañar a los hombres durante cinco meses. 11) y tienen por rey sobre de ellos al ángel del abismo,* (9:1,2,11; 11:7; 17:8; 20:1-3*) cuyo nombre en hebreo es Abadón, y en griego, es Apolión.* (Ambos vocablos significa destructor) El primer ay pasó; he aquí, vienen aún dos ayes después de este. Al respecto, El Señor Jesús, dijo: *"El ladrón no viene sino para hurtar, matar y destruir; Yo he venido para que tengan vida, y para que la tengan en abundancia"* (JUAN 10:10).

El versículo 11 de este capítulo 9 dice que esos monstruos tienen como rey sobre ellos al ángel del abismo, él fue quien lo abrió e hizo salir todas las monstruosidades que han dañado, dañan y dañarán a la humanidad hasta el momento que ya no se les permita hacerlo. También vemos que el nombre de ese llamado rey, en hebreo, es Abadón y en griego es Apolión. Si se revisa en el diccionario de James Strong, en los dos idiomas; en hebreo es Abaddon, que significa destructor, y en griego es, "$\alpha\pi o\lambda\lambda\upsilon\mu\iota$, Apolluon o Apollyon", un destructor (satán).

¡Qué curioso!, dice Juan: a una estrella se le da la llave del pozo del abismo, de inmediato abre aquel pozo y se le permite hacer todo lo que él quiera. ¿De qué se trata todo eso? Juan nota que no es un ser angelical como todos los demás. Sí Juan, pero es un ser real que fue un ángel de luz y ahora es ángel de las tinieblas (Isaías 14:12-17; Ezequiel 28:1-19). Él es un gran artista, excelente imitador, sus caballos lucen feos, pero muy bien equipados y adornados, intentando un parecido a los que comandan los cuatro ángeles que están junto al Éufrates. En este ilustrativo video se presentan muy sofisticados esos instrumentos, son como escorpiones, según la descripción de Juan, pero son espíritus con los propios y adecuados camuflajes para todas y cada una de sus imitaciones demoniacas, según las artimañas de satanás.

¿En dónde se supone que está ese pozo del abismo?

Con respecto al abismo, con unas tres excepciones, de las 35 veces que se menciona en toda la Biblia, esta es una de las 32 veces que se describe como un pozo, como una caverna que está hacia abajo. No sabría decir en qué área o lugar del planeta, y si en este caso es literal o si es figurado, eso es lo de menos, lo que es cierto es que existe un ambiente tétrico y horripilante donde sea que satanás resida y reine. Es allí donde tiene a su ejército con que cuenta para enfrentarse a su creador y también todos sus instrumentos de guerra. Ese mismo abismo es el que después será su cárcel (LUCAS 8:31), se le quitará la llave que se le proporcionó a su llegada y quedará preso por mil años (APOCALIPSIS 17:8 Y 20:1-3). Notemos que no dice: "un abismo", dice: "del abismo", es su mismo abismo, del que ya hemos hablado en este capítulo nueve. Nada más por la justicia y la misericordia de Dios, se le permite a satanás residir en ese abismo, se le dan las llaves de lugar, y se le permite actuar, pero eso sí con tiempo y poder limitados, hasta que se le llegue su juicio final.

Un comentario alusivo, aunque no con fines interpretativos.

Por los años sesenta del 1900 se leía en algunas de las divulgaciones científicas acerca del gran riesgo de una destrucción total del planeta. Se decía mucho que solo con oprimir un pequeño detonador sería suficiente para desencadenar una enorme reacción nuclear capaz de destruir en segundos todo el planeta. En el SLAC (Stanford Linear Accelerator Center) se hicieron una serie de experimentos, entre 1967 y 1973, que tuvieron como objetivo estudiar la dispersión del electrón-protón. Por este tiempo se inició también el proyecto del Gran Colisionador de Hadrones, que se concibió en los años 70 y fue aprobado en 1994; se trata de una aventura internacional en la que también participaron o participan varios centros mexicanos de investigación científica.

Después de hacer todos los preparativos y los correspondientes acuerdos internacionales con los países que quisieron participar, se iniciaron los trabajos en el año 2008. El objetivo inicial de este proyecto fue encontrar las partículas de la materia oscura, después las partículas de la energía oscura y, por último, el interés se inclinó a otro objetivo, poder ver los eventos ocurridos inmediatamente después del "big bang", lo que dio origen al universo. Se programó un experimento de colisión atómica para septiembre de 2015. Una gran parte de la comunidad científica no estuvo de acuerdo porque entendía el peligro que representaba ese experimento, pero al parecer no pudieron decir nada.

Actualmente, el "Gran Colisionador de Hadrones", llamado también "El Gran acelerador de partículas", El LHC (por sus siglas en inglés) y GCH (por sus siglas en español) es el acelerador de partículas más grande y más energético del mundo, nunca antes se había visto algo semejante. Este proyecto es el más grande de la Comisión Europea para la Investigación Nuclear (CERN). Lo curioso es que casi no se menciona en los medios de comunicación, el CERN ha guardado silencio al respecto, tal vez se deba a los riesgos que prevén implicados en su proyecto, o por algún motivo secreto.

Este Gran Colisionador de Hadrones, es la máquina más grande en todo el mundo, le llaman la máquina de Dios y está ubicada cerca de la ciudad de Ginebra en la frontera franco-suiza; su localización geográfica exacta se encuentra en Saint-Genis-Pouilly, allí hay una comunidad francesa, está en la región de Ródano-Alpes. El origen de la palabra Pouilly es del latín "Appolliacum", y se dice que, en ese lugar donde está el GCH, por allá en la época del auge de Roma, hubo un templo en honor a Apolo, de allí ese nombre en latín; se dice además que allí había una puerta que daba acceso al inframundo (esto, como muchas cosas, tiene aspecto de leyenda). A pesar de que muchas de las compañías que laboran allí tratan de evitar toda conexión con el mundo espiritual, el CERN tiene como mascota cerca de la puerta a la estatua de Shiva, un dios hindú, al que antiguamente se le llamó Apollyión: el dios de la destrucción. Esto ha despertado cierta sospecha en algunas personas quienes se han interesado tanto que hasta lo han relacionado con APOCALIPSIS 9:1-11, que termina diciendo: *"Y tienen por rey sobre ellos al ángel del abismo, cuyo nombre en hebreo es Abadón y en griego, Apolión"*.

Este gran colisionador de partículas funciona en un área cuya superficie es de 27 kilómetros a la redonda, allí, dentro de un gran complejo de túneles circulares con tramos que se encuentran a distintas profundidades entre 50 y 175 metros, corren dos sistemas de tuberías dentro de las cuales circulan dos haces de protones en sentidos opuestos. Este colisionador tiene la capacidad de acelerar y colisionar esos dos haces de protones a fin de enfocarlos de modo que se encuentren y choquen a 99.99 % de la velocidad de la luz, pretendiendo que se produzcan altos niveles de energía a enésimos grados, para poder evaluar los resultados. ¡Nada más con el fin de poder ver todos los eventos ocurridos inmediatamente después del Big Bang que dio origen al universo! ¡Curiosidad infantil! Me imagino la torre de Babel.

¿Qué pasó y qué pasará? De seguro que nada, porque lo que el hombre intente hacer para destruir al planeta, si no es el plan de Dios, terminará en nada. Los cambios en este planeta no corresponden a las creaturas sino al creador de todo Él es quien controla su propia creación y sabe qué hacer con ella y cómo hacerlo, porque Él es el creador de todo y sabe dónde tirar la resultante basura sobrante de su creación.

¿Será posible que algo como eso pueda suceder en este mundo?

Notemos lo interesante del versículo cuatro. A los ejércitos satánicos nada más se les permite hacer daño a los hombres que no tengan el sello de Dios en sus frentes. Los que tienen la mente de Cristo (1ªCORINTIOS 2:16; 2ªTIMOTEO 2:19) no corren el riesgo de ser dañados, porque son los hijos de Dios, no se les permite dañarlos (JOB 1:9-2:10). Ni siquiera puede satanás dañar a ninguno de la humanidad, ni a nada de la creación sin permiso del creador (APOCALIPSIS 9:4,5).

Ni la marca de la bestia funcionará con los hijos de Dios, porque será con rayo laser y la energía es parte de la creación de Dios; es Él quien tiene el control de todo en su creación. No se le permitirá a nadie que dañe a ninguno de los que tienen el sello de Dios en sus frentes. Puedo imaginarme a los científicos que estén involucrados en esas actividades satánicas que no les será permitido detectar que en algunas personas no funcione la famosa marca de la bestia y no lo podrán notar. Ni las autoridades podrán sospechar la falta de tal identificación, gracias a nuestro creador y salvador.

Entonces, pase lo que pase, hay algo muy importante que no debemos olvidar nunca. Satanás no tiene autoridad sobre los que tienen el sello de Dios en su frente (9:4), los que tienen la mente de Cristo. Dios nos está mostrando que el ángel del abismo que comanda a este ejército de langostas, aunque son muchas y tienen mucho poder, también tienen limitaciones: 1. No deben dañar a la hierba de la tierra, ni a cosa verde alguna, ni a ningún árbol. 2. Solamente a los hombres que no tuviesen el sello de Dios en sus frentes. 3. Que no maten a los hombres. 4. Que los atormenten, pero nada más por cinco meses. Estas son concretamente las limitaciones que se le aplican al enemigo de los seres humanos. En esta escena, Dios nos está diciendo que satanás, pese al poder que presume, está limitado y que no podrá hacer nada que no le sea permitido.

¿De qué va el versículo 13, donde el sexto ángel toca su trompeta y es el segundo video del capítulo 9.

En este segundo video se manifiesta el segundo "ay", con escenas y sucesos diferentes y diametralmente contrarios al anterior. También es claro que no se trata del Armagedón, todavía no llegamos al tercer "ay". La única relación que se puede observar con el Armagedón es el río Éufrates, pero en este video lo que estamos viendo es otro momento y se trata de una acción preventiva, es más bien un acto de la gran misericordia divina, que todavía está procurando el arrepentimiento de sus creaturas, esperando que le puedan reconocer como su creador. Algo también muy importante en la sexta trompeta es que Dios no está rabiosamente desesperado por destruir a sus creaturas, aquí podemos entender cómo mide y establece el tiempo para llevar a cabo sus planes. Esta es una acción celestial, aunque no parezca, nos permite ver más clara la gran misericordia de nuestro creador.

También es importante notar la diferencia entre lo que puede hacer satanás con su ejército, sus pertrechos de guerra, y con las limitaciones que le son impuestas por su Creador, o sea, lo que se ve en el anterior video. Aquí lo que importa es ver lo que Dios sí puede hacer. Al ángel del abismo no se le permite matar a los hombres sino solo atormentarlos y por un tiempo limitado. Esto es una demostración de la misericordia de Dios, todavía se les está dando a ellos una oportunidad para que se arrepientan. Además, no puede dañar a los que tienen el sello de Dios en sus frentes. Por otra parte, el ejército de Dios son doscientos millones de jinetes en sus caballos furiosos, estos son seres que operan comandados por mandato de Dios y estos tampoco serán las naciones airadas que se aventurarán a guerrear contra el Cordero (11:18) como se observa en el texto 16:12-14. Lo que Dios quiere es que todas sus creaturas reconozcan que Él es el verdadero Dios, su creador, el Todopoderoso, quiere que reflexionen, que le puedan creer, que le tengamos confianza y que nos sintamos seguros con Él.

En este segundo video, el jefe máximo de las huestes del río Éufrates es el Señor Jesucristo. Los ángeles que están preparados para la hora, día, mes y año, forman una comisión establecida por Dios para un fin concreto cuando estén a punto de principiar los juicios divinos. Dios moviliza un ejército mucho mayor que el que mueve satanás. Tiene mejores caballos, sus jinetes tienen corazas de fuego, de azufre, y de zafiro, las cabezas de los caballos son como cabezas de leones. El arsenal bélico de satanás es para hacer maldad, el de Dios es para hacer justicia y misericordia. Se pueden notar otras diferencias en ambas tropas, pero con estas es más que suficiente para que podamos distinguir el origen de cada video.

¿Por qué dices que Dios hace justicia y misericordia con todo ese ejército?

¿Qué entiendes tú en el versículo 20, con la expresión que dice: "*y los otros hombres que no fueron muertos con estas plagas, ni así se arrepintieron, ni dejaron de adorar a los demonios, y a las imágenes de oro, de plata, de bronce, de piedra y de madera, las cuales no pueden ver, ni andar; y no se arrepintieron de sus homicidios, ni de sus hechicerías, ni de su fornicación, ni de sus hurtos*". ¿Sería satanás, o a quién le interesa que los humanos se arrepientan de sus pecados y sus prácticas mundanas?

Además, por qué crees que a los ejércitos de Abadón, o Apolión, se les mandó que no dañasen ninguna cosa verde (VERSÍCULO 4,5,6) que solamente atormentaran a los hombres que no tuviesen el sello de Dios en sus frentes. Si eso fuera impulsado nada más por la ira, ¿por qué no matarlos, por qué darles otra oportunidad de que reflexionen?, ¿y por qué tiene que decir: Y los otros hombre que no fueron muertos con estas plagas; ni así se arrepintieron? ¿Acaso esa expresión no indica un propósito bien intencionado?

Todo lo visto parece ser la manifestación de la ira del Cordero, ¿no es así?

Aunque así parezca, todavía no es su ira, es todo lo contrario, los sucesos anunciados anteriormente y los que siguen, manifiestan la gran misericordia del Creador. Él sigue insistiendo, sigue hablando como siempre lo ha hecho, de varias maneras, y esta es una forma terrible de hacerlo, pero lo hace así por la premura del tiempo. Más terrible será lo que sigue, lo que Dios siempre ha querido evitar es la destrucción total de sus creaturas, Él quiere que reaccionemos bien para que podamos escapar de lo que será la verdadera manifestación de su gran ira contra sus enemigos. Dios no quiere forzar a nadie a que le crea, quiere que hagan decisiones propias, pero bien orientadas. Después de esas grandes lecciones tiene que decir: Ni así se arrepintieron.

¿Qué significa toda esta gran demostración de poder, de parte de Dios?

Significa que su justicia, a pesar de su misericordia, se tiene que manifestar irremediablemente. Dios no quiere barrer con toda la humanidad, no le agrada destruir a sus creaturas y hace todo lo que sea necesario para evitarlo. Hasta casi me parece ver al Señor frunciendo el ceño al sentir la mezcla de su misericordia y su justicia, porque Él quiere que sus creaturas tengan voluntad de salvarse, su gran deseo es que hagan la mejor decisión y que se arrepientan para exonerarlos de sus culpas, eso es lo que Dios realmente quiere para todas sus creaturas, ya Cristo murió por todos, ya no tenemos que pagar esa pena, o esa deuda, lo único que requiere es que aceptemos su plan de salvación que consumó en la Cruz y que dejemos de hacer lo malo procurando nuestro propio bien dentro de su voluntad.

¿No se te hace que son muchos los que mueren en esta corta lección?

La tercera parte de los hombres es un número representativo y, aunque es muy sustancial, no es la mayoría de la gente, de hecho, es razonable entender, que entre las dos terceras partes que quedan se encuentran los inocentes; entre niños y los que estén privados de sus facultades mentales y algunos más que Dios esté viendo que necesitan de su misericordia.

¿Será literal todo lo que se ve en esta visión de la Sexta Trompeta?

Pues no es una expresión alegórica, ni mucho menos simples amenazas y, aunque los hechos reales se representen con esas figuras, lo cierto es que Juan está recibiendo una revelación que debe entregar a los siervos del Señor, para manifestarles las cosas que deben suceder pronto. Es el anuncio de parte de Dios, acerca de un hecho que sucederá, como una advertencia más para sus creaturas, a fin de que crean y entiendan que lo más grave está por venir. Lo considero como algo serio, como una amorosa revelación premonitoria y no como simples sueños por causa de un estómago indigesto, ni mucho menos una mala actitud de un Dios impaciente y enfurecido.

El lenguaje de esta visión es altamente retórico pero está anunciando una real ejecución divina, es una operación literal que sirve como advertencia de cosas más grandes y más graves que están a punto de suceder. Las "tres plagas", ni parecen plagas; fuego, zafiro y azufre, pero en las manos de Dios serán plagas, aunque las figuras no lo parezcan y vendrán sobre aquellos impíos que para ese tiempo determinado Dios ya los tiene visualizados. En cuanto a la cantidad de jinetes no tenemos que especular, sean o no literales, Dios tiene control sobre todos los millones de seres que existen en este mundo, en los cielos y en todo el universo. El fuego, el humo y el azufre son elementos que Dios siempre ha utilizado en sus juicios ejecutorios, nada más recordemos a Sodoma y Gomorra, por lo tanto, se trata de una demostración de la justicia de Dios para motivar al arrepentimiento.

¿Por qué junto al río Éufrates? Allí cerca está el Tigris (Hiddekel), también pudo haber sido el Nilo, o el Jordán.

Me permito intercalar un detalle que sobre esta visión nos debe parecer importante. Existen dos opiniones geográficas, que no son más que meras opiniones de los que piensan que saben. Se refieren al origen de la raza humana; una opinión sostiene que la cultura más antigua en el planeta es la egipcia, insinuando que allí se inicia la raza humana, otros afirman que los inicios de la raza humana se ubican geográficamente en la parte alta del área de la Mesopotamia. Nosotros los que leemos la Biblia no tenemos problema para ubicar el origen de la raza adámica, nos orientamos con los ríos Tigris (Hiddekel) y el Éufrates que forman la Mesopotamia, (Mesopotamia significa; entre ríos) y esos son dos de los cuatro ríos que la Biblia dice que se inician en el huerto del Edén. Dios tiene todo bien calculado, fue por allí donde se emitió el primer juicio que Dios hizo a nuestros antecesores (GÉNESIS 3:11-21). Allí fue donde por primera vez, tratándose de nuestra raza, Dios actuó como sacerdote, como profeta y como Rey. La sexta trompeta nos está indicando que por allí mismo donde se efectuó el primer juicio mezclado con misericordia, contra la primera pareja y la serpiente, también por allí, se hace este juicio contra un grupo de los descendientes de Adán.

Por lo tanto, me atrevo a decir que la ira de Dios que a su tiempo se manifestará, principiará por esas áreas, desde esas regiones, o sea donde tuvo que enjuiciar a los primeros delincuentes; a la serpiente y a los humanos. Tal vez me digan que las referencias a hechos y lugares registrados en el Apocalipsis, se deben a que el contexto del libro no fue Estados Unidos ni México, que fue en aquella región del medio oriente y en aquellas culturas, y que por eso se citan esos lugares, estoy de acuerdo, y contesto que Dios no principió la creación de los seres humanos en estas regiones donde nosotros vivimos, aunque podría haberlo hecho, sin embargo Él quiso hacerlo allá, y que así de la misma manera, puede hacer todo como más le agrade. ¿Por qué no pudiera ser por allá? Con los cuatro ángeles nos está diciendo lo que hará en el momento que Él lo tenga determinado.

Capítulo 10.

Este capítulo Diez es continuación del nueve, o sea, es el mismo escrito, es una sola pieza. *(1) Vi descender del cielo a otro ángel fuerte, envuelto en una nube, con el arco iris sobre su cabeza; y su rostro era como el sol, y sus pies como columnas de fuego. (2) Tenía en su mano un librito abierto; y puso su pie derecho sobre el mar, y el izquierdo sobre la tierra; (3) y clamó a gran voz, como ruge un león; y cuando hubo clamado, siete truenos emitieron sus voces. (4) Cuando los siete truenos hubieron emitido sus voces, yo iba a escribir; (Juan iba a escribir lo que oyó de las voces de los siete truenos, pero no se le permitió, se le ordenó que sellara las cosas que oyó. No se le permitió describir la manifestación de la ira del cordero) pero oí una voz del cielo que decía: Sella las cosas que los siete truenos han dicho, y no las escribas. (5) y el ángel que vi en pie sobre el mar y sobre la tierra, levantó su mano al cielo, (6) y juró por el que vive por los siglos de los siglos, que creó el cielo y las cosas que están en él, y la tierra y las cosas que están en ella, y el mar y las cosas que están en él, que el tiempo no sería más, (7) sino que en los días de la voz del séptimo ángel, cuando él comience a tocar la séptima trompeta, el misterio de Dios se consumará, como Él lo anunció a sus siervos los profetas.*

Por fin a Juan se le permitió ver lo que tanto se le ha venido anunciando y quiso escribir lo que oyó de las voces de los siete truenos, pero no se le permitió, es obvio que no es una revelación de bendición, no es necesario que los siervos de Dios oigan lo que no les debe interesar, ni que lo sepan los enemigos de Dios antes de que suceda. Eso sí es un misterio porque no está revelado, pero no tiene nada que ver con los cristianos, es para los enemigos de Dios, a ellos no les interesa entender, no quieren entender, son los mismos a quienes se les habló en parábolas por que no quieren saber lo que les vendrá al final, viven creyendo que son los dueños de todo, y luchan por lograr la hegemonía del mundo entero, y todas esas cosas son un misterio para todos sus secuaces, y para todos quienes solo creen lo que les conviene, sin que les importe de dónde proceda. No obstante, a Juan sí se le permitió ver todo lo que les sucederá a los enemigos de Dios, y nosotros lo podemos entender por todo lo que está registrado en la Biblia, por lo tanto, ni eso es misterio para los que creen lo que la Biblia dice.

Hermano, ¿por qué se dice que el capítulo diez es un paréntesis en este escrito tan importante?

No sabría contestar esa pregunta, solo puedo decir que no veo ningún paréntesis. Desciende otro ángel del cielo, otro, indica continuación, es el mismo escrito; no es un paréntesis, es una interferencia en la que Dios, en la misma escena, una vez más está mostrando su misericordia tratando de evitar la ruina de sus creaturas, siguen los sucesos de la sexta trompeta. Este ángel envuelto en una nube, con el arco iris sobre su cabeza (nos recuerda las nubes del diluvio y el arco iris del pacto de misericordia que Dios hizo con Noé; Génesis 9:8-17), tiene en su mano un librito abierto; y clamó a gran voz como ruge un león; y cuando hubo clamado, siete truenos emitieron sus voces. Juan oyó los juicios de Dios. Los iba a escribir; pero oyó una voz del cielo que le decía: Sella las cosas que los siete truenos han dicho, y no las escribas. Y el ángel que vi en pie sobre el mar y sobre la tierra, levantó su mano al cielo, y juró por el que vive por los siglos de los siglos, que creó el cielo y las cosas que están en él, y la tierra y las cosas que están en ella, y el mar y las cosas que están en él, que el tiempo no será más, sino que en los días de la voz del séptimo ángel, cuando comience a tocar la trompeta, el misterio de Dios se consumará, como Él anunció a sus siervos los profetas. Ahora sí se anuncian los juicios de Dios sobre la tierra. Esto tiene carácter de urgencia, el ángel está diciendo que, aunque la gente no se quiere arrepentir a pesar de las llamadas de atención y las demostraciones de misericordia de parte de Dios, no habrá más tiempo.

En el video anterior, se le permitió a Juan ver la escena de lo que sucederá a la tercera parte de los hombres, vio cómo actuaron los demás que no fueron dañados con el toque de esta sexta trompeta, aunque presenciaron lo sucedido con aquellos, Juan vio que ni por eso se arrepintieron, y se dice que no habrá más tiempo, 10:7. La voz del séptimo ángel, será el último "ay", Juan oyó lo que dijeron los siete truenos, ya vio y supo lo que sigue. Esto incluye todo lo bueno y lo malo que sucederá en todo el planeta, en esta definitiva intervención divina, tal como Dios lo ha determinado.

Dice Juan que la misma voz que desde el cielo le dijo que no escribiera lo que dijeron los siete truenos, le habló otra vez. *8) La voz que oí del cielo habló otra vez conmigo, y dijo: Ve y toma el librito que está abierto en la mano del ángel que está en pie sobre el mar y sobre la tierra. 9) Y fui al ángel, diciéndole que me diese el librito, y él me dijo: Toma y cómelo; y te amargará el vientre, pero en tu boca será dulce como la miel. 10) Entonces tomé el librito de la mano del ángel, y lo comí; y era dulce en mi boca como la miel, pero cuando lo hube comido, amargó mi vientre. 11) y él me dijo: Es necesario que profetices otra vez sobre muchos pueblos, naciones, lenguas y reyes.*

¿Por qué sería que no se le permitió a Juan escribir lo que oyó de los siete truenos?

Como no se escribió, no podemos presumir que lo sabemos, pero Juan sí supo de qué se trataba, si hubiera sido necesario que se escribiera se le hubiera permitido. Lo que tenemos que entender es lo que le ordenó: *"Es necesario que profetices otra vez, Juan, quizá algunos de todos los que no se arrepintieron después de todo lo que vieron, que tengan otra oportunidad a ver si ahora se arrepienten con la palabra que tienen que van a oír".*

¿Cómo podía Juan volver a profetizar, a su edad, y aun cuando fuera joven, si eso era para el fin de los tiempos?

Esto no se debe tomar literalmente, se trata de figuras metafóricas y representativas, con un alto significado espiritual. Nótese que Juan no se comió un libro literal, o material. Dios, en esta proyección, ve a todas sus creaturas que no se arrepintieron, aunque presenciaron lo sucedido con la tercera parte de los hombres. Eso se hizo indicando que es necesario que la gente escuche la predicación, porque aún está necesitando el mensaje de salvación, eso es lo que significa que se le diga a Juan que siga profetizando. Esta es y seguirá siendo la misma necesidad y se tendrá que estar atendiendo este aspecto hasta el último momento. A Juan se le ordena hacerlo, pero recordemos que él es el responsable en el momento, es él quien debe entregar este mensaje a la Iglesia, él es el responsable de que la Iglesia trabaje, es él quien recibe las órdenes directamente de Dios, por eso en nuestra Biblia tenemos el libro de Apocalipsis que ha sido conocido por la Iglesia en todos los tiempos que han pasado y se sigue predicando hasta hoy.

Juan, a su edad, no podía ser el responsable directo de seguir profetizando en todos los tiempos y por todas partes del mundo, pero en el momento sí, él era el único responsable de promover esa predicación, por eso es a él a quien se le indica seguir haciéndolo.

Capítulo 11.

Hermano, ¿en el capítulo once continúan los toques de las siete trompetas?

Este capítulo once es continuación del 10. El contenido de la sexta trompeta no se ha terminado, sigue en lo que se dice capítulo 11:1. No olvidemos que el primer "Ay" pasó, aquí estamos entrando al segundo "Ay". Al continuar con los toques de las siete trompetas, esta es todavía la sexta. Desde el capítulo 9:13, pasamos por el capítulo diez, al once, tomando en cuenta la secuencia del contenido en el escrito, y seguimos así el mismo orden de los asuntos correspondientes.

11:1. Para efecto de mayor seguridad del sentido bíblico, veamos el texto desde el versículo uno, y podremos notar que se continúa mostrando la necesidad de la predicación en otras circunstancias, esta es la razón del librito dulce y amargo que Juan comió.

1. Y me fue dada una caña semejante a una vara de medir, y se me dijo: Levántate, mide el templo de Dios, y el altar, y a los que adoran en él. 2. Pero el patio que está fuera del templo déjalo aparte, y no lo midas, porque ha sido entregado a los gentiles; y ellos hollarán la ciudad santa cuarenta y dos meses. 3. Y daré a mis dos testigos que profeticen por mil doscientos sesenta días, vestidos de cilicio. 4. Estos testigos son los dos olivos, y los dos candeleros que están en pie delante del Dios de la tierra. 5. Si alguno quiere dañarlos, sale fuego de la boca de ellos, y devora a sus enemigos; y si alguno quiere hacerles daño, debe morir él de la misma manera. 6. Estos tienen poder para cerrar el cielo, a fin de que no llueva en los días de su profecía; y tienen poder sobre las aguas para convertirlas en sangre, y para herir la tierra con toda plaga, cuantas veces quieran. 7. Cuando hayan acabado su testimonio, la bestia que sube del abismo hará guerra contra ellos, y los vencerá y los matará. 8. Y sus cadáveres estarán en la plaza de la grande ciudad que en sentido espiritual se llama Sodoma y Egipto, donde también nuestro Señor fue crucificado. 9. Y los de los pueblos, tribus, lenguas y naciones verán sus cadáveres por tres días y medio, y no permitirán que sean sepultados. 10. Y los moradores de la tierra se regocijarán sobre ellos y se alegrarán, y se enviarán regalos unos a otros; porque estos dos profetas habían atormentado a los moradores de la tierra. 11. Pero después de tres días y medio entró en ellos el espíritu de vida enviado por Dios, y se levantaron sobre sus pies, y cayó gran temor sobre los que los vieron. 12. Y oyeron una gran voz del cielo, que les decía:

Subid acá. Y subieron al cielo en una nube; y sus enemigos los vieron. 13.
En aquella hora hubo un gran terremoto, y la décima parte de la ciudad
se derrumbó, y por el terremoto murieron en número de siete mil hombres;
y los demás se aterrorizaron, y dieron gloria al Dios del cielo.

Aquí Juan principia diciendo: Entonces me fue dada una caña
semejante a una vara de medir. Se le dio una vara y se le ordenó lo
que tenía que hacer con ella. Esto fue después de haber recibido y
comido el librito, aquel librito, digámoslo así, se le convirtió a Juan
en una caña, o sea, una vara de medir.

¿Cómo es eso? ¿Por qué decirlo así? ¿Cómo que un libro se puede convertir en una caña?

Del vocablo caña se deriva la palabra "Canon". La caña era un instrumento de medida de longitud, se utilizaba en todo lo que necesitaba ser medido. Se entiende que la Biblia es el Canon Sagrado, por
lo tanto, un sagrado instrumento de medir.

Lo interesante es que el librito contenía dulce y amargo. Esas
son las dos características de la palabra de Dios, como espada de
dos filos: ofrece salvación, pero si no la acepta es como la piedra del
ángulo donde tropiezan los edificadores (1ªPEDRO 2:6-8; JUAN 3:16-18).
El que no acepta a Cristo como el que murió en su lugar, se constituye en un cómplice de su muerte. Eso es lo dulce y lo amargo que
gustaron el profeta Ezequiel y Juan el teólogo.

¿Cómo podría Juan medir a cada adorador con una varita literal? Pues, con el canon sagrado, que es la Palabra de Dios, porque

es la Norma de la Fe y de la Conducta para toda la creación, los cristianos la deben conocer lo suficiente para su propia orientación, con ella sí podemos ser medidos.

Lo siguiente es muy importante: *"Pero el patio que está fuera del templo déjalo aparte, y no lo midas, porque ha sido entregado a los gentiles; y ellos* (los gentiles) *hollarán la ciudad santa cuarenta y dos meses"*. No es necesario discutir si es atrio o es patio, ni cuantos patios hay según EZEQUIEL 46:21,22, aquí la orden es clara, en este caso, el patio representa a todas las personas que no están dentro del templo, la iglesia debe estar dentro y ser medida).

Si el templo y el altar representan a los verdaderos cristianos, ¿quiénes son los que están fuera?

Indiscutiblemente, los que están fuera son los que sabemos que no han querido entrar y no se trata de los gentiles, porque muchos de ellos son templo de Dios, y los demás se están mencionando aquí en este texto desempeñando otra función (APOCALIPSIS 11:2; LUCAS 21:24).

Ahora veamos lo siguiente, el templo en Israel tenía tres áreas. Primero estaba el atrio o patio exterior donde se quedaba la gente que no entraba al templo, la segunda era el lugar santo donde oficiaban los sacerdotes a favor de los que venían buscando el perdón de sus pecados, y la tercera, el lugar detrás del velo, era lo que se conoce como el lugar santísimo, donde está el arca del pacto y el propiciatorio y sobre ella los querubines, allí en el arca del pacto se manifestaba la presencia de Dios. Al lugar Santísimo nada más el sumo sacerdote debía entrar una vez al año y no sin sangre. Ese lugar, que era privado, era donde Dios se manifestaba para hablar con Moisés y representa su presencia permanente morando con su pueblo. Por eso cuando Cristo espiró en la cruz, el velo del templo se rompió quedando abierto y libre el paso hasta la presencia de Dios (Marcos 15:37,38; Hebreos 9:1-24), ahora toda persona que quiera, por medio de Cristo, puede entrar y reestablecer su relación con Dios su creador.

Entonces, el atrio o patio del templo es el que Juan no debe medir según las instrucciones que recibe. Se entiende que los cristianos son los que participan del altar, son el templo de Dios (1ªCorintios 3:16,17; 6:19; 2ªCorintios 6:16). Los que quieren quedarse fuera no podrán dar la medida que Dios demanda (Efesios 4:11-13) y tendrán que ajustarse a la aplicación de otro tratamiento de justicia y misericordia de parte de su creador.

¿Qué significan esos dos testigos que los matan y no los sepultan, y por fin resucitan y ascienden al cielo?

No descuidemos la continuación del escrito desde el capítulo 10. Con respecto a esos dos testigos, 11:3: *"Y daré a mis dos testigos que profeticen por mil doscientos sesenta días, vestidos de cilicio"*. Versículo 4. Estos testigos son los dos olivos y los dos candeleros que están en pie delante del Dios de la tierra. Y eso lo podemos ver en Zacarías 4:2-14

Aunque si bien, Desde hace muchos años, existen algunas teorías que intentan explicar lo referente a los dos testigos.

1. Dicen que tal vez estos dos testigos sean Enoc y Elías, porque estos dos no han experimentado la muerte todavía. Señalan como argumento lo que dice HEBREOS 9:27, "Y *de la manera que está establecido para los hombres que mueran una sola vez, y después el juicio*".

Ese argumento contraviene lo expresado en el arrebatamiento de la Iglesia. Al respecto, dice que los muertos en Cristo resucitarán primero, pero también dice: Luego nosotros, los que vivimos, los que hayamos quedado (los que no hayamos experimentado la muerte) seremos arrebatados juntamente con ellos en las nubes para recibir al Señor en el aire y así estaremos siempre con el Señor (1ªTESALONICENSES 4:16,17). No dice que antes de ser arrebatados tengamos que morir. El caso de Enoc y Elías, es un hecho que nos ayuda a entender el arrebatamiento de la Iglesia tal como nos dice este texto leído. Además en 1ªCORINTIOS 15;51,52 dice, "*He aquí, os digo un misterio: No todos dormiremos;* (no todos moriremos) *pero todos seremos transformados, en un momento, en un abrir y cerrar de ojos, a la final trompeta; porque se tocará la trompeta, y los muertos serán resucitados incorruptibles, y nosotros seremos transformados*". Elías estuvo con Cristo en el monte de la transfiguración. Según MATEO 17:1-3, entonces, los dos testigos no tienen que ser Elías y Enoc.

2. Otra teoría dice, que los dos testigos eran Moisés y Elías, porque son los que realizaron los milagros que son semejantes a los que harán estos dos testigos de APOCALIPSIS 11:3.

No obstante, tenemos que pensar que quien hace los milagros es el Dios de estos testigos, y es el mismo que hizo los milagros en el Antiguo Testamento con Moisés, Elías, y Eliseo, y que Él siempre ha tenido oportunamente los instrumentos para usarlos y llevar a cabo sus planes, Él usa a quien quiera para hacer lo que sea necesario en cada momento, entonces no tienen que ser Moisés y Elías los dos testigos.

3. Por otra parte, también se argumenta, que son Moisés y Elías porque ellos fueron los que estuvieron con el Señor Jesús en el monte de la transfiguración y que ellos no han muerto. Sin embargo, en Mateo 17:1-7, el registro de la transfiguración del Señor Jesús, incluye textualmente (VERSÍCULO 3) que los que estuvieron allí con el Señor, sí fueron Moisés y Elías y que una nube de luz los cubrió y que cuando los discípulos alzaron los ojos, a nadie vieron sino a Jesús solo. Entonces, tampoco es argumento es válido Con esa manifestación es suficiente, si ya se aparecen y se desaparecen envueltos en nubes de luz, y hasta andan en comisiones importantes ya, es lógico que tienen cuerpos transformados y glorificados. Además, ya se sabe que carne y sangre no pueden heredar el reino de Dios, entonces, ¿De dónde vinieron? 1ªCORINTIOS 15:50-52. ¿Por qué tenemos que pensar que ellos tienen que venir a morir para poder heredar el reino de Dios? No parece correcto usar ese argumento como la explicación referente a esos dos testigos.

4. Una teoría más respecto a los dos testigos, es que estos son los dos varones con vestiduras resplandecientes, que se les aparecieron a las mujeres que fueron al sepulcro a buscar al Señor, los que les dijeron que había resucitado, LUCAS 24: 4-7. La Biblia registra

varios casos de varones aparecidos, también con vestiduras resplandecientes, a menos que sean los mismos, y siendo así, ¿cómo es que tengan que morir si no son de carne humana?

Aunque es prudente procurar conocer estas teorías, estas nos motivan a tratar de encontrar la verdadera solución.

Yo propongo lo siguiente:

La justicia y la misericordia se observan en toda la Biblia desde el Génesis hasta el Apocalipsis, y en este libro precisamente es donde más se notan las manifestaciones de justicia y misericordia.

En el Génesis vemos un cuadro profundamente conmovedor, triste y lamentable, la primera pareja escondiéndose de su Creador por haber incurrido en el delito de alta traición; escriturando todo lo que era propiedad de su Creador (Lucas 4:5-8; Colosenses 2:14;15), enajenándose ellos mismos y a toda su descendencia, poniendo todo el planeta y lo que en el existe, a favor y disposición del archienemigo de su propio creador y verdadero dueño de tan hermosa creación. Todavía así, Dios buscándolos para hablar con ellos, al encontrarlos se tienen que declarar culpables. Es en este momento donde se ve claramente la acción de la Justicia, pero también la acción de la misericordia. Fueron juzgados y sancionados, pero no fueron destruidos o satanizados, al contrario, se les justificó a costo del mismo creador quien sacrificó animalitos y los vistió con pieles porque las hojas de higuera ya se estaban secando. Además y lo más importante, les promete la completa liberación a ellos y a toda su descendencia.

Lo mismo sucede en el caso de Noé, habían llegado al máximo punto de la maldad y Dios como creador tiene que intervenir. En su bondad busca a quien Él considere justo y no encontró más que a Noé, le informa que tiene que aplicar la justicia, enviará un diluvio que arrasará con toda aquella generación, pero a Noé le ordena construir un arca de grandes dimensiones y muy bien acondicionada, para que se salven de la destrucción que vendrá, observemos su Justicia y su Misericordia.

Se observa la Justicia y la Misericordia de Dios en Egipto, en el cruce del mar Rojo y en toda la peregrinación del pueblo de Israel por el desierto, en el tiempo de los Jueces, en el tiempo de los reyes, en la cautividad.

La máxima e incomparable manifestación de la Justicia y la Misericordia se ve claramente en Cristo, desde encarnarse hasta la Cruz. De todas las heridas y sobre todo del costado, la sangre que descendió sobre el madero hasta caer sobre el propiciatorio, esa sangre era una mezcla de Justicia y Misericordia.

Por último, en todo el libro de Apocalipsis, si lo observamos con cuidado encontraremos que en cada mensaje se refleja la Justicia y la Misericordia. En la venida de Cristo, en el milenio y en el gran trono blanco se verán muy claras la Justicia y la Misericordia.

La Justicia y la misericordia han sido y serán los testigos que han estado y estarán presentes en todas las manifestaciones de Dios (la Justicia y la Misericordia las podemos ver como el Olivo y los Candeleros de acuerdo con ZACARÍAS 4:2-14), que si esos atributos son ungidos o no júzgalo tú.

¿Qué significa que la bestia que sube del abismo los vencerá y los matará?

Esta bestia que sube del abismo, Apoc. 11:7, es la misma del capítulo 13:1-18; 17:8, no hay dos ni más bestias, es solamente la bestia. La bestia es el sistema de gobierno humano, pero en este caso ya se refiere al dragón en el poder político, a la mezcla de Dragón y bestia (Daniel 7:17,19, 23). Este es el que los mata y no permite que sean sepultados, que sus cadáveres estarán en la plaza de la grande ciudad, "Jerusalén", que en sentido espiritual se llama Sodoma y Egipto, donde también nuestro Señor fue crucificado. Lo interesante es que los mata hasta cuando ya hayan terminado su testimonio, la bestia que sube del abismo hará guerra contra ellos, los vencerá y los matará, pero no se le permite hacerlo antes de que terminen su misión. Nada sucede sin que Dios lo permita y Él sabe por qué, cómo y hasta cuando permitirlo, o hacerlo. Lo triste en este relato es que la propiedad de Dios se haya corrompido tanto, hasta el grado de confundirse con lo más indigno y despreciable para Dios, Sodoma y Egipto (Isaías 1:10-12).

¿Acaso Dios no puede proteger a sus testigos, sacarlos de ese lugar sin que sean dañados? ¿No podría resucitarlos y trasladarlos a un lugar mejor? Claro que puede y seguro que lo hace. En esas figuras retóricas, lo importante es entender los maravillosos planes de Dios, para seguridad y bendición de los que le creen y para vergüenza y frustración de todos los enemigos del Reino de los Cielos, quienes al fin solo se quedan atemorizados. Tremenda seguridad para los creyentes, ¿qué puede ser lo más malo que le suceda a un verdadero cristiano, si lo maravilloso es la resurrección y vivir eternamente y con el creador en un cuerpo glorificado? (JUAN 11:25; 1ªCORINTIOS 15:52)

¿A qué grande ciudad se está refiriendo esta parte, de Apocalipsis 11:8?

Se entiende eso cuando dice que en sentido espiritual se llama Sodoma y Egipto donde también nuestro Señor fue crucificado. Se refleja en Jerusalén la violencia, la idolatría y la maldad de aquellas ciudades paganas, por eso a su santa ciudad la califica semejante a ellas. En ISAÍAS 1:10-12, dice: *"Príncipes de Sodoma, oíd la palabra de Jehová; escuchad la ley de nuestro Dios, pueblo de Gomorra. Se está refiriendo al pueblo de Israel. Jerusalén, ciudad de Dios, Israel, pueblo de Dios, Iglesia, pueblo de Dios. ¡Jerusalén, Jerusalén, que matas a los profetas, y apedreas los que te son enviados! ¡Cuántas veces quise juntar a tus hijos, como la gallina junta sus polluelos debajo de sus alas, y no quisiste!"* (MATEO 23:37). No se está refiriendo a la ciudad en sí, se refiere al pueblo, o sea, a la gente, la ciudad no mata a nadie.

"¿Cómo te has convertido en ramera, oh ciudad fiel? Llena estuvo de justicia, en ella habitó la equidad; pero ahora, los homicidas" (ISAÍAS 1:1-21-31; EZEQUIEL 16:30-43; 23:1-49). Dios al dirigirse a la ciudad de Jerusalén, se está refiriendo a las personas, a los que han sido infieles.

¿Cómo está eso de los tres años y medio, y las demás expresiones de tiempo que se encuentran en la Biblia?

Aquí en el libro de Apocalipsis y en el de Daniel, aparecen algunas expresiones de tiempo como esa de cuarenta y dos meses. Antes de avanzar en el capítulo once, necesitamos meditar un poco más en ese tema para poder entender mejor lo que realmente esas expresiones de tiempo significan. Las cinco expresiones que hay en este libro de Apocalipsis capítulos 11:2, 3; 12:6,14; 13: 5, las compararemos con las que son semejantes en el libro de Daniel 7:25; 12:7, procurando encontrar la relación que haya en esas citas.

Al revisar estas expresiones de tiempo, para no perder el rumbo, recordemos que Dios no mide el tiempo como tenemos que hacerlo nosotros en nuestro planeta. Por esa razón lo más recomendable es revisar el contexto en el que se encuentra el texto que contenga esa o esas expresiones. Principiemos por pensar en la expresión referente a los tres días y medio (Apocalipsis 11:11). Después de la declaración de Juan, quien dice que se le dio una caña de medir y las instrucciones sobre lo que tiene que hacer con ella, agrega que se le informa que los gentiles hollarán la ciudad santa por cuarenta y dos meses. Enseguida, quien le está ordenando, dice: "*Y daré a mis dos testigos que profeticen por mil doscientos sesenta días*". Esta expresión está en tiempo futuro, lo que significa que será al mismo tiempo cuando los gentiles estén hollando, pisoteando a Jerusalén.

Dicho de otra manera, los dos testigos son predicadores que estarán actuando en el mismo tiempo y durante los mismos cuarenta y dos meses que Israel esté pasando por esa terrible crisis de parte de la bestia, o sea, del sistema de gobierno del momento. También será un tiempo de grandes y gloriosas manifestaciones de Dios, por lo que estos dos testigos tienen que ser dos grandes líderes que Dios levantará muy bien organizados con un grupo especializado para la transmisión de los mensajes directos de la palabra de Dios.

En mi concepto personal, con todo respeto a los que han tratado de interpretar esto, yo creo que Dios puede resucitar y trasladar al cielo a sus testigos, tal como está escrito allí, y aún más, ¿por qué no? Algunos intérpretes, refiriéndose a los tres días y medio que duran los cadáveres de los dos testigos y que resucitan y suben al cielo, dicen que esos días son simbólicos, que representan tres años y medio. Otros dicen que son totalmente literales, otros más dicen que representan tres mil quinientos años. Por mi parte, sigo sosteniendo que para Dios no es ningún problema ni resucitarlos en el tiempo que Él quiera, ni trasladarlos al cielo. Lo que en realidad necesitamos entender es el propósito de esta revelación, la verdad es que los testigos no necesitan ni morir, ni que sus cadáveres duren tres días y medio sin sepultar para ser resucitados y trasladados al cielo como lo leemos allí.

¿Las expresiones de tiempo del libro de Daniel, las que son idénticas a las del Apocalipsis, se refieren a lo mismo?

En los dos libros, Apocalipsis y Daniel, podemos revisar todas las expresiones de tiempo que hay, y al compararlas y analizarlas veremos su correspondiente relación. Por ejemplo, en este CAPÍTULO 11:2,3, encontramos dos expresiones de tiempo; una de cuarenta y dos meses, y la otra de mil doscientos sesenta días. Ambas son figuras de tiempo y, aunque estén en diferente forma, las dos representan una idéntica cantidad; cuarenta y dos meses que son de treinta días, y equivalen a mil doscientos sesenta días, o tres años y medio. Este es un mismo período de tiempo, los sucesos son diferentes y a la vez muy importantes. En uno de ellos, Dios permite a los gentiles pisotear la ciudad de Jerusalén, para dar a la nación de Israel la última lección y a la vez la última oportunidad para que puedan reconocer sus errores y decidan arrepentirse. Simultáneamente, en medio de su tribulación, otro evento está sucediendo; Dios, con el mismo propósito, queriendo que sus creaturas reconozcan su misericordia, les envía esos dos testigos que les estarán profetizando. Al mismo tiempo y por un período determinado, si es literal o si es simbólico, eso no importa tanto, lo que sí es importante es, que es el tiempo determinado por Dios en el cual está sucediendo algo grave contra el pueblo de Israel, pero es un tiempo limitado y no se está refiriendo a lo que sucedió en el año 70 d. C., se nota que Dios en su gran misericordia no deja de enviar sus mensajeros para tratar de convencer a los que deseen reconocer y aceptar la oferta de salvación que Él les está brindando, lo hace de una manera especial con el pueblo de Israel por ser los de la promesa y por ser ellos contra quienes se enfocan los gobernantes gentiles y los individuos que se les unen.

En este capítulo once, se nos revela el clímax de una historia continua que se ha venido desarrollando y que se cerrará en un período de tiempo limitado (MATEO 24:22). Por fin, será el último capítulo de la historia de Israel como nación incrédula. Por ahora, Israel todavía sigue recibiendo fuertes lecciones, pero a pesar de todo, es bien sabido que la mano de Dios, hasta la fecha, nunca los ha desamparado como nación, ni los desamparará y menos en esta terrible y última crisis que será la definitiva.

¿Ahora sí, ya vamos a principiar el análisis de las expresiones de Tiempo?

Principiemos por analizar la expresión: "Un tiempo, tiempos y la mitad de un tiempo". De acuerdo con las traducciones de los rabinos Masoretas, que han hecho un gran trabajo de copiado y las transliteraciones y traducciones que han hecho de los sistemas originales de los idiomas bíblicos a los sistemas de otros idiomas, nos han dado información como la siguiente: En arameo, iddan significa año y se ha traducido al castellano como "tiempo". Para el plural, los masoretas pusieron un punto al iniciar la palabra aramea, •iddan para años, o tiempos, entonces medio iddan es medio año o medio tiempo. Lo hicieron tratando de que se entienda la expresión: "Tiempo, tiempos y medio tiempo", o sea, tres años y medio.

¿De dónde sacas que tiempos sean dos años y no más, pues ese punto en la palabra aramea no dice dos, solo es plural?

Esa expresión aramea se ha traducido como tres años y medio tomando como base Apocalipsis 12:6 que está en perfecta relación con 12:14. Porque en esos versículos hay dos expresiones de tiempo que, aunque en forma diferente, no obstante, son equivalentes. En el versículo 6, mil doscientos sesenta días, y en el 14, un tiempo y tiempos y la mitad de un tiempo. Si leemos con cuidado todo este capítulo doce y nos fijamos en el tiempo de protección a la mujer que estaba en cinta (12:6,14), nos damos cuenta que estas expresiones son unívocas, tienen el mismo valor y nos ayudan para hacer esta aclaración: cada una es de mil doscientos sesenta días, porque si dividimos 1260 entre 360 días que debe tener el año, de acuerdo al calendario hebreo (1260÷360=3.5) Este resultado es igual a tres años y medio, o sea, un tiempo, tiempos y la mitad de un tiempo. Lo que también equivale a 42 meses.

¿Por qué 42 meses? ¿Cómo los combinas con las demás expresiones de tiempo?

Porque los hebreos calculan los meses religiosos con base a los aparentes movimientos de la luna, por eso los llaman lunares. Aunque ellos entienden que esos cambios son producidos por los reales movimientos cosmográficos, pero como los humanos no fácilmente podemos percibir esos cambios cosmográficos, calculamos en base a los cambios que se observan en los movimientos aparentes. Los hebreos hacen los ajustes necesarios en su calendario para obtener doce meses en el año, cada mes de 30 días. Entonces, los 12 meses de un año multiplicados por los 30 días de cada mes es igual a trescientos sesenta días, (12 X 30=360) y los 360 días de un año multiplicados por tres años y medio, de doce meses cada año, es igual a mil doscientos sesenta días (360 X 3.5=1,260) y de esos mil doscientos sesenta días, al dividirlos entre los treinta días de cada mes obtenemos cuarenta y dos meses, $1260 \div 30 = 42$, es lo mismo.

Con esa explicación, concluimos que las expresiones de tiempo en APOCALIPSIS 11:2; 13:5, 42 meses, en el 11:3; 12:6, 1260 días y en el 12:14 Y DANIEL 7:25;12:7 un tiempo, tiempos y medio tiempo; todas son equivalentes a tres años y medio.

Lo importante de estas expresiones de tiempo, que son similares en el libro de Daniel y en el de Apocalipsis, es que despiertan la idea de inter-relación; todas se refieren a un período de tres años y medio, todas son equivalentes y su repetición se debe a que a estas expresiones se asocian con las intervenciones de los personajes en los eventos correspondientes; no obstante, los siete casos están dentro del mismo contexto escatológico y son: DANIEL 7:25; 12:7 Y APOCALIPSIS 11:2,3; 12:6,14;13:5. Todas se refieren al mismo período de tiempo en distintas formas y eventos simultáneos, en algunos casos solo ratifican los eventos que se han anunciado y en otras, a la vez, están anunciando otros eventos con diferentes personajes para ese mismo tiempo. También se entiende que se trata del tiempo determinado por Dios para cada evento, quien es el que está emitiendo un mensaje de suma importancia para sus creaturas, judíos y gentiles.

¿Entonces hasta cuándo se terminará la predicación del evangelio?

El mensaje del evangelio es un mensaje de amor, de misericordia, pero es de vida o muerte y para todas las generaciones que pueda haber en el planeta. El evangelio se ha venido predicando hasta hoy, como un aviso, o advertencia que nos muestra la gran misericordia de Dios que quiere librar de la condenación eterna a sus creaturas y en cambio darles vida eterna. Este evangelio se seguirá predicando mientras haya a quien predicarle y mientras Dios todavía lo permita. El que cree ese aviso y acepta ese mensaje como parte de su vida, al final saldrá beneficiado con este evangelio. El evangelio se predicará hasta el día que llegue el fin, o sea, hasta que el Señor venga como el Rey de reyes y Señor de señores, lo que también se conoce como el Gran Día del Señor. Este fin será después del juicio del gran trono blanco, cuando se cumpla lo que dice APOCALIPSIS 20:9,10. Después de todo esto, habrá cielos nuevos y tierra nueva donde morará la Justicia (2ªPEDRO 3:13; APOCALIPSIS 21:1).

¿Qué es lo que se necesita hacer para dar bien la medida y estar preparados para cuando el Señor regrese?

Se necesita trabajar en la vida espiritual de los creyentes, para que cada adorador individual sea tal y como el Padre los está buscando. Cristo dijo: "*Mas la hora viene, y ahora es, cuando los verdaderos adoradores adorarán al Padre en espíritu y en verdad; porque también el Padre tales adoradores busca que le adoren*" (JUAN 4:23).

¿Esta revelación incluye al pueblo de Israel como nación?

No hay que olvidar que esta es una revelación para la Iglesia, no precisamente para la nación de Israel; no obstante, las referencias que se encuentran en Apocalipsis respecto a esa nación son necesarias por dos razones: primera, porque debemos tener claro que Israel es parte del pueblo de Dios y solo Él sabe cómo tratar con ellos. Segunda razón, porque el cristiano debe saber el final definitivo de ese pueblo que fue escogido por Dios. Además, hay otras razones obvias. Es un hecho histórico y bastante claro en todo el Nuevo Testamento que el pueblo de Israel, como nación, aunque Cristo vino a ellos (JUAN 1:11), no ha querido entrar en el reino de los cielos. Hasta la fecha, Israel como nación no ha podido reconocer a Cristo como su Mesías. Se quedaron fuera, pero no están lejos del reino, aunque no están dentro, son el patio del templo de Dios, son el atrio, el templo es la verdadera Iglesia, la nueva Jerusalén (APOCALIPSIS 21:2).

Aquí, aprovechando, con toda sinceridad me permito decir que no puedo compartir la teología del remplazo, porque no tengo suficientes bases o razones para apuntalarla y los argumentos que me han presentado para probar esa teoría, se pueden entender y de hecho se entienden de otra manera. Además, en ninguna parte de la Biblia se encuentra alguna declaración de Dios respecto a que haya rechazado a Israel, por el contrario, lo que dice ISAÍAS 10:21 y ROMANOS 9: -11:1-36, es muy claro, Israel solo está en un proceso hasta que haya entrado la plenitud de los gentiles (ROMANOS 11:25) los que han de ser salvos. Dios ha castigado a ese pueblo con dura disciplina y lo tendrá que someter a la última prueba, la apertura de Jacob, (ISAÍAS 29:1-24) lo sigue guardando y lo protegerá hasta el fin de sus penalidades.

¿Por qué se debe medir el templo, el altar, a los adoradores y dejar el atrio sin medir?

Medir significa definir una cantidad, señalar los límites de propiedad, deslindar una propiedad separándola de otras, establecer los derechos propios sin afectar los ajenos y proveer la correspondiente protección que se requiere ante el pillaje. Segundo, es una forma de evaluar lo que se tiene. En ese video Dios está mostrando lo que a Él le pertenece y a la vez está declarando seguridad para su pueblo fiel, al separar el atrio, o patio, de todo lo demás, está indicando lo que sucederá dentro de su propiedad, pero fuera del templo, o sea, en el patio. También, está declarando que a los gentiles se les permitirá entrar y hoyar ese lugar por un tiempo limitado, cuarenta y dos meses y los cristianos como propiedad de Dios estarán bajo seguridad y protección (APOCALIPSIS 3:10). Este es un mensaje completo acerca de lo que sucederá en ese período de tiempo; el pueblo de Israel estará bajo el rigor de la prueba, pero habrá plena seguridad y protección para los cristianos. Entonces, dejar sin medir el patio, lo de fuera, y señalar un tiempo limitado a cuarenta y dos meses para que los gentiles lo pisoteen, indica que habrá un proceso hasta que se cumpla algún propósito de Dios para Israel.

Es entonces cuando cobrará sentido y tendrá cumplimiento lo que se le dijo a Daniel respecto a su Pueblo. En el CAPÍTULO 12:1 de su libro: "*En aquel tiempo se levantará Miguel, el gran príncipe que está de parte de los hijos de tu pueblo; y será tiempo de angustia, cual nunca fue desde que hubo gente hasta entonces, pero en aquel tiempo será libertado tu pueblo, todos los que se hallen escritos en el libro*". Hemos venido comentando acerca de que la ciudad santa será pisoteada por los gentiles y el ángel le informa a Daniel que será tiempo de angustia cual nunca fue desde que hubo gente, pero también le dice que en aquel tiempo será libertado su pueblo. En ROMANOS 9:27 - 29, dice: *"También Isaías clama tocante a Israel: Si fuera el número de los hijos de Israel como la arena del mar, tan solo el remanente será salvo; porque el Señor ejecutará su sentencia sobre la tierra en justicia y en prontitud"*. Y como antes dijo ISAÍAS EN 10:20-23: *"Si el Señor de los ejércitos no nos hubiera dejado descendencia, como Sodoma hubiéramos venido a ser y a Gomorra seríamos semejantes"*. En ROMANOS 11:5, dice: *"así también en este tiempo ha quedado un remanente escogido por gracia"*.

Si observamos bien encontramos la continuación del discurso de ROMANOS 11, sobre Israel como nación y pasando por EL VERSÍCULO 5 ya antes referido y avanzamos hasta el VERSÍCULO 26, nos informa que todo Israel será salvo, pero seguimos leyendo y observando que se trata de Israel como nación y no precisamente como se argumenta en la Teología del Reemplazo y la teología del Pacto, las cuales sostienen que la salvación de Israel solo se refiere a los que hayan aceptado el Evangelio. El evangelio es mucho más amplio que la Iglesia, aunque lo que se llama Iglesia es parte del resultado del evangelio, no es solamente este grupo de gente, no olvidemos la gran misericordia de Dios que cubre a este mundo hasta el final. Para entender eso, es necesario leer bien toda la revelación bíblica y concretamente estos pasajes citados, ISAÍAS 10:21 y romanos desde el capítulo nueve hasta todo el 11 y meditar en todo lo que tiene que ver en el trato de Dios con Israel como nación. Al revisar bien los versículos 28 Y 29, DE ROMANOS 11, que dicen: *"Así que, en cuanto al evangelio, son enemigos por causa de vosotros* (vosotros, los gentiles);

p*ero en cuanto la elección, son amados por causa de los padres. Porque irrevocables son los dones y el llamamiento de Dios*". De esta manera, si queremos, teólogos del pacto y del rechazo, se nos aclara todo con respecto a la nación Israelita.

¿Cómo se puede entender que eso de medir el templo, incluye a la iglesia y a Israel?

Si atendemos a la secuencia del escrito y al desarrollo de los conceptos vertidos, podemos captar esos significados. Por el momento me permito explicarlo así: tanto el tabernáculo como el templo en Israel, tenían tres secciones: El atrio o patio, el lugar santo y el lugar santísimo. El atrio o patio era donde se quedaban los que no entraban en el templo, el lugar santo era donde oficiaban continuamente todos los sacerdotes en función, y el lugar santísimo, donde nada más el sumo pontífice podía entrar a oficiar y solo una vez cada año con la sangre de una víctima sacrificada específicamente para ese oficio. Esto que fue una realidad en el pueblo de Israel, Dios le ordenó a Moisés que lo hiciera y le dio el diseño detalle por detalle, tal como el que está en el cielo. Si lees en ÉXODO LOS CAPÍTULOS 25 AL 33, verás que este lugar era especial, nada menos que morada de Dios, donde el Dios del cielo habitaba con el pueblo, era el templo, ÉXODO 25:8;29:45; 1°REYES 6:12,13. El Señor Jesucristo dijo: "*que Él y el Padre vendrán a los que le aman y harán con él morada*" JUAN 14:23;1ªCORINTIOS 3:16 Y 17 dice: "*¿No sabéis que sois templo de Dios y que el Espíritu de Dios mora en vosotros?*"

Si alguno destruye el templo de Dios, Dios destruirá al tal: porque el templo de Dios, el cual sois vosotros, santo es. 6:19 dice: *"¿O ignoráis que vuestro cuerpo es templo del Espíritu Santo, el cual está en vosotros, el cual tenéis de Dios y que no sois vuestros?"* Entonces, el templo en este texto del CAPÍTULO 11 que estamos tratando, no es literal, medir el templo de Dios, el altar y a los adoradores y no medir el patio, nos muestra que se hace una estricta diferenciación entre unos y otros. Medir el templo de Dios significa definir lo que es propio y está bajo seguridad, no obstante, también el patio es parte del templo, o sea, los que están fuera, en este caso también pertenecen a Dios, pero Él mismo los somete a un proceso disciplinario por un tiempo limitado, hasta que cambien sus conceptos acerca de los derechos de Dios.

¿Dónde quedó el capítulo 11 de Apocalipsis y eso de que se tiene que seguir predicando?

Este es todavía el CAPÍTULO 11 del libro de Apocalipsis, pero permítanme aclarar que las anteriores reflexiones, se han hecho siguiendo el orden literal del escrito referente a los sellos y trompetas; se hizo tratando de explicar la bendición de los cristianos fieles y la situación de Israel en ese momento, por supuesto, sin perder la secuencia del relato.

En el VERSÍCULO 13 de este mismo capítulo once hay otra cuestión. Juan está viendo: *"Hubo un gran terremoto, la décima parte de la ciudad se derrumbó y murieron en número de siete mil hombres, y los demás se aterrorizaron y dieron gloria a Dios"*. Hasta aquí los registros no nos han mostrado nada como un hecho referente a la ira del Cordero, no se ha manifestado aún, esta es todavía una advertencia, que se está refiriendo a un suceso doloroso como otros anteriores.

Hasta aquí, hemos visto el segundo "ay". El tercer "ay" viene pronto. Los tres ayes son el ultimátum en el que Dios pone un plazo a todas sus creaturas del planeta, para que decidan lo que crean que les conviene más. Los primeros dos ayes, son muy fuertes llamadas de atención, pero no dejan de ser nada más que misericordiosas llamadas de atención que están urgiendo al arrepentimiento y al cambio de estilo de vida, a la verdadera conversión, a reconocer al único Dios y decidir rendirse a Él sin reservas. El segundo ay pasó; ¡He aquí, el tercer "ay" viene pronto! (APOCALIPSIS 11:14).

Tercera parte de la estructura del libro de Apocalipsis.

CAPÍTULO 11:15. Esta séptima y final trompeta es la que se encarga de anunciar el máximo evento de toda la revelación, el evento de todos los eventos. El estruendoso y ondulante resonar de la séptima trompeta se extiende por todo el espacio sideral, al instante el silencio se desgarra, el planeta se estremece y los hombres poderosos; reyes, capitanes y generales, buscan dónde esconderse de la presencia del Rey que viene. ¡Es la manifestación de lo tan anunciado y nunca antes visto por los humanos, el majestuoso Rey de reyes y Señor de señores!

Es aquí, en APOCALIPSIS 11:15, donde se ve que se llega el momento, para unos glorioso y para otros crítico; el tan anunciado evento en el Antiguo y el Nuevo Testamento. *"Al toque de la séptima trompeta, de la final trompeta, hay grandes voces en cielo, que decían: Los reinos del mundo han venido a ser de nuestro Señor y de su Cristo; y Él reinará por los siglos de los siglos. Y los veinticuatro ancianos que estaban sentados delante de Dios en sus tronos, se postraron sobre sus rostros y adoraron a Dios, diciendo: Te damos gracias, Señor Dios Todopoderoso, el que eres, que eras y que has de venir, porque has tomado tu gran poder y has reinado. Y se airaron las naciones, y tu ira ha venido, y el tiempo de juzgar a los muertos, y de dar el galardón a sus siervos los profetas, a los santos y a los que temen tu nombre, a los pequeños y a los grandes y de destruir a los que destruyen la tierra. Los que lo esperan gritan jubilosos: ¡he aquí que viene con las nubes y todo ojo le verá, y los que le traspasaron; y todos los linajes de la tierra harán lamentación por Él"* (APOCALIPSIS 1:7).

Hermano, ¿ya estamos entrando en los juicios de Dios contra los gobernantes de este mundo y todos los que destruyen la tierra?

El tercer "Ay" es el definitivo, con este se inicia y se termina la tercera parte del libro de Apocalipsis. Se nos dan las informaciones necesarias para que tengamos una mejor comprensión de los sucesos siguientes. Veremos al dragón; su rabia contra su creador, sus transas y sus manifestaciones engañosas. También, gracias a Dios, ahora es cuando también se verá la aplicación de la justicia Divina en todos los órdenes de la sociedad humana. La manifestación de la ira del

Cordero contra sus adversarios, contra los rebeldes, contra los que destruyeron todo lo que signifique obra de Dios, inclusive algunos que están dentro de la iglesia haciendo mal trabajo que afecte el avance de la obra del Señor.

Se airaron las naciones, se van a levantar en armas contra el Rey de reyes (11:18) pero su ira ha venido y el tiempo de juzgar a los muertos, de dar el galardón a los siervos, a los santos, a los que temen su nombre, pequeños y grandes y de destruir a los que destruyen la tierra. Esto no es el fin del mundo, solamente se limpiará la tierra de toda injusticia, de toda maldad y de toda prevaricación y otras cosas más, este será el fin de la corrupción en general y el del fin de todos los sistemas humanos. Es el inicio del reordenamiento necesario para restaurar al planeta y volverlo a su diseño original.

Esta es la última parte de todo este libro apocalíptico. Aquí se presentan dos diferentes y muy interesantes videos con sus respectivas escenas y sus propios escenarios. El primer video de esta parte del libro principia con el toque de la séptima y final trompeta (CAPÍTULO 11:15). Se nos muestran las razones por la cuales es necesaria la intervención del dueño del planeta y la forma en cómo se aplicará la justicia y por quien. También se anuncia la intervención de la misericordia de Dios en todo momento, así como las informaciones necesarias para la Iglesia y las grandes manifestaciones de la justicia y la misericordia de Dios.

En el segundo video, APOCALIPSIS 20:1-22:21, se nos informa acerca del establecimiento del Reino celestial en la tierra. Los reinos del mundo han venido a ser de nuestro Señor y de su Cristo y

Él reinará por los siglos de los siglos. Satanás es puesto en prisión por mil años y al cumplirse los mil años sale de su prisión y reúne a todas las naciones para la batalla contra su Creador, pero son consumidos con fuego del cielo y satanás es echado en el lago de fuego y con él todos los que no estén inscritos en el libro de la vida. Habrá cielos nuevos y tierra nueva y la nueva Jerusalén y la descripción de todo el cambio de todas las cosas.

Este es el fin, al que el Maestro, el Señor Jesucristo, se refirió al responder a la pregunta triple de sus discípulos (MATEO 24:1-14). No les dio respuesta sobre lo que ellos esperaban del fin del mundo como una gran catástrofe y total desaparición del planeta con todos sus habitantes, tampoco se quiere decir que esto sea lo último ni lo más grave en esta revelación de Apocalipsis. Lo que sí es cierto es que esto le dará fin a todos los sistemas corruptos, injustos, inicuos y falsos de este mundo, se limpiará el planeta y se iniciará un cambio a un ambiente de Justicia Divina aplicada por el Rey de reyes y Señor de señores, eso es un buen fin para los fieles seguidores de Cristo.

La demás gente, las naciones que no resulten afectadas en ninguna forma con las ejecuciones del Señor en su segunda venida, continuarán en el planeta viviendo bajo el régimen divino durante mil años. Nadie se podrá quejar de que no tuvo oportunidad, o que vivió bajo una prueba de fuego; es verdad que Dios prueba los pensamientos, los sentimientos y las decisiones de sus creaturas y selecciona a los que no se dejaron engañar por satanás, les da una oportunidad más, y un vivir en paz, con justicia, amor y protección. Tienen que pasar la prueba final. Suelta a satanás para demostrarle su justicia y por fin suministrarle su merecido definitivo y los que se dejan engañar por el adversario, deciden acompañar a su gran líder al fuego eterno.

El Señor Jesucristo, en su primera venida, cumplió con todas las demandas de la ley divina que había contra la humanidad. En su segunda venida ya no habrá ningún artículo legal pendiente para cumplir, todo está cumplido (JUAN 19:30; COLOSENSES 2:14,15). En la cruz fue consumado todo el aspecto legal de la reconquista, ahora el diablo y sus seguidores saben, que aquel que les pareció un humilde corderito con quien hicieron lo que quisieron, es nada menos que el verdadero león de la tribu de Judá. Ahora le verán la otra cara, esta vez no viene a humillarse para cumplir legalidades a favor de sus creaturas, viene a efectuar la segunda parte de la consumación de su obra redentora, el rescate definitivo. Ahora los enemigos tendrán que enfrentarse con la ira de aquel gran Cordero resucitado, glorificado y convertido en el gran León, nada menos que el mismo Dios, Jehová de los ejércitos.

Algunas aclaraciones

Antes de entrar de lleno a la tercera parte de la estructura del libro de Apocalipsis, tal vez las siguientes aclaraciones puedan ayudar un poco a nuestra comprensión.

Número uno. Los primeros videos en esta parte, aun cuando parecen hechos consumados, todavía solo son preparativos, en seguida estaremos viendo los eventos definitivos.

Número dos. Como ya se dijo más arriba, no confundamos la estructura del libro con el bosquejo del contenido; al referirme a los CAPÍTULOS 9 AL 11:14, precisamente en el primer párrafo, enfatizo diciendo: aunque tenemos que seguir la estructura del libro, muchos de los temas se interrelacionan y también se usan partes que en la estructura están más adelante, pero los utilizamos como ilustración o aclaración de lo que se está tratando en el momento.

Aquí en el CAPÍTULO 11:15, principiamos esta tercera parte del libro de Apocalipsis. El séptimo ángel tocó la trompeta. Hubo grandes voces en el cielo, que decían: *"Los reinos del mundo han venido a ser de nuestro Señor y de su Cristo; y Él reinará por los siglos de los siglos"* (11:15).

Indiscutiblemente esta es la final trompeta, no hay revelación de otra trompeta en este orden, en 1ªTESALONICENSES 4:16 dice: *"Porque el Señor mismo con voz de mando, con voz de arcángel, y con trompeta de Dios, Descenderá del cielo; y los muertos en Cristo resucitarán primero. Luego nosotros los que vivimos, los que hayamos quedado, seremos arrebatados juntamente con ellos en las nubes para recibir al Señor en el aire, y así estaremos siempre con el Señor"*. Este concepto se repite en 1ªCORINTIOS 15:52, dice: *"en un momento, en un abrir y cerrar de ojos, a la final trompeta; porque se tocará la trompeta, y los muertos serán resucitados incorruptibles, y nosotros seremos transformados"*.

APOCALIPSIS 10:7 dice: *"Sino que en los días de la voz del séptimo ángel, cuando él comience a tocar la trompeta, el misterio de Dios se consumará, como Él lo anunció a sus siervos los profetas"*. Este es un anuncio y se refiere al mismo toque de trompeta, el momento en que en este mundo se cambian todos los sistemas establecidos por los humanos, y todo comienza a funcionar bajo el régimen divino y Él reinará por los siglos de los siglos. *(16) Y los veinticuatro ancianos que estaban sentados delante de Dios en sus tronos, se postraron sobre sus rostros, y adoraron a Dios, (17) diciendo: Te damos gracias, Señor Dios Todopoderoso, el que eres y que eras y que has de venir, porque has tomado tu gran poder, y has reinado. (18) Y se airaron las naciones* (16:12-16; 17:13,14; 19:12-21) *y tu ira ha venido, y el tiempo de juzgar a los muertos, y de dar el galardón a tus siervos los profetas, a los santos, y a los que temen tu nombre, a los pequeños y a los grandes, y de destruir a los que destruyen la tierra". (19)* (esto que sigue es muy interesante) *y el templo de Dios fue abierto en el cielo, y el arca de su pacto se veía en el templo, y hubo relámpagos, voces, truenos, un terremoto y grande granizo.*

Lo que es y lo que será en la presencia de Dios. Los humanos tendrán que ver la grandeza y la gloriosa presencia del Dios Todopoderoso, en esta ocasión manifestando su justicia en diferentes formas y en distintas fases de su gloria, pero los que esperan en su misericordia, al ver el templo y el arca del pacto, se gozan porque al fin ven lo que tanto han esperado.

Capítulo 12.

Nota. Como ya se ha repetido, las divisiones en capítulos y versículos, se aceptan con mucho agrado, porque ayudan a la rápida localización, y a la memorización de los temas, pero una gran mayoría de capítulos y versículos no son conclusivos, no cierran temas, se tiene que detectar la continuación, por eso tenemos que tener cuidado al usarlos cuando tenemos que interpretar la palabra de Dios.

Hermano, ¿en este capítulo 12 vamos a cambiar de tema, o seguimos con el mismo?

En este CAPÍTULO 12, estamos ya en la tercera parte del libro de apocalipsis, desde el capítulo 11:15, HASTA EL 22: 21. En esta tercera parte veremos dos videos, los finales. El primero, del CAPÍTULO 11:15 AL 19:21; el segundo del CAPÍTULO 20 AL 22:21. Si se desconectaran los capítulos once y doce, se perdería el hilo del relato, porque faltaría la última parte del CAPÍTULO 11:15-19, que es la base de todos los sucesos siguientes. El VERSÍCULO 19 muestra el templo en el cielo y el arca del pacto, relámpagos, voces, truenos y caen del cielo grandes piedras de granizo, esto es para mostrar que la venida del Señor es inconfundible, no habrá dudas ni confusiones, nada ha sido ni será como la gran manifestación de El Rey de reyes y Señor de señores, que no nos engañen los que escriben, los que hablan y los que andan en las calles diciendo que son el Cristo.

¡Otra escena! Algo más va a suceder, dice Juan. En estos videos se nos está entregando una revelación de hechos históricos mucho muy importantes. Se le está asegurando a Juan, que lo siguiente también es de parte de Dios, es una información necesaria. *(1) Entonces vio que se apareció en el cielo una gran señal; una mujer vestida del sol, con la luna debajo de sus pies, y sobre su cabeza una corona de doce estrellas.*

Al momento, Juan se acordó de una interesante historia; el sueño de José y que se cumplió cuando sus hermanos recurrieron a Egipto por provisiones (GÉNESIS 37:9,10). CAPÍTULOS 46 Y 47. El sol y la luna y once estrellas, más José. De inmediato, Juan piensa en la nación de Israel, pues conocía muy bien la historia. ¿Qué se nos quiere informar con esta señal? Sigue observando Juan. ¡La mujer está encinta! ¡Está para dar a luz! Juan dice: ¡Es Israel! ¿A quién va a dar luz? Está pensando y de momento ve otra señal, ¡otra señal en el cielo! ¡Un gran dragón escarlata! Tenía siete cabezas y diez cuernos y en sus cabezas siete diademas; y su cola arrastraba la tercera parte de las estrellas del cielo y las arrojó sobre la tierra. ¿Qué está pasando? Dice Juan: ¡El dragón parado frente a la mujer que estaba para dar a luz, a fin de devorar al hijo tan pronto como naciera!

Juan vio que ella dio a luz un hijo varón, que regirá con vara de hierro a todas las naciones; y el hijo fue arrebatado para Dios y para su trono. Y la mujer huyó al desierto, donde tiene lugar preparado por Dios, para que allí la sustenten por mil doscientos sesenta días. Después Juan vio que hubo una gran batalla en el cielo: Miguel y sus ángeles luchaban contra el dragón; y luchaban el dragón y sus ángeles, pero no prevalecieron, ni se halló ya lugar para ellos en el cielo. Y Juan vio que fue lanzado fuera el gran dragón, la serpiente antigua que se llama diablo y satanás, el cual engaña al mundo entero, fue arrojado a la tierra y sus ángeles fueron arrojados con él. Esta es otra parte de la misma información que vimos en el capítulo 9, de la caída de satanás. Con esta información se nos explica por qué tiene que haber una gran manifestación de la justicia de Dios.

En estos videos se nos está entregando una revelación mucho muy importante de hechos históricos. Con esta figura se nos está informado acerca del conflicto que por mucho tiempo ha existido y, hasta hoy existe, entre Dios y el querubín que se rebeló contra su creador. No sabemos cuándo sucedió eso en el pasado, pero fue antes de Adán. La razón por la que se agrega en esta revelación es que nosotros debemos entender cómo han sucedido las cosas que ahora nos toca entender para nuestro propio bien, y nos ayuda a distinguir la actividad satánica, persistente y continua desde el principio, que aquí, en el capítulo 12, se nos muestra actuando con toda su ferocidad contra los planes de Dios (Isaías 14:12;Ezequiel 28:14).

¿Quién es ese gran dragón y qué tiene que ver aquí tratando de devorar al pequeñito?

Si se tiene que aplicar la justicia y las ejecuciones necesarias contra el dragón, es necesario que sepamos quién es él, qué ha tratado de hacer y qué ha hecho, así como lo que se propone seguir haciendo, necesitamos saber quién es el verdadero causante de todo lo que no concuerda con el Dios Justo y Misericordioso creador de todo el planeta y creador nuestro. Saber cómo se ha comportado y cómo se sigue comportando hasta el momento, pero también se nos informa el saber cómo terminará.

Esta gran señal en el cielo es más que una visión, es la revelación del plan de redención en su desarrollo continuo desde Adán hasta llegar a su glorioso final. Esto nos muestra que Dios ni por un momento se separa de la tierra, el hecho de ver que el templo de

Dios fue abierto en el cielo y que el arca de su pacto se veía en el templo; pensar en la nación de Israel desde su origen hasta hoy; tratar de convivir con la primer pareja; en el arca del pacto conviviendo con su pueblo; en el Diluvio y el trato hacia Noé; sus tratos con Abraham y sus promesas hacia él y su descendencia; lo sucedido en Sodoma y Gomorra, en Egipto, en el mar Rojo, la columna de nube y de luz sobre su pueblo, el maná, las codornices, sus manifestaciones en el tabernáculo, en el monte Sinaí, en los muros de Jericó, en el cruce del Jordán y las conquistas y el asentamiento del pueblo de Israel en las tierras de Canaán; y sobre todo eso, su encarnación que lo identificó con la descendencia de Adán. Todo es una proyección que muestra la íntima relación entre el cielo y la tierra, entre Dios y sus creaturas.

¿Qué significa que Juan vio la figura de una mujer que estaba en cinta y clamaba con dolores de parto, en la angustia del alumbramiento?

Esta figura es para informarnos que todo lo sucedido en el planeta está registrado en el cielo y todo bajo el control divino. Dios tiene sus métodos y técnicas de operación. En lo que tiene que ver con el bien, Dios siempre ha tratado con los humanos para bendecirlos, ha tenido mucha paciencia con los que nos hemos portado mal, y nunca ha desatendido a su creación. En lo que tiene que ver con el mal, Él aplica su justicia, pero después de esperar con paciencia el tiempo que Él considera necesario y tratar con gran misericordia, es lento para la ira y grande en misericordia.

Todo funciona dentro de un plan que se nota desde el Edén hacia adelante, y aquí vemos a Israel y de allí a Cristo Jesús, quien, como la única solución, pone fin al conflicto que ha existido entre Dios y satanás.

¿Quién es esa otra señal que se vio también en el cielo?

Juan ve otra señal en el cielo: *"un gran dragón color escarlata, con siete cabezas y diez cuernos, y en sus cabezas lleva siete diademas, o coronas, (4) con su cola arrastra la tercera parte de las estrellas del cielo y las arroja sobre la tierra"* (MATEO 25:41; 2ªPEDRO 2:4; JUDAS 1:6). Este es un suceso del pasado; con esta escena se nos está informando desde cuándo y cómo sucedió el destronamiento de satanás (ISAÍAS 14 Y EZEQUIEL 28), sin señalar fecha o el tiempo cuando haya sido y no tenemos por qué procurar ajustarla al momento de esta revelación ni al tiempo de su cumplimiento, ni tenemos porqué imaginarnos nada, esto está bien claro en esta escritura.

Hay algo más importante que tenemos que entender en esta revelación y es que, satanás está en un proceso de juicio. Dios, al diseñar al universo lo hizo completo, es creador y sabe que siempre en cualquier trabajo se acumula basura, también tiene su basurero y además actúa como lo hace un agricultor (MATEO 13:30). No olvidemos que es justo y por eso seguirá un proceso equitativo que no deje ni sombra de duda, o que dé margen a pensar que se cometió injusticia con su creatura. Tiene el abismo como prisión preventiva donde estará satanás por mil años en carácter de prisionero (APOCALIPSIS 20:1-3). También tiene el lago de fuego preparado para el diablo y sus ángeles (MATEO 25:41). Este no es un simple reformatorio, es la cárcel definitiva y eterna para todo el universo, solo que por el momento este ser maligno está en proceso de juicio y en libertad caucional. Después de que salga de la preventiva tendrá una oportunidad más para que muestre su colmillo y se sabe que en seguida se le dictará como sentencia la pena de muerte eterna en ese lago de fuego donde tendrá que estar por toda la eternidad.

En eso se nos está demostrando lo que es la verdadera justicia y la gran misericordia de Dios, que es lento para la ira y grande en misericordia, y manifestará su justicia, porque le es indispensable para bien de todos los que decidieron respetar la voluntad de su creador.

No importa si satanás se vuelve furioso como león rugiente, (1ªPEDRO 5:8) si se quiere se le puede resistir y huye, porque no podrá hacer nada si su creador no se lo permite. No se trata de un ser creado por sí solo, fue creado por Dios y también perteneció al cielo, pero se pervirtió y se rebeló contra su creador y fue destronado de su posición, él y todos los ángeles que lo siguieron. A nosotros nos toca valorar la gran paciencia de Dios y su infinita misericordia, pero también nos toca ver el final de la deslealtad. Vale entender bien que, aunque satanás es un grande y malvado líder súper activo, es solo una creatura de Dios.

"El dragón se paró frente a la mujer que estaba para dar a luz, a fin de devorar a su hijo tan luego como naciese. (5) Y ella dio a luz un hijo varón, que regirá con vara de hierro a todas las naciones; y su hijo fue arrebatado para Dios y para su trono". Aquí no encuentro ningu-

na base bíblica para decir que esta mujer represente a la Iglesia y mucho menos a la virgen María. Dios no enreda las cosas, las traza con claridad, esa mujer representa a la nación de Israel. "*(6) Y la mujer huyó al desierto, donde tiene lugar preparado por Dios, para que allí la sustenten por mil doscientos sesenta días*". La iglesia no ha dado a luz a ningún niño quien regirá a las naciones con vara de hierro, desde el punto de vista humano, según el plan de Dios, Cristo es descendiente de Israel, este pueblo representado por la mujer y su simiente o descendencia que es Cristo (GÉNESIS 3:15).

Dios pinta a Israel como pueblo piloto, por medio del cual serán benditas todas las familias de la tierra (GÉNESIS 12:1-3); de ese pueblo tenía que nacer la simiente que la aplastaría la cabeza a la serpiente antigua. Esta revelación es para la iglesia, la cual se compone de todas las naciones, pueblos y tribus del mundo y se nos muestra la participación de Israel, mediante la figura de esta mujer en cinta que da a luz al que regirá con vara de hierro a todas las naciones. La Iglesia debe saber esto, porque se refiere a la redención de toda la creación, judíos, gentiles y todo el planeta (ROMANOS 11:1-36; 8:19-23). Dios, conforme a su divino plan, de entre los pecadores descendientes de Adán seleccionó a un hombre, y de él formó un pueblo, de ese pueblo nació el redentor del mundo. En la revelación de ese conflicto, Juan entendió todo el plan de redención y entendió lo que dice GÉNESIS 3:15 Y 12:3.

Con este tan sencillo ropaje, el Señor viste esta complicada información acerca del conflicto con satanás y nos presenta la razón para escoger un pueblo piloto, ese pueblo fue Israel, y así es como ha venido armando la revelación del plan de redención con la mayor claridad ante los ojos de todo el mundo, para que podamos entender lo que Él planeó desde antes de crear al primer Adán. Su Hijo unigénito, quien humanamente es descendiente de Israel, esa nación que aquí estamos viendo representada con la mujer vestida del sol, con la luna debajo de sus pies y con una corona de estrellas.

En esta escena Dios nos muestra que Él conoce la realidad de ese gran conflicto y nos explica el porqué del plan redentor mediante la encarnación, y a la vez nos garantiza que su intervención siempre es y será oportuna. Traslada a la mujer con toda seguridad al desierto, se hace cargo del sustento de ella y también protege al recién nacido porque pertenece al trono del reino de los cielos, todo eso es parte del plan de redención para toda la humanidad sin excluir a Israel. Dios es el Rey del planeta y hará lo que tenga que hacer, aunque el gran dragón se oponga, ese dragón nunca ha podido ni podrá impedir los amorosos planes de su creador, es bien sabido y siempre se ha visto que Dios nunca ha salido derrotado y que nada más los que no acepten su plan de salvación, al final tendrán que dar satisfacción a su amigo satanás padeciendo juntamente con él.

Este dragón ya no tiene ningún derecho legal como antes lo presumió (LUCAS 4:5-8), es decir, antes de COLOSENSES 2:14,15. Por eso, la gran voz en el cielo: Ahora ha venido la salvación, el poder, y el reino de nuestro Dios, y la autoridad de su Cristo. En esta representación del capítulo 12 se ve la completa derrota de satanás y el triunfo definitivo del Señor Jesucristo. Legalmente ya el diablo o satanás y sus ángeles, no tienen parte ni suerte en el reino de los cielos, ni con Israel ni con la iglesia, los escogidos de Dios ya son celestiales por derecho y también lo serán de hecho, la muerte no es importante. Por lo cual alegraos, cielos, y los que moráis en ellos (¡nosotros, qué interesante! 1ªCorintios 15:48; Efesios 2:10). ¡Ay de los moradores de la tierra y del mar! Los que no aceptan el plan de redención propiciado por Dios no son celestiales. Nosotros no estamos considerados como moradores de la tierra (Juan 17:16,17) repito: somos celestiales. Porque nuestra ciudadanía está en los cielos, de sonde también esperamos al Salvador, al Señor Jesucristo. Filipenses 3:20 (2ªCorintios 5:17; Efesios 1:3; 2:6,10; 3:10,11; 1ªCorintios 15:47-49)

(13) Al ver el dragón que lo habían arrojado a la tierra, cuando se dio cuenta de su realidad, persiguió a la mujer que había dado a luz al hijo varón. (14) A la mujer se le dieron las dos alas de la gran águila, para que volase de delante de la serpiente al desierto (así como sucedió cuando fueron sacados de Egipto, Éxodo 19:4) *a su lugar, donde es sustentada por un tiempo, y tiempos y la mitad de un tiempo.* Queda claro que Israel no será destruido por el dragón (Daniel 12:1). *(15) Y la serpiente arrojó de su boca, tras la mujer, agua como un río, (16) pero la tierra abrió su boca y tragó el río que el dragón había echado de su boca.* Dios sabe cómo, para dónde y cuándo sacar a su pueblo de Egipto y de cualquier lugar donde sea necesario (Éxodo 19:4; Deuteronomio 32:6-12; Isaías 40:31).

El dragón al ver que no pudo hacerle daño a la mujer, se llenó de ira contra ella; la nación de Israel. Hasta la fecha Israel sigue como lo muestra del poder y el cuidado de Dios; el hecho de que esta nación siga existiendo hasta hoy, es una de las garantías de que las Escrituras son la Palabra de Dios, la que sí se cumple y en el proceso todavía habrá manifestaciones divinas que le comprueben a Israel y a todo el mundo que es Dios quien está en control de todos los acontecimientos, no importa que se los atribuyan los humanos con sus pretensiones. Dios asegura protección para su pueblo, incluyendo a todos sean judíos o sean gentiles, con tal que de verdad le crean si se llaman cristianos.

Se llana de ira el dragón contra la mujer; la deja en paz, es decir, deja en paz a Israel y se fue a hacer guerra contra el resto de la descendencia de ella, los que guardan los mandamientos de Dios y tienen el testimonio de Jesucristo (¡la Iglesia! EFESIOS 2:10, Cristo es Hijo de Israel, la Iglesia es descendencia de Israel) El resto de la descendencia de la mujer (es otro pueblo, no es Israel, pero es descendencia de la mujer vestida del sol con la luna debajo de sus pies y una corona con doce estrellas) los judíos como nación, no tienen el testimonio de Jesucristo; y no veo otro pueblo más que la Iglesia, querramos o no, Jesucristo es un israelita, creemos en su palabra y somos creados en Cristo Jesús(EFESIOS 2:10). El diablo hace la guerra porque sabe que tiene poco tiempo y quiere luchar hasta el último momento. A Dios, ni el diablo, ni los gentiles y ni todas las naciones juntas lo tomarán por sorpresa, Él tiene todo preparado para hacer lo que sabe que tiene que ser hecho, y siempre dará protección a los suyos hasta el último momento.

Capítulo 13.

Hermano, ¿este y los demás capítulos son así de difíciles como el 12 o son más fáciles? ¿Podremos entender el capítulo 13 un poco mejor?

En este Capítulo 13 el drama continúa, se abre otra vez el telón, veremos aquí el proceso de transformación de la bestia, hasta que llega a formarse una poderosa confederación político-satánica: la bestia y el dragón unidos. De allí en adelante veremos que el dragón se hace cargo del poder político mundial.

No es muy fácil comprender el cambio que se registra aquí en Apocalipsis 13. Este proceso metamórfico de la bestia y el dragón es un diseño, un tanto elaborado, pero muy efectivo en la demostración de las artimañas y operaciones de satanás. Para comprender mejor el contenido de esta trama lo primero que importa es saber quiénes son estos dos entes a los cuales se les atribuye personalidad moral: la bestia y el dragón.

Lo último que vimos, antes de este video, fue a satanás como una estrella que cayó del cielo (Apocalipsis 9:1-11), después como un dragón escarlata con siete cabezas y diez cuernos y sobre sus cabezas siete diademas (Capítulo 12:3). El color escarlata con que Dios lo pinta indica que el dragón por siempre ha controlado al poder político en toda su trayectoria desde, Adán hasta lo que será su triste final. Ese es el disfraz más significativo con el que se delata el usurpador, desde que de manera fraudulenta se apoderó de todo el planeta en detrimento de toda la descendencia adámica. El color escarlata siempre ha sido la distinción de los reyes de la tierra y se usa en la llamada alfombra roja para ciertos personajes distinguidos.

Las siete cabezas representan a siete reinos, o imperios, como los historiadores les han llamado, por eso se pinta al dragón escarlata, adornado con siete diademas, o coronas en sus cabezas, para manifestar que son reyes. No olvidemos que no puede haber reyes si no tienen un reino, entonces, así se entiende mejor, que eso es lo que representan esas siete cabezas con sus respectivas coronas. Eso nos permite entender que aquí se nos está informando lo que sucedió cuando Adán escrituró (Lucas 4:5-7) al planeta y a ellos mismos con toda su descendencia a favor de la serpiente antigua que es el diablo y satanás (12:9).

Con esta figura satánica se está revelando un resumen concreto de toda una historia de injusticias, de abusos y maldad, que ha sido provocada por ese dragón desde que inició todo con Eva en el Edén. Dios ha estado observando paso a paso la conducta de todo el sistema político en su desarrollo y avance hasta su final. Ha observado al dragón envuelto en su afanosa lucha por lograr el control definitivo de este mundo, y en esta revelación vamos a ver sus operaciones, su forma de trabajar y su efímero triunfo que logra con la unificación de la bestia.

¿Qué significa bestia y por qué se le llama así?

Al recurrir a la Biblia para responder, me encuentro con estos datos: En Daniel 7:3-8,16,17,19-25; dice que esas cuatro bestias son reinos. Concretamente, en el versículo 17, Dice: *"Estas cuatro grandes bestias son cuatro reyes que se levantarán en la tierra"*. Es importante que, para reafirmar este calificativo para los reinos, o imperios, se revisen las citas estampadas al principio de este párrafo, porque puede quedar la idea de que el versículo 17 se refiere a reyes y no a reinos. Si revisamos esas citas nos queda claro qué significa eso que dice el versículo 17, o a quien se le llama bestia.

Lo siguiente es, ¿por qué se le llama así? Dios es quien está comparando al sistema político mundial con bestias. Es una calificación divina, es Dios quien sabe por qué aplica este interesante calificativo a esas cuatro grandes bestias que son las que representan, en su totalidad, a todo el poder político o sistema de gobierno ejercido por humanos de este mundo hasta su final. Ese monstruoso ente al cual Dios llama bestia, con su amplio espectro político mundial que actualmente conocemos y que podemos verlo como Dios lo ha visto en todo el desarrollo histórico a través de los tiempo y como lo sigue viendo hasta nuestro tiempo, llámese reino, imperio, república, emiratos unidos, naciones, o como se le quiera llamar, no deja de ser sistema gubernamental o poder político. A eso Dios le llama bestia.

¿Qué significa que una de las cabezas de la bestia está herida de muerte?

Sabemos que las siete cabezas representan siete imperios, para entender muy bien lo que significa la herida de una de las cabezas de la bestia, necesitamos revisar la información que hay en el libro de

Daniel, en el Apocalipsis, y comparar esa información con la que tenemos en la Historia Universal sobre lo mismo.

Primero. En el libro de Daniel, principiemos por la estatua que soñó el rey Nabucodonosor, capítulo 2 de Daniel. Vemos que en el sueño Dios le muestra a este rey cuatro imperios, incluyendo el de él, Babilonia. Este rey soñó una enorme estatua compuesta de cuatro materiales diferentes. La cabeza de la estatua era de oro; el pecho y brazos, de plata; el vientre de bronce y las piernas de hierro. Los pies de la estatua están mezclados, en parte con uno de los materiales de la estatua, el hierro, y en parte tiene agregado un poco de barro cocido de alfarero.

Daniel le informa al rey que en ese sueño se trata de cuatro reinos y que el Dios de los cielos le ha hecho saber al rey que esos cuatro reinos tienen un alcance hasta los postreros días (2:28). Le dice al rey: tú eres la cabeza de oro (el imperio de Babilonia) después vienen otros tres reinos inferiores al tuyo, esos están representados con los otros tres diferentes materiales.

Lo que es importante está en el cuarto reino, desde el versículo 40 hacia adelante, y le dice: *"El cuarto reino será fuerte como el hierro"*. En el versículo 41 le dice: *"Y lo que viste de los pies y los dedos, en parte de hierro y en parte de barro cocido de alfarero, el reino será dividido; mas habrá en él algo de la fuerza del hierro, así como viste hierro mezclado con barro cocido, así será"*. Es decir, que el reino dividido será una mezcla de hierro con barro cocido. Se entiende que en todas las partes de esa división no podrá faltar la fuerza del hierro en el barro cocido.

En primer lugar, el imperio babilónico y después los tres siguientes, todos extendiéndose hacia el futuro, tienen que llegar hasta donde Dios lo ha preestablecido, según lo que dice el versículo 28.

Segundo. Ya debe habernos quedado claro que en DANIEL 2:41 dice que el cuarto reino será dividido. Entonces pasemos a revisar el capítulo 7 del mismo libro para corroborar lo que vimos en ese capítulo 2. Veamos en DANIEL 7:4-8. Aquí son cuatro bestias, grandes y diferentes la una de la otra; la primera como león, la segunda, como un oso, la tercera como un leopardo. La cuarta bestia, rara, espantosa y terrible y muy fuerte, tenía dientes grandes de hierro; devoraba y desmenuzaba y las sobras hollaba con sus patas. Muy diferente de las anteriores.

Daniel no supo de qué se trataba esta visión, hasta que vino un ángel y se la interpretó. En el versículo 17, el ángel le dice a Daniel: *"Estas cuatro grandes bestias son cuatro reyes que se levantarán en la tierra"*. Daniel había visto (versículo 7) que la extraña cuarta bestia tiene diez cuernos. En el versículo 24, el ángel le dice a Daniel: *"Los diez cuernos significan que de aquel reino* (la cuarta bestia) *se levantarán diez reyes"*. Al levantarse estos diez reyes en el cuarto reino, es obvio que ese reino queda dividido, esos reyes acaban con la unidad del famoso cuarto reino.

Daniel estaba pensando en la estatua que le interpretó al rey en los cuatro reinos y su pueblo que tanto le interesaba. ¿Dónde quedó si estos reinos llagan hasta los postreros días? En el CAPÍTULO 2:41 de DANIEL, vimos que el cuarto reino se divide y en el CAPÍTULO

7:24, vemos que los diez cuernos de la cuarta bestia significan diez reyes que dividen al cuarto reino. Tenemos que entender que al rey de Babilonia se le dio esa información, porque él la deseaba para sus propios intereses y que después a Daniel se le informó lo mismo porque él estaba preocupado por su pueblo, Israel.

Dios, nos muestra que, aunque ambas formas de presentación del cuarto reino sean diferentes, se refieren a ese mismo reino. Ese cuarto reino es muy importante porque es el último y está relacionado con el fin de todo el sistema político mundial a cargo de los humanos y en el que satanás ha estado infiltrado asesorando a todos los funcionarios políticos del mundo. Israel, como nación, está incluida por ser el pueblo escogido, el que aún tiene un importante papel que desempeñar en el mundo, por lo tanto, se tiene que ver involucrado en todo lo necesario para que se cumplan todos los planes de Dios.

Como ya estamos seguros que la cuarta parte de la estatua es un cuarto reino y que la cuarta bestia es ese mismo cuarto reino y que ese reino ahora ya está dividido, por lo tanto, lo que nosotros necesitamos es saber a qué reino se refiere. ¿Cuál es el nombre de ese cuarto reino?

Daniel es el primero que recibe esa importantísima información profética (CAPÍTULO 2), puesto que él fue quien interpretó el sueño al rey de Babilonia. También en el capítulo 8 de su libro vemos que a él se le brinda una interpretación más sobre lo mismo. Se le explica que el imperio Medo-Persa será derrocado por el imperio griego. Hasta este punto, se está hablando ya de tres reinos, o imperios y Daniel logra saber algo acerca de los tres; el Babilónico que él conocía, pues, allí vivía, el Medo-Persa y el griego, nos falta saber lo necesario acerca del cuarto imperio.

La información bíblica de los capítulos 8 y el 11 es importante para el caso, explica la división del imperio griego en cuatro partes después de la muerte de Alejandro el grande. De los cuatro generales que se reparten el imperio, Casandro, Lisimaco, Seleuco y Ptolomeo. Dos de esos generales casi desaparecen en la historia, la Biblia no dice nada después de mencionarlos, pero ya sin ellos, allí en los capítulos 8 y 11, se registran las guerras entre el Sur y el Norte. Ptolomeo en el sur con base en Egipto y Seleuco en el norte con base en Siria. Jerusalén, la tierra gloriosa queda en medio, padeciendo los embates de las luchas entre esos dos reinados.

Al término de cierto tiempo de guerras entre el norte y el sur, se encuentra el último general seléucida, Antioco IV, con el general Pompeyo a orillas del mar Mediterráneo. Pompeyo, de parte del senado de Roma, le pide al general Antioco que se rinda y entregue a Chipre y todo lo demás que hasta el momento había conquistado. Antioco le responde que necesita tiempo para pensarlo y que debe consultarlo. Al respecto, Pompeyo de inmediato pinta un círculo reducido alrededor de Antioco y le dice: El tiempo que te doy es el que necesitas para salir de ese círculo. El fiero y enfurecido general Antioco IV no se atrevió a resistir al general romano, se rindió y entregó todo lo que ya había conquistado.

Esto fue uno de los pasos decisivos en el desarrollo del imperio romano. Roma, como pueblo, ya existía desde antes, pero ya se había venido perfilando como un imperio fuerte y muy importante.

Desde su triunfo en la guerra, cuando por primera vez conquista a Macedonia en el año 206 a.C. y en la segunda por el año 180 a.C. y por fin en la tercera, en el año 146 a.C. Macedonia quedó oficialmente constituida como provincia romana. Roma triunfa contra los griegos en el mismo año 146 a. C, en la batalla de Corinto. Entonces, como a Roma le interesaba la cultura griega, Grecia más que simplemente quedar bajo control, logra unirse con Roma y de esa manera se formó la cultura grecolatina, a la cual pertenecemos nosotros por ser occidentales.

Al fin de todos estos movimientos, Roma se constituyó en el imperio más poderoso del mundo y así como en todas partes, aglutinó a todos los pueblos griegos con sus fuertes piernas de hierro. Con todos sus problemas normales, pintó huella como un gran imperio en muchos sentidos. Se puede decir que aquella fue su primera etapa como imperio que dura hasta el año 476 d, C., cuando fue dividido. De esta manera ya se cumple el sueño del rey Nabucodonosor y la visión de Daniel, Roma es el reino representado por la cuarta parte de la estatua y la cuarta bestia y se divide (Capítulos 2 y 7:7,8,23, 24 del libro de Daniel).

Lo que sigue es muy importante para nosotros. Este imperio romano fue cayendo en una prolongada decadencia hasta ser invadido por varias tribus bárbaras que lo rodeaban, estas lo fueron tomando en partes, así se cumplió la profecía como también lo confirma la historia universal. Quedó dividido en el año 476 d.C. (Siglo V) cuando el jefe de los Hérulos, Odoacro el germano, depuso del trono romano al joven emperador Rómulo Augústulo y Odoacro de inmediato se auto-erigió gobernador de Italia.

De estas llamadas, por los romanos, tribus bárbaras, se formaron las naciones europeas, lo que influyó para dar forma al fenómeno político llamado Democracia, el que no funcionó en Grecia ni en Roma, ni ha funcionado en ninguna parte del mundo.

Las naciones europeas fueron creciendo, formalizándose y más tarde iniciaron la política de expansión territorial extendiéndose por todas partes del planeta. Las que más se extendieron fueron España, Inglaterra y Francia, otras un poco menos y algunas solo se subdividieron dentro del mismo continente europeo. Las posesiones, después fueron conocidas como colonias de las naciones europeas. Más tarde todas las colonias se fueron independizando y se formó lo que ahora conocemos como naciones o países. De esta manera todas las naciones forman parte del herido y descompuesto imperio romano. Se entiende que la división de este imperio se representa con su gran herida que ha venido padeciendo desde hace mucho tiempo, pero que será sanada y volverá a ser imperio hasta el final y mucho más poderoso, aunque con muy poca duración.

¿Cómo puedes asegurar que el imperio romano sigue existiendo hasta este tiempo y que seguirá hasta el final?

En DANIEL 2:41, no dice que este imperio haya sido conquistado, o remplazado por otro, dice que se divide, es una profecía que se cumple y esta división, como ya se dijo, sucedió en el año 476 d. C. El imperio dividido siguió llamándose imperio romano de oriente hasta el año 1,453 d.C. y en Occidente, en el corazón de muchos europeos el imperio romano no ha muerto, pero también en la realidad ha seguido existiendo. Este imperio nunca fue sustituido por otro, no ha desaparecido, no hay historia ni datos bíblicos que muestren que el imperio romano haya sido desplazado, derrocado o conquistado por otro imperio, la Biblia solo dice que se dividió (DANIEL 2:41; 7:7, 23, 24).

En la historia se registran varios esfuerzos para hacer notar la supervivencia de este imperio en Oriente y en Occidente. Uno de esos esfuerzos se ve en la dinastía merovingia del siglo V al VIII. En los finales de la dinastía Merovingia figuraron personajes como Pipino de Heristal, su hijo Carlos Martel y el hijo de este, Pipino el breve, quien, con el apoyo del papa Zacarías, logró destronar al último soberano Merovingio.

En la Navidad del 25 de diciembre del año 800, el Carolingio, Carlomagno rey de los francos, se arrodilló en el altar en actitud devota, en la catedral de San Pedro en Roma y el Papa León III le colocó la corona de emperador romano. Con él se restablece el Imperio romano de occidente. Así continuó el imperio romano, en ese entonces, como el imperio Carolingio; desde el siglo VIII al X, este fue erigido y sostenido por los que añoraban el grande y poderoso imperio romano de occidente, y que se propusieron lograr su restauración. Después de un tiempo de reinar los carolingios, desaparecen del ámbito real y cuando hacen su reaparición, por ciertos problemas internos se dividen; al dividirse en tres entidades, resurgió bajo el mandato de Otón I, con la creación de "El Sacro Imperio Romano Germánico", en el año 936, y este duró por casi un milenio hasta el 1806 (siglo XIX), que ya es dentro de la época contemporánea. Hasta la fecha sigue operando tras bambalinas, no olvidemos que el hierro no puede faltar en el imperio dividido porque va mezclado con el barro y nadie lo ha conquistado ni ha sido remplazado por otro imperio, podemos estar seguros que este es el imperio romano dividido, el último en el plan de Dios para el planeta.

Además, tal como se le dice a Nabucodonosor en DANIEL CAPÍ- TULO 2:43, ni la ONU, ni la OEA, ni la OTAN, ni el intento de Norte América, ni ninguno de los acuerdos internacionales ha logrado una sólida y verdadera unificación. Aun con todos esos intentos falli- dos y más, bíblicamente, el imperio romano sigue siendo el mismo cuarto y último imperio dividido de acuerdo con el plan de Dios para este planeta y permanecerá dividido tal como se observa en DANIEL 2:40-43, Y 7:7,8, 24, hasta cuando de la misma cuarta bestia dividida, el cuarto reino, o sea, de entre la división del imperio romano, se levante un poderoso gobernante que se convierta en el líder máximo del séptimo de los imperios mundiales. Aunque eso parezca difícil, será un hecho, porque es parte del plan de Dios y se cumplirá como todo lo que se ha cumplido hasta hoy. Todo lo que se ha dicho hasta aquí, es suficiente para afirmar que el imperio roma- no, aunque dividido, hasta hoy está vigente y funcionando.

¿De dónde sale ese gran líder dirigente del séptimo imperio mundial?

Ese líder del supuesto séptimo imperio mundial parece ser un per- sonaje aparentemente extraño, es un intruso, un usurpador y pre- suntuoso, su imperio fugaz es solo imitación del verdadero y eterno reino celestial que operará en la tierra, por lo pronto por mil años. Ese supuesto imperio solo trata de engañar a los moradores de la tierra, haciéndoles pensar que están en el reino eterno y que él es el Rey de reyes y Señor de señores, pero no le funcionará, durará muy poco tiempo en su pretendida gestión gubernativa.

En los versículos del 23-25, el ángel, le dijo así: *"La cuarta bestia será un cuarto reino en la tierra, el cual será diferente de todos los otros reinos, y a toda la tierra devorará, trillará y despedazará. Y los diez cuernos significan que de aquel reino se levantarán diez reyes* (eso ya lo vimos, es la división del imperio) *y tras ellos se levantará otro* (este otro es el que nos interesa en este momento), *el cual será diferente de los primeros y a tres reyes derribará. Y hablará palabras contra el Altísimo y a los santos del Altísimo quebrantará, y pensará en cambiar los tiempos y la ley; y serán entregados en su mano hasta tiempo, y tiempos y medio tiempo.*

Esta es una información que Dios proporciona a sus creaturas, con fines de protección y nos dice: Es seguro que el cuarto reino va a ser dividido en varios reinos. De entre esos reinos se levantará un rey diferente a todos, derribará a los reinos que no estén de acuerdo con él. Retará a su creador con grandes palabras, quebrantará a los escogidos de Dios y lo hará por tres años y medio. Estamos hablando de la mitad de una semana de años. En esta información no cabe un quizás, es un hecho definitivo, es parte del desarrollo del plan de Dios para todos los siglos, y nosotros nos encontramos en el tiempo muy avanzado de la última parte de ese plan divino.

Ya vimos lo que soñó el rey de Babilonia, la visión de Daniel y su interpretación, en el capítulo 8 vimos al rey Antioco IV, el

Epífanes como el cuerno pequeño, aunque los historiadores citan al rey Antioco cuarto, y al que intentó continuar, pero de allí no pasan, no obstante, nosotros los que entendemos cómo habla Dios en ocasiones, sabemos que a estos reyes se les está usando como una doble referencia, como prototipos que señalan a un personaje que aparecerá en los postreros días, una realidad humana y a la vez totalmente diabólica.

¿Cómo puedes afirmar que ese personaje va aparecer en los últimos tiempos como una realidad humana?

Si no hemos olvidado todas las referencias que hablan del fin y captamos que se refieren a las actuaciones de este personaje en los últimos tiempos, entonces nos queda claro que es un hecho que habrá un rey único soberano y absoluto que será el líder mundial por un momento. Aquí tenemos varias citas que se refieren a ese personaje que va transportado en la cuarta y última bestia de la que al final surge ese famoso líder mundial: En DANIEL 7:8 está el relato de la cuarta bestia con el cuerno pequeño, del 19-21 Daniel se lo relata al ángel, y del 23-25; el ángel se lo interpreta a Daniel.

En el capítulo 8:3-9-14, Daniel relata la visión del carnero y el macho cabrío, los cuatro cuernos y que de uno de ellos salió un cuerno pequeño que se engrandeció hasta el ejército del cielo y contra el príncipe de los ejércitos, por él fue quitado el continuo sacrificio, y echó por tierra la verdad. En los versículos 15-17, el ángel Gabriel le dice a Daniel que la visión es para el tiempo del fin, en el 19 el ángel le dice: *"Yo te enseñaré lo que ha de venir al fin de la ira; porque eso es para el tiempo del fin*". En los versículos del 20-26 le interpreta la visión del carnero y el macho cabrío y los cuatro reyes que surgen del reino de Grecia y que uno de ellos causará grandes ruinas. También el ángel le confirma que la visión de las tardes y mañanas es verdadera.

En el CAPÍTULO 9:20-27, el ángel Gabriel le dice: "*Entiende, pues, la visión. Setenta semanas están determinadas sobre tu pueblo y sobre tu santa ciudad; 1. Para terminar la prevaricación, 2. Poner fin al pecado, 3. Expiar la iniquidad, 4. Para traer la justicia perdurable, 5. Sellar la visión y la profecía, y 6. Ungir al santo de los santos*".

En seguida, el ángel le explica a Daniel la distribución de las setenta semanas, y que después de las sesenta y dos semanas se le quita la vida al mesías. Entonces, le dice que el pueblo de un príncipe que ha de venir, destruirá la ciudad y el santuario; y su fin será con inundación y hasta el fin de la guerra durarán las devastaciones. Notemos que le habla de un príncipe que ha de venir.

Aquí no debemos confundir el Mesías con ningún príncipe. El pueblo que destruyó la ciudad de Jerusalén y el santuario en el año 70 d.C. es el imperio romano y ese es el pueblo del príncipe que ha de venir. Después de narrar la destrucción y todas las devastaciones en Jerusalén, continúa hablando del príncipe que ha de venir. Es importante notar que esa es la continuación del relato, pero no es continuación de los acontecimientos, estos serán después. Notemos: Y por otra semana confirmará el pacto con muchos; No dice que la siguiente semana, o sea, a continuación, o en seguida en ese mismo tiempo. Es otra semana, quién sabe cuándo, el tiempo es indefinido.

Esa semana se explica en el capítulo 12 del mismo libro de Daniel que es la conclusión del mismo tema, y de toda la profecía del libro.

Lo importante para lo que venimos tratando, es que ese príncipe que ha de venir (el cuerno pequeño, el rey que sale de entre los reyes de la división en los últimos días) será quien principia la última de las setenta semanas haciendo pacto con muchos, (ojo, no con todos) y que a la mitad de la semana rompe el pacto haciendo cesar el sacrificio y la ofrenda. Y después con la muchedumbre de las abominaciones viene el desolar, hasta que venga la consumación y lo que está determinado se derrame sobre el desolador. Esto último todavía no es historia, no se ha cumplido hasta esta fecha, está en el futuro y nosotros también estamos en el futuro de esa profecía.

Una descripción del príncipe que ha de venir.

En 2ªTESALONCENSES 2:1-10, tenemos este registro muy importante sobre lo que estamos considerando en este apartado. Hablando de la venida de Cristo, dice: *"Porque no vendrá sin que antes venga la apostasía y se manifieste el hombre de pecado, el hijo de perdición, el cual se opone y se levanta contra todo lo que llama Dios o es objeto de culto; tanto que se sienta en el templo de Dios como Dios, haciéndose pasar por Dios. Entonces se manifestará aquel inicuo, a quien el Señor matará con el espíritu de su boca, y destruirá con el resplandor de su venida; inicuo cuyo advenimiento es por obra de satanás, con gran poder y señales y prodigios mentirosos, y con todo engaño de iniquidad para los que se pierden, por cuanto no recibieron el amor de la verdad".*

En APOCALIPSIS 13:1, Juan ve una bestia con siete cabezas y diez cuernos, en los cuernos diez diademas o coronas. Los diez cuernos son diez reyes (APOCALIPSIS 17:12). En el mismo capítulo 13 se observa la afanosa actividad del dragón que vimos en el capítulo 12:9, le da a la bestia herida su poder, su trono y grande autoridad. Aquí es donde se observa un fenómeno metamórfico, un cambio total en la bestia, los moradores de la tierra se maravillan en pos de la bestia y adoran al dragón que había dado autoridad a la bestia. Ya se manifestó lo que vimos en DANIEL 7:8 y se le permitió hacer guerra contra los santos y vencerlos. También se le dio autoridad sobre toda tribu, pueblo, lengua y nación. Ya se acabaron los diez reyes, ya la bestia no está herida, se logró la unificación (APOCALIPSIS 17:12,13). Esta misma bestia, se ve tan transformada, que ya parece otra: *"**Después vi otra bestia** (era el mismo dragón ya infiltrado en la bestia) **que subía de la tierra y que tenía dos cuernos semejantes a los de un cordero** (tratando de imitar a Cristo), **pero hablaba como dragón**"*. Del versículo 11-18, se le ve operando en toda su fuerza, haciendo y deshaciendo, tal como siempre lo había deseado.

Pienso que nos conviene entender bien lo referente a la cuarta bestia y comparar eso con la historia del mundo hasta hoy en día, así veremos claramente que esa división que tanto se menciona son las 194 naciones que pertenecen a la ONU, más las naciones asociadas y los protectorados que dan un total de 211, en las que está dividido el mundo actualmente. Esos reinos no son como se cree, se dice que son independientes, pero son partes de ese cuarto reino, el imperio romano. Esa es la mejor forma de entender todos los manejos políticos que en detalle se han venido desarrollando según los planes de lo que se conoce como el sistema de gobierno mundial que se ha llamado globalización, lo que desembocará en un Nuevo Orden Mundial, o como también se le ha llamado, un gobierno global. Para que tengas una idea desde cuando se viene hablando de esto, solo revisa el billete de un dólar, este movimiento no es nada nuevo, data de mucho antes que hicieran el primer billete de un dólar.

¿Quieres decirme que ese rey es el dragón que trata de recuperar su derecho de gobernar en el planeta?

El dragón, la serpiente antigua que es el diablo y satanás, era un querubín hermoso que estuvo en el Edén y gobernó el planeta, pero intentó dividirse, se rebeló contra su creador y perdió su posición en el Edén. Desde que fue retirado de ese precioso lugar, destronado del cielo por su rebelión, se ha propuesto luchar contra su creador y como Adán fue el sustituto, buscó la forma de sacarlo del huerto del Edén, hasta lograrlo, Adán se vio obligado a documentar en favor del dragón todos los derechos sobre el planeta y él perdió sus derechos de gobernarlo, de ese modo fue como de inmediato todo el mundo quedó bajo la influencia ese malvado dragón, que es el diablo y satanás (1ªJuan 5: 19) desde ese tiempo y hasta la fecha el planeta está en manos del dragón, aunque no lo puede gobernar como él quiere, nada más hasta donde Dios se lo permite y solo mientras se llega su juicio definitivo. Ese dragón, con máscara de rey humano que gobernará por breve tiempo, es el diablo y satanás, es la serpiente antigua que engañó a Eva.

No obstante, al Dios único no le podrá ganar ningún dragón, en Abraham escogió a un pueblo para retomar el control. De ese pueblo Dios nos manda a Cristo, el segundo Adán, para rescatar al planeta con todas sus creaturas, esto es básicamente el plan de redención que se ha venido desarrollando y seguirá hasta que el dragón quede totalmente liquidado y mientras, él sigue controlando a todo el sistema político que está en manos de los gentiles, ellos son los que bajo la influencia del dragón han estado gobernando por siempre. Los judíos nunca han gobernado al mundo entero, ni en los tiempos de David y Salomón.

¿Cómo se entiende que el dragón sanó a la bestia de la herida en una de sus cabezas?

Si estamos seguros que la bestia es el poder político o sistema de gobierno en toda la historia del mundo, y que ese poder político por mucho tiempo se mantuvo unificado en grandes reinados, o imperios como los llaman los historiadores y si sabemos que el último de esos imperios es el romano y que este fue dividido en el año 476 d.C., una gravísima herida que ha padecido por más de 1,500 años, como una terrible enfermedad, entonces podremos entender cómo el dragón pudo sanarla. A esa división, es la que en APOCALIPSIS 13 se le llama herida y de la que la bestia quiere sanar, o sea, que quiere seguir siendo imperio, pero que por más esfuerzos que ha hecho no ha lo ha logrado. Por esa razón decimos que su enfermedad es su división y que su sanidad es la unificación. Por lo tanto, necesita de un asesor, un ser poderoso como el dragón para poder resolver su problema político y volver al sistema imperial. El dragón es más poderoso que la bestia, de hecho, es quien por siempre la ha venido manipulando y por convenir a sus intereses, bien puede darle su poder, su trono, y su gran autoridad, pero para eso es necesaria una razonable transacción. De momento, de una manera invisible o como se hace en algunas empresas, sin darnos cuenta, pero de pronto se observa en la bestia una mística asociación. Este energúmeno animal, la bestia, se vuelve poderosa y valiente como para retar a Dios, perseguir a los que no convienen en su gobierno y tiene dominio sobre toda tribu, lengua y nación y la adoran todos los moradores de la tierra y adoran también al dragón por haber dado su autoridad a la bestia. Es así como se entiende que el dragón sanó a la bestia que estaba herida por mucho tiempo.

¿Por qué parece como enredosa esta profecía, así como que se nos presenta en claves?

De ninguna manera, es todo lo contrario, claves las que usa el dragón. ¿A caso convertirse en serpiente, en lobo con piel de oveja, vestirse como ángel de luz y otras formas, para poder engañar, no son sus claves? ¿De dónde se deriva la palabra dragón, si no es de serpiente? (APOCALIPSIS 12:9).

A Dios le interesa que conozcamos las artimañas que utiliza el dragón para lograr sus propósitos. Quiere que lo veamos cómo se las arregla para lograr sus propósitos. El dragón lo hace inteligentemente, invirtió su poder, su trono y su gran autoridad. Como dice aquel refrán en lenguaje coloquial: mete hilo para sacar costales.

Como los grandes negociantes, prestan su dinero a pérdida, con un interés elevado.

Estos vericuetos tienen propósito divino, se trata de hacernos ver cómo opera satanás, cómo se las arregla para lograr sus propósitos; invierte para sacar ganancia. Si la herida de la bestia es su división, su sanidad será su unificación. Entonces el dragón le da a la bestia: su poder, su trono y grande autoridad, esto es suficiente para el cambio que él necesita lograr. La bestia fue sanada de su herida, o sea, ya se unificó. Se maravilló toda la tierra en pos de la bestia y adoraron al dragón que había dado autoridad a la bestia, y adoraron a la bestia, diciendo ¿Quién como la bestia, y quién podrá luchar contra ella? Ese es el efecto de la unificación. Aquí se vio el cambio de una bestia herida, enfermiza, en una bestia que se atreve a blasfemar contra Dios, que hace guerra contra los santos y los vence (DANIEL 7:7,8,23-25). Ahora sí, tiene autoridad sobre toda tribu, pueblo, lengua y nación, y la adoraron todos los moradores de la tierra, cuyos nombres no están escritos en el libro de la vida del Cordero que fue inmolado desde el principio del mundo.

¿Sanaría la bestia de su herida? ¿Acaso se necesita más unificación? El dragón, no necesitó armar ejércitos para conquistar al imperio existente, él maneja diferentes armas para luchar, para vencer y lograr la conquista de lo que quiere.

¿En qué momento se hizo la conexión entre la bestia y el dragón?

En el momento en que el dragón le trasmite sus facultades a la bestia, trono, poder y gran autoridad. A partir de este momento la bestia principia a hablar grandes cosas y blasfemias; y se le da autoridad para actuar cuarenta y dos meses, o sea, tres años y medio.

¿Qué vas a tratar ahora referente a ese famoso dragón?

Vamos a ver la figura multifacética de este incansable dragón que vimos en APOCALIPSIS 9:1-11; la estrella que cayó del cielo, y en el 11:7, actuando como la bestia que sube del abismo, en el 12:3, dragón escarlata, equipado como la bestia, en el versículo 12:9, la serpiente antigua que se llama diablo y satanás, en el CAPÍTULO 13:2,4, el dragón, que cura la herida de la bestia, y en los versículos 13:11-18, la llamada otra bestia, que es la misma, pero ya transformada, y por su transformación se le llama la otra.

Ese dragón multifacético, que se ve en el versículo 3 del capítulo 12, es color escarlata, símbolo de realeza, con siete cabezas y diez cuernos, las siete cabezas y diez cuernos es todo el sistema político mundial, y en sus cabezas siete diademas y con su cola arrastra a la tercera parte de las estrellas, esas estrellas son sus ángeles. Es lo mismo que se describe en el CAPÍTULO 13:1. Las diferencias entre ambas, se debe a la diferencia de personalidad, de circunstancias y la función que tiene que desempeñar. En realidad las diferencias no son relevantes en este caso, al referirnos a la bestia, en esencia no cambian en nada, nada más lo que es el equipo de la bestia. Al dragón se le viste de esa manera para informarnos de su gran control político, o sea, con el fin hacernos saber por qué al poder político se le llama bestia, que es por causa de la influencia que este dragón ha ejercido y ejerce porque la sigue manipulando, es él quien por todos los medios está procurando llegar ser el único líder mundial del poder político.

Las diferencias son: en APOCALIPSIS 12:3, Juan ve una figura que se identifica como un gran dragón escarlata, que está vestido con el equipo de la bestia, tiene siete cabezas y diez cuernos, y sobre sus siete cabezas siete diademas, y con su cola arrastra la tercera parte de las estrellas del cielo. Por otra parte, en el CAPÍTULO 13:1, se ve una bestia que sube del mar, con siete cabezas y diez cuernos, y diez diademas sobre sus diez cuernos y un nombre blasfemo. Esta bestia es el resumen de las bestias que vio Daniel, es la misma, en esta está el leopardo, el oso, el león, lo mismo que vio Daniel. Es lo mismo que el ángel dijo en su interpretación (DANIEL 7:17).

Eso hace más claro el significado. Las semejanzas relevantes son: que el dragón tiene siete cabezas y diez cuernos y tiene siete diademas sobre sus siete cabezas, indicando que controla siete imperios. La bestia tiene siete cabezas, diez cuernos y diez diademas sobre los diez cuernos, indicando que son diez reyes, la división de la bestia; como la vemos, sigue siendo la bestia, pero dividida. La diferencia es el número de diademas y quiénes las poseen, pero ese es el propósito, que se entienda que, aunque dividido el poder político, sigue siendo bestia. Entonces esa diferencia se debe a la función representativa del momento, o sea, que las siete cabezas con sus diademas que se ven en el dragón, nos indican que ese dragón se ha tomado la facultad de controlar a los siete imperios mundiales, es decir, a la bestia de siete cabezas y diez cuernos, desde que Adán puso en sus manos todo el sistema político mundial hasta su final (LUCAS 4:5-8; EFESIOS 2:2; 1ªJUAN 5:19; APOCALIPSIS 12:3,4; 13:1-10) y los diez cuernos en la bestia es la división en reinos, o naciones coma las conocemos hoy, y estos mismos son los que al fin le darán su poder y su autoridad a la bestia transformada en su unificación (APOCALIPSIS 17:12,13).

¿Entonces la bestia que se menciona en el 13:11 es la misma y se menciona desde el versículo 1 hasta el 18?

En el versículo 11 de este capítulo 13, dice: "*Después vi otra bestia que subía de la tierra; y tenía dos cuernos semejantes a los de un cordero, pero hablaba como dragón*". Aunque no parezca es la misma bestia, aquí la estamos viendo con dos de sus diferentes disfraces que usa. Las 14 (catorce) veces que se menciona el calificativo bestia en el capítulo 13, incluidas en las 35 (veces) que se encuentra en todo el libro de Apocalipsis; todas esas veces se refieren a la misma bestia, no hay dos bestias, este es el calificativo que Dios puso al sistema de gobierno mundial. El libro de Daniel, en esencia trata de la política mundial, y el ángel se lo confirma a DANIEL 7:17.

La bestia que sube del mar que tiene una de sus cabezas herida, sana de su herida y la gente se fue en pos de la bestia y adoraron al dragón que había dado autoridad a la bestia y adoraron a la bestia. La bestia tomó del dragón, la autoridad para blasfemar contra Dios, contra su tabernáculo, contra los que moran en el cielo, y contra los santos hasta vencerlos, y se le permite actuar por cuarenta y dos meses que son tres años y medio. Es claro que, en todo esto, ya es el dragón quien está operando como la bestia.

Por qué dice: Después vi otra bestia que subía de la tierra, ¿acaso no parece que hay dos bestias, o más?

Permítame darte dos razones para decir que es la misma bestia, que no es una más. La primera razón es que la palabra otra, tiene varias acepciones, entre ellas está la que se aplica en este caso. Es una locución verbal que denota haber cambiado mucho en cualidades, ya sea físicas, ya sea morales, o ambas. Te doy un ejemplo que puede ser fácil de captar: una persona conocida como una piltrafa humana, de repente cambia su manera de vivir y se nota en su conducta general; se comporta diferente, vive diferente, habla diferente, viste diferente y los que la observan, con admiración dicen: ¡es otra persona! Esto ha sucedido y sucede en las personas que se convierten en verdaderos cristianos, quienes se entregan con todo su corazón a Cristo y se proponen a vivir conforme a la voluntad de Dios, hasta parecen otros.

La otra razón, es la acepción, o significado que le dé el contexto en donde aparece la palabra otro, u otra. En este caso, decir que es otra bestia, en el sentido, o significado de suma o adición, o una más, es sacarla de su contexto. Si estamos hablando del dragón y sabemos que es la serpiente antigua, el diablo y satanás, también sabemos que es falso, un imitador, un experto en camuflajes, y que lo vimos con siete cabezas y diez cuernos, y después lo vemos fermentando a la bestia, mezclándose entre ella con su levadura de poder, su trono y grande autoridad. Ahora, en el versículo 11, se le ve imitando a Cristo, con dos cuernos semejantes a los de un cordero, y lo más claro todavía es que habla como dragón; por último, cómo actúa ya estando en el poder. ¿Estas razones, no serán lo suficiente como para saber que es la misma bestia, que no es otra o una más?

Este es el mismo dragón, aquél con el disfraz de estrella, el que recibe la llave del pozo del abismo como su residencia temporal (APOCALIPSIS 9:1). Es también la bestia que sube del abismo y hace guerra contra los dos testigos (11:7). Es el dragón con el equipo de la bestia que intenta destruir al recién nacido que regirá con vara de hierro a las naciones (CAPÍTULO 12:3-9). Es el dragón que, para información nuestra, Dios nos lo presenta cuando desde antes de Adán fue destronado y desechado de los cielos. Después se le ve conquistando a la bestia, y en esta parte, ya dentro de la bestia, Dios nos lo muestra transformado como cordero imitando al Rey de reyes, actuando como el gran líder y gobernante mundial. ¿Acaso no será el mismo dragón transformado en bestia?

Ahora, del versículo 11-18, es la misma bestia de todo el capítulo 13, ya sanó de su herida, se ha transformado y ya no está dividida, es una sola cabeza, ahora con solo dos cuernos semejantes a los de un cordero, pero sigue hablando como dragón. Esta bestia es el cuerno pequeño que surge de la cuarta bestia que vio DANIEL 7:7,8, y en APOCALIPSIS 13, la que vio Juan al final transformada por el dragón. Este es el sistema gubernamental comandado por satanás, desde y por todos los siglos. Con la diferencia de que, habiendo logrado su objetivo en la asociación con la bestia y como el socio mayoritario, definitivamente es él quien toma el poder en la bestia y se convierte en el único y absoluto gobernante, en su trono, con todo el poder y grande autoridad, porque es el mismo dragón operando en presencia de la bestia.

¿Entonces, el dragón, la bestia de siete cabezas y la bestia que tiene dos cuernos como de cordero y habla como dragón, todo es lo mismo?

Esas tres figuras que aparecen en determinados momentos, con sus diferentes disfraces y distintas funciones combinadas, son para ilustrar el proceso de cambio, la transformación que se va dando en la dinámica de la política mundial y el desarrollo del plan de Dios. Aquí ya la bestia está dando su figura final; la figura con la que el dragón humanizado aparecerá después de toda su trayectoria, ahora sí, como el máximo y único gobernante mundial, que por último será enjuiciado por el verdadero Rey de reyes y Señor de señores.

Esto se abarca en general leyendo en DANIEL 2:20-49; 7:1-28; APOCALIPSIS 12:1-17; 13:1-18; 17:1-18; 19:11-21; y para corroborar 2ªTE-SALONICENSES 2:1-10. Todo eso es muy claro, no hay tal cosa como una mezcolanza, digo eso, por lo que algunos han dicho. Todo es cuestión de relacionar los temas por la similitud de sus características sin salirse, o sea, dentro de su mismo contexto. El Señor Jesucristo, en su revelación, nunca trataría de confundirnos con explicaciones enredosas, Él nos muestra la realidad de la actuación de satanás, las diferentes formas en que opera en todos los órdenes del planeta y a través de todos los tiempos, así como su intromisión en los planes divinos. En todo eso, el dragón es la misma serpiente antigua, que es el diablo y satanás, el acérrimo enemigo de su propio creador como lo podemos ver desde el inicio de la raza adámica, hasta su triste y merecido final. Por fin se acabó el malo de la película, se equivocó al dar su mal paso.

¿Qué significa eso de que esta bestia sube de la tierra?

Vimos que la primera bestia, la de siete cabezas, sube del mar y por mar entendemos, muchas aguas y que esas aguan significan pueblos, muchedumbre, naciones y lenguas (APOCALIPSIS 17:15). Se entiende que la bestia que sube del mar está compuesta por gente de todas las nacionalidades. Por otra parte, vemos que la otra bestia sube de la tierra. Esta se refiere al dragón, pero ya encarnado, tal como se nos presenta en 2ªTESALONICENSES 2:3-10, se manifestará el hombre de pecado, el hijo de perdición aparentando ser verdaderamente humano.

Para comprender mejor ese texto, tomemos en cuenta que es bien sabido que ,la palabra tierra, científicamente es humus y de humus se deriva la palabra humano. La Biblia dice que Dios formó al hombre del polvo de la tierra (GÉNESIS 2:7). En hebreo, tierra es adamá, de donde se deriva el nombre Adam (Adán), que significa humano o sea tierra. Al decir que esta bestia sube de la tierra debemos entender que es un humano. Es el dragón encarnado, humanizado, según esa cita de 2ªTESALONICENSES 2:1-10, el hombre de pecado, hijo de perdición, inicuo cuyo advenimiento es por obra de satanás.

Para efectos de la comunicación entre los pueblos, se necesita tomar en cuenta el aspecto lingüístico, eso depende del avance cultural y el desarrollo del lenguaje de los pueblos. Las transliteraciones, las traducciones y los ajustes fonéticos son necesarios entre los idiomas; se hacen de idioma en idioma en el transcurso del tiempo y de acuerdo a las necesidades que se presentan en las interrelaciones culturales, comerciales y sociales, que las requieran. El objeto es captar y aplicar el sentido correcto de las palabras en la intercomunicación.

La bestia que sube de la tierra no es como la que sube del mar, la que sube del mar se integra con gente y esta que es de la tierra es humana, esta es un individuo que nació de una persona humana. En otras palabras, es una imitación de la encarnación de Cristo. Los dos cuernos semejantes a los de un cordero, nos están indicando que es la imitación del Cordero de Dios, según él es el cristo encarnado, pero la realidad es que habla como dragón, eso lo identifica como lo que en realidad es, el dragón encarnado, humanizado, o sea, el mismo diablo. Así es como Dios nos alerta para que no nos dejemos engañar, Él quiere que podamos captar la información correcta para que nos quede claro, quien es y cómo es el famoso dragón.

¿Si son siete cabezas en la bestia que vio Juan, por qué tú has estado hablando nada más de seis?

La razón es que la séptima cabeza es la del dragón, que no es otra bestia además de las cuatro que vio Daniel ni de los seis imperios que se consideran en la Historia Universal, que esta viene a ser un derivado accidental de la cuarta bestia, tal como ya lo hemos venido tratando en el libro de Daniel y aquí en el Apocalipsis. Es el rey que surge de entre los reyes que dividen a la cuarta bestia, este aparecerá al final. Si observamos bien al mundo, desde hace mucho tiempo y en nuestros días, ya podemos ver los preparativos, algunos ya están muy avanzados y otros ya se pueden vislumbrar.

Dios ya antes nos había presentado al dragón con siete cabezas y diez cuernos y en sus siete cabezas siete diademas, o coronas, (12:3) representando siete imperios, aunque hasta este momento sean nada más seis, lo mismo hace en el capítulo 13 de apocalipsis y también en el 17, lo vamos a ver. Él sabe que el retoño que brota de entre los diez cuernos de la cuarta bestia que vio DANIEL, CAPÍTULO 7, es parte de la misma bestia cuya cabeza herida vio Juan, la que vemos aquí en APOCALIPSIS 13:3-8, la que se recupera y que en ese tiempo se transmuta y así se convierte en la otra bestia, la séptima; o sea, lo que Él quiere contar como el séptimo imperio, el del dragón, puesto que estará al frente de todo el gobierno mundial, aunque sea por muy breve tiempo. Dios nos lo está mostrando como la séptima cabeza de todo el sistema gubernamental humano, porque para eso el dragón tendrá que ser humanizado, es el hombre de pecado, el inicuo cuyo advenimiento es por obra de satanás, con gran poder y señales y prodigios mentirosos (1ªTESALONICENSES 2:9; APOCALIPSIS 13:11-18).

En la relación que hay entre la revelación de Daniel y la de Juan, podremos encontrar el cuerpo que nos falta para la séptima cabeza. En DANIEL 7: 7, 8, 23-25 vemos, cómo repentinamente, de entre los diez cuernos de la cuarta y última bestia, brota un cuerno pequeño que tenía ojos como de hombre y una boca que hablaba palabras contra el Altísimo. Así también en APOCALIPSIS CAPÍTULO 13:3-8, sucede una transformación en la bestia. Para nosotros, lo importante de esto es ver que el cuerno pequeño surge de la cuarta bestia. ¿Por qué tiene que ser importante para nosotros? Porque es la cuarta y última bestia en todo el sistema político hasta el final, según el orden en la visión de DANIEL, CAPÍTULO 7:7,8. Aquí notamos que este cuerno pequeño, en realidad no es otra bestia, es un retoño que brota de entre los diez cuernos de la cuarta bestia, o sea, del cuarto y último imperio, el romano, de acuerdo a las visiones de Daniel. Eso tiene que ver con nosotros los que vivimos en estos días, que son los días de esos reyes de la cuarta y última bestia.

Si aceptamos el hecho de que esta cabeza herida que ve Juan, es la misma cuarta bestia que vio Daniel, entendemos que Dios les muestra a Daniel y a Juan, tal como Él ha estado viendo todo el sistema político del mundo, desde Adán hasta el final, incluyendo al indigno y clandestino desarrollo y funcionamiento del séptimo imperio, la séptima cabeza que se forma del retoño de la cuarta bestia. Esto debe interesarnos, porque la modalidad conocida como presidentes de estas naciones, en vez de reyes como se denominaban según la usanza de la época, en ninguna manera cambia la función, sigue siendo la misma, gobierno, o sistema político.

Los presidentes actuales son los reyes que se mencionan en el libro de DANIEL CAPÍTULO 2, VERSÍCULO 44. Nosotros vivimos en este tiempo, en el que los reyes de este imperio dividido son los presidentes, de donde surgirá el imperio del dragón. Sin embargo, no olvidemos que la profecía dice que, en los días de estos reyes, el Dios del cielo levantará un reino que no será jamás destruido, ni será el reino dejado a otro pueblo; desmenuzará y consumirá a todos esos pequeños reinos (a las naciones actuales) pero él permanecerá para siempre. En el versículo 45 dice: "*De la manera que viste que del monte fue cortada una piedra, no con mano, la cual desmenuzó el hierro, el bronce, el barro, la plata y el oro. El gran Dios ha mostrado al rey lo que ha de acontecer en lo por venir*"; y el sueño es verdadero y fiel su interpretación. Espero que ya te haya quedado bien claro, por qué solamente estaba hablando de seis y no de las siete cabezas, está pendiente por venir todavía el séptimo imperio.

¿Cómo puedes asegurar que nada más ha habido seis imperios en la historia del mundo, siendo que pasaron muchos años para cuando se estableció el imperio egipcio?

Es verdad que transcurrieron muchos años hasta cuando fueron formados los imperios, es fácil pensar que antes de estos hubo muchos más. No obstante, en primer lugar, tomemos en cuenta la multiplicación de la especie humana, fue mucho más lenta que en la actualidad, dado el fenómeno exponencial de nacimientos. Debemos contar el desarrollo de la raza adámica hasta después del diluvio, de GÉNESIS 10 en adelante, con la descendencia de los hijos de Noé, de allí se fueron integrando pequeños grupos llamados clanes familiares, más tarde estos fueron creciendo hasta formarse las pequeñas Ciudades-Estado y de allí poco a poco se fueron integrando los pequeños reinos, y estos reinos se fueron uniendo hasta dar lugar a la formación de los grandes reinos, o imperios como son reconocidos por los historiadores. Para esto transcurrió mucho tiempo.

Algunos de estos historiadores hablan de imperios tomando en cuenta a sus primeros pobladores y no precisamente de cuando ya se dio el inicio de ellos como verdaderos imperios. Por ejemplo, los egipcios fueron pueblos contemporáneos de los acadios y sus antecesores y subsiguientes asirios, pero ni siquiera reinos en un principio. No obstante, el imperio egipcio, desde la primera de sus tres etapas como imperio conocido en la historia, data del año 2,150 a.C. por poco y vivía Noé cuando se inició Egipto como imperio. A este le sigue el imperio Asirio (Assur) que como imperio tuvo muchas dinastías y data del año 1,890 a.C. Más tarde el imperio babilónico o caldeo del año 626 a, C. A este le siguió el Medo-Persa del año 550 a. C. El pueblo griego ya por mucho tiempo se había venido desarrollando y se fue distinguiendo por su cultura, por sus hombres pensadores; de entre ellos se levanta el conocido como Alejandro el Grande, un poderoso guerrero a quien se le atribuye el inicio del imperio griego desde el año 331 a. C. Por último, el otro pueblo que se fue desarrollando con mucha fuerza hasta llegar a formarse lo que se conoce como el imperio romano. Este como un pueblo todavía, después de todas sus conquistas incluyendo a Macedonia, y después al reino Seléucida, hasta que por fin, definitivamente triunfa contra los griegos y en el año 146 a. C, en la batalla de Corinto. Entonces Grecia se une a Roma, porque a esta le interesó la cultura griega y se formó la cultura grecolatina, a la cual pertenecemos nosotros.

Es bueno saber lo siguiente: por el hecho de que el imperio egipcio se conoce como el primero, algunos historiadores ubican el inicio de la civilización del mundo en Egipto, pero otros la ubican en el área de Mesopotamia y por mi parte estoy de acuerdo que la civilización se principió a desarrollar en el lado norte, para el lado de Mesopotamia, donde después se levantó el imperio asirio. Lo que sí es verdad, es que el primer imperio conocido en la historia fue el egipcio y después el imperio asirio. En la profecía del libro de

Daniel el primer imperio de los cuatro que allí se registran, fue el babilónico, pero este es el tercero en la historia del mundo. Del babilónico siguió el imperio Medo-Persa, y después el imperio griego que es el tercero en el libro de Daniel, pero el número cinco en la Historia Universal, contando a los anteriores; al Egipcio y al Asirio, y para cuando se escribe la revelación de Apocalipsis ya está operando el Imperio Romano, que es el número seis, el sexto y último imperio humano según el plan de Dios.

¿Por qué, Dios permite que el dragón se apodere de todo el sistema político mundial?

Es lo que tal vez algunos de nosotros nos podríamos preguntar: Si Él está viendo la operación de satanás desde Adán hasta que este invasor atrevidamente intenta derrocar al Rey de reyes, al verdadero dueño del planeta, calumniando a Dios, hablando grandes cosas contra el Altísimo, ¿por qué Dios no lo frena y acaba con él de una vez por todas? (DANIEL 7:7,8.23-25, 26,27 Y APOCALIPSIS 13, 17:12-14). Si Dios permite que este gobernante aparentemente humano, el dragón transformado en ser humano, logre unificar al mundo político, levantar de las ruinas al sistema imperial y que su gobierno, aunque muy breve se eleve a nivel mundial, debe entenderse también, aparte de que tal permisión es limitada, que Dios en su sabiduría tiene un doble propósito (JOB 1:12-2:10; APOCALIPSIS 9:1-5).

Primero, ¿acaso no está dando Dios una oportunidad para que sus creaturas reconozcan y detesten a su indigno y cruel enemigo a fin de que se puedan escapar de que este los lleve al eterno y horrendo castigo, al fuego eterno preparado para él y sus ángeles? (MATEO:25:41).

Segundo, Dios es Justo y misericordioso, pues al otorgar a satanás todas estas concesiones solicitadas, está demostrándole a él y a todos sus amigos y defensores que por su parte no condenaría a nadie, pero por su justicia, después de tantas consideraciones, su veredicto final es inevitable e indiscutiblemente justo. Después de tanto, ¿con qué argumentos lo podrá defender todo el conjunto de sus amigos?

Dios hace eso, en su soberanía y en su sabiduría, por justicia y por misericordia. No queda ninguna duda en lo que concierne a su juicio final, satanás tendrá que pasar toda la eternidad en el lago de fuego de donde jamás podrá salir.

¿Cómo pudo el dragón, dar el salto de espíritu diabólico a ser reconocido como el líder humano, para gobernar en todo el sistema político mundial?

Es un proceso, en 2ªTESALONICENSES 2:3-9 dice que será un hombre y que será por obra de satanás y en APOCALIPSIS 13:11, dice que la bestia sube de la tierra, eso indica que es un humano. Si es un humano muy sobresaliente, en poder y autoridad seguro que tiene seguidores.

Dios permite que las naciones se unan en diferentes grandes grupos, o reinos y que esos, en su momento le den su poder y su autoridad a la bestia. Los diez cuernos que has visto en la bestia son diez reyes, son los reinos que tienen asignado un propósito específico, dar el poder y la autoridad a la bestia (APOCALIPSIS 17:12,13). Las naciones organizadas en bloques con líderes poderosos apoyarán los planes del dragón. Estos reinos, representan a las alianzas o confederaciones de países con un fin predeterminado por Dios, serán bloques político-económicos convencionales con intereses comunes, los que apoyarán a un determinado personaje, el dragón humanizado como el falso profeta o anticristo (DANIEL 2:41-43).

El dragón toma ventaja del ambiente de confederaciones o bloques político-económicos, se posesiona de ellos y se unen dándole su poder y su autoridad. Se entiende que en el CAPÍTULO 13:1-10, se está presentando a la bestia en su proceso de transición, los sistemas existentes de gobierno en el mundo llegan a su fin, se establece un Nuevo Orden Mundial, un sistema de gobierno global, se inaugura el sistema del dragón como lo vemos en el 13:11 Y 2° TESALONICENSES 2:1-10, es un sistema diferente, el único gobernante mundial entra en funciones de manera personal y humanizada. Es el príncipe de la potestad del aire quien ha controlado todo el funcionamiento gubernamental en el mundo, desde Adán, EFESIOS 2:2; 1JUAN 5:19. Esta es ya la última parte de la estatua que soñó el rey Nabucodonosor, y el retoño de la última y cuarta bestia de la visión de Daniel (7:7,8,11,19-27) y el último respiro de la acción satánica, es el gobierno de la misma bestia que el Señor Jesucristo le revela a Juan en APOCALIPSIS 17:9-13.

También hace grandes señales, de tal manera que aún hace descender fuego del cielo a la tierra delante de los hombres. Se constituye en un profeta que pretende ser el Cristo, pero es el anticristo y engaña a los moradores de la tierra, haciendo las señales

que se le ha permitido hacer en presencia de la bestia, es decir, dentro de su mismo imperio. Manda a los moradores de la tierra que le hagan imagen a la bestia que tenía la herida de espada y vivió. Se le permitió infundir aliento a la imagen de la bestia, para que la imagen hablase e hiciese matar a todo el que no la adorase. Hará a todos, pequeños y grandes, ricos y pobres, libres y esclavos, que se les ponga una marca en la mano derecha, o en la frente; y que ninguno pueda comprar ni vender, sino el que tenga la marca o el nombre de la bestia, o el número de su nombre.

¿Por qué dices tú que la bestia es el poder político, que de allí saldrá ese último rey y que ese tiene que ser la bestia, pero otros dicen que la bestia es el Papa católico?

En el libro de DANIEL 7:17, el ángel le interpreta la visión de las cuatro bestias y le dice a Daniel: "*Estas grandes bestias, las cuales son cuatro, cuatro reyes son, que se levantarán en la tierra*". Al continuar la lectura en lo que sigue de este capítulo, nos damos cuenta que son reinados y leyendo el capítulo 8 sabemos a qué reinados se refiere. A estos reinados, históricamente, se les ha llamado imperios.

Si hemos leído bien los capítulos dos y siete del libro de Daniel, nos damos cuenta que en ambos se trata del mismo cuarto imperio; lo que sigue en los versículos del 41 al 45, es muy importante para entender lo que corresponde a nuestros días, pero para continuar con la respuesta, vamos al capítulo siete. Aquí están las cuatro bestias de la visión de Daniel y al principiar esta explicación leímos el versículo 17. En los versículos 23-25, dice: "*La cuarta bestia será un cuarto reino en la tierra, el cual será más grande que todos los otros reinos, y a toda la tierra devorará y la hollará, y la despedazará. Los diez cuernos que viste, significan que de aquel reino se levantarán diez reyes; y tras ellos se levantará otro, el cual será mayor que los primeros".*

Si estas lecturas nos resultan claras, podemos entender que Dios está calificando como bestia a todo el sistema político, es decir, a todos los gobiernos del mundo. Esto debe ser lo suficientemente claro para que comprendamos quién es la bestia. Sin embargo, nada nos cuesta revisar el versículo 24 del capítulo 7 de Daniel. Allí dice que, de la división de la bestia, de los reinos divididos, se levantará otro rey, el cual será mayor que los primeros y a tres reyes derribará. En el versículo 25 continúa diciendo que este rey hablará palabras contra el Altísimo y que a los santos del Altísimo quebrantará. Esta información del cuerno pequeño que quebrantará a los santos del Altísimo que está en el capítulo siete de Daniel, se repite en Apocalipsis capítulo 13:5-8.

Este será el último rey humano, el que perseguirá y tratará de destruir a todo lo que tenga olor a Dios o sea objeto de culto (2ªTesalonicenses 2:1-10). Observemos esto que nos debe llamar la atención, el texto en Daniel 2:41-45; 7:7,8,19-25; lo que Daniel no pudo entender fue cómo tenía que suceder eso y no tomó en cuanta la intromisión del dragón (Daniel 12:8,9), esas palabras quedaron cerradas y selladas hasta el tiempo del fin. En los días de estos reyes. ¿Cuáles reyes? Los que se dividen del imperio romano y se convierten en pequeños reinos; los que hoy, en nuestros días, conocemos como naciones.

En los días estos reyes el Dios del cielo levantará un reino que no será jamás destruido, ni será el reino dejado a otro pueblo; desmenuzará y consumirá a todos estos reinos. ¿A cuáles reinos desmenuzará y consumirá? A las naciones actuales. Y este reino sí permanecerá para siempre; el versículo 45 dice: de la manera que viste que del monte fue cortada una piedra, no con mano, la cual desmenuzó el hierro. ¿Cuál hierro puede ser si es que el imperio romano ya no existe? Pues aquí vemos que sí existe y que será el primero en ser destruido. En DANIEL 2:35, dice: también desmenuzará; el hierro, el barro cocido, el bronce, la plata y el oro. Al hierro que representa al imperio romano es al primero que destruye, y se entiende que eso lo hará el Señor Jesucristo, en la segunda venida, por lo tanto, con esto podemos estar seguros de que el imperio romano no ha desaparecido y que será el primero en ser destruido por la poderosa mano de Dios.

Por favor discúlpenme, pero no me es posible aceptar la teoría que sostiene que la herida de la bestia, el imperio romano, tenga relación con lo que sucedió en el año 1798, cuando el general Louis Alexander Berthier, por órdenes de Napoleón Bonaparte invadió a Roma, estableció la República, prendió al papa Pio VI y lo llevó prisionero a Francia, lo privó de todo el poder político que hasta ese momento ejercía, también lo privó de su Guardia Suiza y se la sustituyó por una guardia de soldados de la República. Eso es una verdad histórica, así sucedió, fue un grande y fuerte golpe a la supremacía política papal del momento, pero no se puede relacionar con la cabeza herida de la bestia, esta bestia sigue herida hasta hoy. También tenemos que reconocer, porque es cierto, que eso dio lugar a la expansión de la predicación, que se abrieron muchos campos misioneros en muchas partes del mundo, que el evangelio tuvo una gran puerta abierta que nadie ha podido cerrar, pero eso no es la herida de la bestia de Apocalipsis 13, eso más bien tiene que ver con el cumplimiento de la promesa que el Señor le hizo a la iglesia de Filadelfia, la penúltima de las siete iglesias de Asia Menor, pues corresponde al penúltimo período histórico de la Iglesia.

La primera razón, por la que no estoy de acuerdo con esa teoría, es porque en el capítulo 2 de Daniel, concretamente en los versículos del 40-45, Dios muestra dos hechos evidentes, claramente reales, que son: 1) En el versículo 41 dice que el reino será dividido, eso es un hecho histórico y es una grande herida, es la herida de la bestia, pero del reino, no de la ramera. 2) Lo más contundente es que Dios muestra que el hierro irá avanzando en la historia, mezclado con el barro cocido, y por ser mezcla de hierro y barro cocido el reino será en parte fuerte y en parte frágil, también el reino se irá mezclando por medio de alianzas humanas, pero no se unirán, así como el hierro no se mezcla con el barro. Se entiende que el hierro es el imperio romano y que está herido a causa de su división perpetuada desde el año 476 d.C. pero no ha desaparecido sigue hasta nuestros días. A eso se debe el estira y afloje en los gobiernos de los países. El reino se dividió como ya se dijo y se han venido formando los reinos, lo que hoy se llaman naciones, donde la democracia se ha visto afectada por la demagogia del hierro. Los gobiernos del mundo no gobiernan, más bien dicho, los gobiernan. ¿Quién? Eso es otro tema.

La segunda razón, es que Dios en toda esta revelación nos ha mostrado y nos muestra a los reinos o imperios mundiales calificados como bestia, no como la ramera, aunque sí están coludidos la bestia y la ramera en perjuicio de terceros, en eso estoy totalmente de acuerdo, pero no como para confundirlos. Sin embargo, con esto que he dicho, no intento dudar ni mucho menos discutir que si la ramera y la bestia andan o no de la mano con el dragón, eso es un hecho indiscutible. En el CAPÍTULO 17 DE APOCALIPSIS, la ramera se ve sentada sobre la bestia y la bestia está bajo el control del dragón. Estos son datos clara y netamente bíblicos y muy significativos, como para entender que se trata de una triada; el dragón controla a la ramera y se vale de ella para controlar a la bestia, puesto que la ramera sentada sobre la bestia, lógicamente, es la que lleva las riendas de la bestia.

Pero no olvidemos que el dragón es quien controla tanto a la bestia como a la ramera y por supuesto que él sabe trabajar organizado; ha utilizado a la bestia o sistema político para llevar a cabo sus planes y lograr sus fines que ha perseguido por todo el tiempo desde Adán hasta la fecha y ha utilizado a la ramera para hipnotizar al sistema político. Entonces es posible y casi un hecho que algún papa se convierta en un gran político y con un tinte romano, resulte ser el rey que surge de entre los reyes de la tierra y se convierta en el dragón humanizado, que para estas fechas ya esté viviendo y tal vez ejerciendo.

¿Por qué usas tanta historia para explicar algunos conceptos?

La historia nos muestra la dinámica del desarrollo del mundo; sus grandes fenómenos transformacionales, la división y la pluralización de los imperios en la formación de nuevos reinos, o naciones y el generalizado y actualmente muy común nominalismo presidencial; en la parcelación del planeta, eso que convencional y teóricamente se ha aceptado como independencia, aunque en verdad no hay tal cosa. Todas las reacciones desorientadas de la sociedad, las tendenciosas corrientes políticas, y el generalizado fenómeno de corrupción que se ve en todos los sistemas de gobierno del planeta son evidentemente provocados y mal intencionados. Agregado a eso, los novedosos y muy amenazantes y destructivos hechos tecnológicos, que se están utilizando con fines de disminuir la población humana. Todo eso es la evidencia de la actual fragilidad de los sistemas gubernamentales (DANIEL 2:42-45). El sistema presidencial resulta ser un estilo de gobierno con muy tristes y estériles pretensiones democráticas en presencia del hierro, teorías que nunca han funcionado, ni en Grecia ni en Roma, ni en ninguna parte del mundo, ni funcionarán jamás, porque ese no es el sistema de Dios, la democracia es la enfermedad del sistema gubernamental del ámbito secular. Dios es Rey de reyes y Señor de señores, y su sistema de gobierno es Teocrático, justo y misericordioso, es un sistema diseñado en el cielo por el creador de la humanidad, un sistema basado en la justicia y la misericordia, es el gobierno que nosotros como Iglesia debemos practicar y si no lo hacemos es porque no hemos aprendido a ser gobernados por Dios.

Esa es la razón por la que alguien cansado de estar viviendo en el limbo democrático aspire a mejores sistemas de gobierno y, aunque no le atine, piensa en un nuevo orden mundial y principia a soñar que abraza a una esbelta y cálida globalización, la panacea que según se cree solucionará todos los problemas del mundo. Por lo que politólogos y sociólogos han estado apostando, insistiendo que es necesario y de hecho se ha estado configurando. Por cierto que ya va muy avanzado, se está diseñando un cambio totalmente radical en todos los aspectos del sistema político mundial que ya se está asomando por las aberturas de los actuales gobiernos y se cree que eso será lo más indicado como sistema político para todo el planeta.

¿Entonces, es muy difícil saber a ciencia cierta, el rumbo que ha de seguir la política del mundo?

Los que conocen todo el trazo de los planes y proyectos del creador y dueño del planeta, lo que está consignado en la Biblia, ellos son los que sí pueden entender cómo el creador está viendo todos los ángulos de la política mundial. El conocimiento bíblico es fundamental para conocer los planes de Dios. Solo así es posible afirmar con seguridad cómo terminará todo el trajín político de este mundo, los que manejan la alta política mundial saben bien que se avecina un grande imperio mundial, pero lo que no saben es que también será muy engañoso y efímero, porque ya está decretado que durará muy corto tiempo (APOCALIPSIS 17:10).

Al parecer es un caso raro, a diferencia de los imperios anteriores, este no arma un ejército para derrocar al imperio existente, no es necesario, son otras las circunstancias y otras las técnicas y los procedimientos para el logro de tales objetivos. Este maquiavélico y astuto personaje (el dragón), conoce el arte de persuadir y maneja toda clase de artificios para inclinar la voluntad de sus víctimas. Benevolentemente se compadece de la bestia enferma, el dividido imperio romano, esa herida debe ser sanada, esa división debe acabarse. Principia la negociación, poder, trono y grande autoridad (13:2-4), ¡suficiente para cambiar toda la situación de la bestia! La magnífica y extraordinaria sinergia que hará estragos en este mundo, la que de momento deslumbrará a la gente. Esto luce como una exitosa confederación, como una gran asociación, en la que el socio mayoritario resulta ser quien tras bambalinas siempre ha venido rigiendo a los sistemas políticos del mundo entero (EFESIOS 2:2; 1ªJUAN 5:19).

El poder se unifica y la gente ve a la bestia transformada y adoran al dragón que le dio su poder y su trono y grande autoridad, y adoraron a la bestia diciendo: ¿Quién como la bestia y quién podrá luchar contra ella? ¿Cómo la estarán viendo en toda la tierra? Notemos las combinaciones: al dragón le interesa la bestia, pues, de esa manera él gobernará abiertamente como el único gobernante mundial, la herida es la división que hizo débil y vulnerable a la bestia, lo que el dragón aprovecha para inyectarle poder, darle su poder, su trono y grande autoridad, la gente nota el cambio en la bestia, pero adoran al dragón por lo que hizo a favor de la bestia y adoran a la bestia porque la ven transformada. Desde que Adán le entregó los derechos de gobierno al dragón, nunca ha sido como ahora, van a pensar. Lo que no saben es que este es su último momento, un breve tiempo. ¿Por qué? ¡oye esto! El Séptimo ángel tocó la trompeta, y hubo grandes voces en el cielo, que decían: Los reinos del mundo han venido a ser de nuestro Señor y de su Cristo; y Él reinará por los siglos de los siglos. En el mismo gran plan, Dios presenta el pleno y definitivo gobierno de Cristo sobre el planeta (DANIEL 7:9-14) y ese impostor se desmoronará ante la aparición de del Rey de reyes y Señor de señores (DANIEL 2:43-45; 7:7-14, 23-27; APOCALIPSIS CAPÍTULOS 16-19).

¿Qué me dices del número 666 del que se habla en el 13:18? ¿Por qué no lo mencionas? Pienso que se necesita tener un concepto claro al respecto.

Esto es parte del tema que venimos tratando y ha sido muy controvertido. Existen muchas y muy variadas interpretaciones. Por ejemplo, se asegura que el número se relaciona con tarjetas de crédito, lo dicen así Mary Stewart Relfe, en su obra intitulada, "Cuando el dinero falla" (Terrassa, Barcelona, Clie, 1985); Juan Ignacio Alfaro en "¿Una clave para el futuro? Preguntas y respuestas sobre el Apocalipsis" (Estella, Navarra. Verbo Divino, 1995); Ralph Woodrow en "Babilonia misterio religioso: antiguo y moderno" (Riverside, California. Asociación Evangelística); Carlos Lean en una obra titulada "Rock satánico y el número de la bestia 666". (Santiago, Chile, 1990); y Felipe del Valle en la obra titulada "Fin del mundo, ¿ficción o realidad?" (Santiago, Chile: 1998).

También, se ha relacionado con líderes religiosos y con políticos reconocidos, entre otros, aparte de Nerón y Domiciano, se

Dr. Pablo S. Sánchez

cuentan: Napoleón, Hitler, Mussolini, Stalin. Otra cuestión es que se ha aplicado el método gemátrico a nombres de personas como Nerón y también a Domiciano considerándolo como el regreso de Nerón, como la bestia resucitada y también a los papas por llevar el título de Vicario.

En el desarrollo del conocimiento, a los alfabetos en cada idioma se le fue dando un equivalente numérico a cada letra. Sabemos que la Isopsefía y la Gematría, son los nombres de los métodos que se han utilizado para la comunicación codificada en los idiomas Griego y Hebreo, valiéndose de esas equivalencias numéricas de sus respectivos alfabetos, para poder confeccionar muchas codificaciones y también para hacer las descodificaciones que ellos consideren necesarias. El procedimiento consiste en descomponer el nombre en sus respectivas letras y aplicarles sus equivalentes numéricos, ordenar y sumar los dígitos, y de ese modo encontrar el resultado que se busca, eso era y es todavía la práctica común entre los que a eso se dedican. Los alfabetos romano y maya, por ser los más conocidos para nosotros los de estas áreas, nos pueden servir como ejemplo, conocemos las letras y sus equivalentes numéricos que se han usado con distintos fines.

En el transcurso del tiempo, los números se han utilizado en diferentes formas, como en la práctica de la numerología y en la cábala. Los hebreos les dieron a los números un uso alegórico y hasta adivinatorio. Por otra parte, Pitágoras, el filósofo griego reconocido como el padre de las matemáticas, estableció como principio que la base de toda la numeración son los dígitos del 1 al 9, dice que toda cantidad numérica que supere al nueve, sumando los dígitos de una cantidad, se reduce a su correspondiente dígito original, o sea, a su número simple. Ejemplo: $837,431 = 26 = 2+6 = 8$.

También, en el significado que se les ha dado a los números, en el idioma griego, se dice que el 9 representa a la tierra, $9 =$ tierra. A esto se agrega otro concepto, se dice que el número en cuestión no es 666, que es 6,6,6, y que a estos, aplicándoles el principio de Pitágoras, sumados, y simplificados, su producto es 18 y que sumando los dígitos; $1+8 = 9$. Por lo tanto $6+6+6 = 18 = 1+8 = 9$. De allí que lo que se conoce como el 666 en APOCALIPSIS 13:18, es igual a tierra, o sea, humus, que es el nombre científico para tierra y de humus se deriva el vocablo humano, o sea hombre.

La conclusión es que el versículo 18 dice: Aquí hay sabiduría. El que tiene entendimiento, cuente el número de la bestia, pues es número de hombre, Y su número es seiscientos sesenta y seis, o 6,6,6, lo que es igual a tierra. En el versículo 11 de este capítulo dice: Después vi otra bestia que subía de la tierra.

Por último, se dice que el 6 es el número del hombre y que por más que se esfuerce repitiéndose, nunca podrá llegar a ser 7, que ese 6 tres veces repetido son conatos, o sea, intentos frustrados que no han podido llegar a ser siete, porque el seis es el número del hombre y no es el siete que es número de Dios.

Si se quisiera aplicar el proceso matemático se tendría que aplicar la práctica antigua de dar a las letras del alfabeto un valor numérico y sumar los números para encontrar el resultado que buscamos. Habría que revisar los sistemas implicados en este caso. Primero, por ser el idioma griego en el que fue escrito el Nuevo

Testamento se aplicaría la Isopsefía. Segundo, la Gematría del sistema hebreo por ser el idioma de los primeros cristianos y tercero, también tenemos que considerar el sistema romano por tratarse de los inmediatamente aludidos con este escrito, o sea, el Apocalipsis.

Como parte del procedimiento hermenéutico es necesario recurrir a los manuscritos antiguos; gracias a Dios que ha permitido que de alguna manera podamos acceder a ellos. Entre los recientes descubrimientos de documentos antiguos se encuentran los "Papiros de Oxirrinco" que están en el Museo Ashmolean de Oxford, en Inglaterra; en estos papiros, refiriéndose a ese famoso número dice que es el número 616, pero eso no es novedad, porque Irineo en sus escritos también menciona el 616 refiriéndose a lo mismo. Por otra parte, también en los intentos con numeración romana se observan algunas cuestiones respectivas. Por ejemplo: El acrónimo "DCLXVI", (D=500, C=100, L=50, X=10, V=5, I=1(=666) o sea, Domitius (Domitianus), Cesar, Legatus, Xti, Violenter, Interfecit, que significa: Domiciano Cesar mató violentamente a los cristianos. Este es un dato que corresponde a la época patrística en el ámbito apologético.

El que existan esos números diferentes, 616 y 666, no nos debe confundir ni preocupar, entendemos que se debe a la diferencia que existe entre los alfabetos romano y griego, y su correspondiente equivalencia numérica. Irineo todavía leía los originales en griego, los que después, en el año 383 d. C., el papa Dámaso I, le ordenó a Jerónimo de Estridón, traducir, tomado de la Septuaginta al latín, o sea, a idioma de los romanos, traducción conocida hasta hoy como la Biblia Vulgata, en la que por primera vez aparece el

666. En los dos casos, latín y griego, es lo mismo, el cambio no es esencial, es cuestión de las diferentes equivalencias de las letras y números entre los dos idiomas, pero en todo caso se trata de la misma persona.

Más tarde, por el año 1,840, Ellen Gould White, aplicó este método al título del papa: "VICARIUS FILII DEI". (V=5, I=1, C=100, A=0, R=0, I=1, U=5, S=0, F=0, I=1, L=50, I=1, I=1, D=500, E=0, I=1) = 666. Mediante este método, aplicando el sistema romano, dando valor de cero a las letras que no tienen valor numérico romano, aseguró que el papa es el anticristo. Sin embargo, ese mismo método como ella lo aplicó, se puede aplicar a muchos nombres incluyéndose el de ella misma y se encuentra el mismo resultado. Perdón, no pretendo ofender, pues no estoy diciendo que ella no tenga razón, solo procuro aclarar con base, una cuestión que parece complicada, (Ellen Gould White: E=0, L=50, L=50, E=0, N=0, G=0, O=0, U=5, L=50, D=500, V=5, V=5, H=0, I=1, T=0, E=0) =666. Ellen G. White, en su época utilizó así el título del papa, en la actualidad el título del papa, es solamente VICARIUS CHRISTI, que significa vicario de Cristo. Aunque todo esto no pareciera relevante lo considero importante solo para aclaración y formar criterio en el uso de este método.

Consideremos lo siguiente: Estamos de acuerdo que el versículo 18 del capítulo 13 de Apocalipsis es parte integral del mismo tema en cuestión, que es conclusivo, y que no existe ninguna razón para dislocarlo de lo que lo precede. Notemos lo siguiente: En la Biblia RVR 1960, al relacionar los términos: marca, número y nombre de la bestia en el versículo 17, se usa la "o" como el enlace entre estos términos, la "o" es una conjunción disyuntiva, que sirve para citar opciones al referirse a un mismo concepto, u objeto, Dice: Y que ninguno pudiese comprar ni vender, sino el que tuviese la marca "o" el nombre de la bestia, "o" el número de su nombre. El versículo 18 dice: Aquí hay sabiduría. El que tiene entendimiento, cuente el número de la bestia, pues es número de hombre. Y su número es seiscientos sesenta y seis. El uso de la conjunción disyuntiva "o", solo refleja diferentes opciones para referirse al mismo personaje y de hecho ese personaje es el mismo que representa toda una institución, o sea, al sistema de gobierno en turno en el momento que sea, y también por eso se le llama la otra bestia.

Estas explicaciones nos conducen a lo siguiente:

Primero. Que el asunto es importante y sin duda se refiere a la última bestia, es decir, a la unificación de siete cabezas en una sola, se puede decir la séptima cabeza, o séptimo imperio mundial. Es bien sabido que las siglas y los acrónimos han sido y son usuales en todo el mundo. Un sistema de gobierno en cualquier país, enfoca su administración de acuerdo con los intereses que lo colocan en el poder, sean empresariales, políticos, o personales y utilizará las siglas y los acrónimos según los considere necesario. Entonces, este séptimo imperio no será el primero ni el único que utilizará una identificación con ese mismo propósito, identificación que puede ser con números o con siglas. Cada gobierno debe llevar un estricto control de sus habitantes, tener o establecer leyes y condiciones para suministrar beneficios a sus gobernados de acuerdo con sus políticas. También sabemos que los gobernados tienen el deber de identificarse ante todas las representaciones o dependencias del gobierno en turno y, querramos o no, esa clase de identificaciones tiene efectos discriminatorios, según los intereses de la persona, o grupo que le toque gobernar y eso muy a pesar de las buenas leyes que existan.

El recalcar esa marca en los versículos 16,17 y relacionarla con el versículo 18, sea alguna marca específica, o el nombre de la bestia o el número de su nombre, todo eso es significativo en sí, pero no precisamente que sea indispensable descifrarlo, o interpretar el significado de las cifras tratando de saber con precisión a qué o a quién se refiere para librarnos de sanciones, o aprovechar beneficios. Es suficiente saber a quién, o qué representa y cuál será su aplicación, sin que precisamente importe el nombre propio, o saber lo que las cifras significan, sin embargo, si alguien tiene sabiduría para descodificarlo, en buena hora, mis felicitaciones, pero no se trata de un mandamiento que se deba cumplir. Dice: "Aquí hay sabiduría. El que tiene entendimiento, cuente el número de la bestia,

Segundo. Tomando en cuenta el objetivo del libro de Apocalipsis, dentro del mismo contexto particular y sin olvidar el contexto general, desde Génesis y pasando por muchas partes de la Biblia, eso es suficiente para saber perfectamente de quien o de qué se trata.

Descifrar el 666, no es un requisito para librarse de los efectos de la autoridad de la bestia. Sin embargo se nos deja muy claro en primer lugar, que se trata de un sistema de gobierno del momento, entonces no importa el nombre específico del gobernante, solo nos importa saber que es un sistema gubernamental del mundo globalizado, que el personaje mencionado en el CAPÍTULO 13:11-18 es el dragón y él es quien estará al frente de todo ese gobierno. Así quedamos informados del tipo de gobierno que está decretado para ese corto momento y estaremos preparados para actuar con todo el conocimiento de causa y así poder definir nuestra postura cívica, lo que nos corresponda como buenos cristianos.

Con todo lo que en esta última parte hemos venido revisando se observa que en el transcurso de mucho tiempo se han hecho varios intentos para descifrar el número 666, que es el mismo 616 y todos sin haber llegado a ninguna conclusión definitiva que sea totalmente aceptada. Por mi parte, he tenido que navegar a la deriva sin encontrar nada en concreto y no me considero competente ni siquiera para ofrecer un intento más y si usted estimado lector tiene la solución y quiere concluir el tema, mucho se le agradecerá.

Por lo demás, pensando en los avances de la ciencia y la tecnología, en lo que se conoce como sistema digital, en la forma que se están aplicando implantes y logotipos y algunas otras inscripciones con rayo láser, así como en la ficha técnica, o ficha informativa, o más conocida como "el chip". Ese famoso aparato subcutáneo que se desarrollará encarnándose como parte natural, que además de contener toda la información personal para efectos de identificación, funcionará como sistema de espionaje, de localización y control, pero todavía lo peor, se ha estado preparando a base de ADN sintético y servirá para transformar los rasgos biológicos que modifiquen aspectos físicos y que se pueda controlar como se controla un robot, o sea, sin voluntad propia. Se está preparando ese micro aparato a marchas forzadas porque se piensa implantarlo a la mayor brevedad posible en siete billones de habitantes del planeta. Es natural y razonable que sintamos que nadie podrá escapar de esa marca.

Nuestro Dios sabe lo que es el rayo láser, los científicos lo descubren y le han dan aplicaciones hasta donde pueden, pero esa energía es creatura de Dios y Él sabe cómo controlarla y en caso necesario neutralizarla. Olvidémonos de que sus promesas de protección son palabras solo para Israel, lo correcto es pensar que es el mismo Dios para todas sus creaturas y no abandonará a los que creen en su palabra. Él es poderoso y cuida de los suyos y los protege en toda circunstancia crítica de su vida, el que promete cuidar a Israel ¿No cuidará de los que creen en Él? Podemos estar confiados y seguros en todo momento. Con referencia a la marca de la bestia, podemos estar seguros que, si tenemos el sello de Dios y su poderosa protección, Él se reirá de ellos, se burlará de sus intentos fallidos.

¿Por qué dices que la llamada otra bestia es el falso profeta y a la vez el mismo dragón; y por qué más adelante, en Apocalipsis 19:20, dice que la bestia fue apresada y con ella el falso profeta? ¿Es el mismo, o son dos, o son tres?

Me parece muy importante la pregunta y la respuesta parecería ser un poco difícil, no obstante, si pensamos en la forma de actuar de satanás, además de su gran habilidad como imitador, podremos comprender por qué Dios, al darle la revelación a Jesucristo, para manifestar a sus siervos las cosas que sucederán pronto, lo hace de manera que nosotros podamos entender lo que Él conoce perfectamente. Dios conoce a satanás y su ardua labor negativa, sabe cómo ha manipulado a este mundo y cuáles son sus negras pretensiones, cómo ha engañado y sigue engañando y que lo hará hasta el final.

Satanás, tratando de imitar a Dios, ha operado como el dios de este mundo (2CORINTIOS 4:4); él se ha atrevido a imitar al Espíritu santo, ha dirigido la política mundial, es el que está operando en los hijos de desobediencia, incluyendo toda la variedad de sistemas políticos gubernamentales de todas las épocas en conjunto (LUCAS 4:5-7; EFESIOS 2:2; 1ªJUAN 5:19), a los cuales, por causa de él, Dios los califica como la bestia.

Ese mismo espíritu que de manera indirecta ha venido operando en todo el sistema político mundial de todos los tiempos, ahora lo hará encarnándose. Al humanarse trata de imitar a Cristo y está empeñado en aparecer al final como el rey de este mundo, y como es un humano también hace el papel de profeta, sabemos que es el hombre de pecado, el hijo de perdición, el cual se opone y se levanta contra todo lo que se llama Dios o es objeto de culto; tanto que se sienta en el templo de Dios como Dios, haciéndose pasar por Dios.

Este es un humanoide, una apariencia humana, con el espíritu del dragón, el mismo que ahora en persona encarnada, manipulará a todo lo que la gente conoce como sistema político, estará al frente de todo ese gran aparato gubernamental al cual Dios quiso llamarle bestia. Ante esa bestia, él funge como el gran rey en todo el mundo y ante los moradores de la tierra es el gran profeta y hace el papel de dios.

Cristo dice que es mentiroso y padre de mentira (JUAN 8:44), a eso se le llama: un falso profeta. En este caso, el espíritu de satanás literalmente encarnado, es un ser humano, un humanoide, este falso profeta que encarnado representa al dragón, porque es un ser humano, el poder que ha desplegado es por el espíritu del dragón, y precisamente por ser un humano será puesto en prisión, y también se pondrán en prisión a todos los que integran el aparato político, o sea, la bestia; los dos son puestos en prisión y después serán lanzados vivos dentro de un lago de fuego (APOCALIPSIS 19:20). Satanás, con todos sus ángeles, queda pendiente; primero tiene que ir a prisión en el abismo y después será lanzado al lago de fuego. Por lo tanto, son tres los que serán lanzados al lago de fuego.

Capítulo 14.
Un mensaje de seguridad y explicación.

Hermano, ¿qué significa ese Cordero que está parado sobre el monte de Sion?

Dice el versículo uno: *"Después miré y he aquí el Cordero estaba en pie sobre el monte de Sion"*. Con el hecho de estar parado sobre el monte de Sion, Cristo está informando a todos los aspirantes al gobierno mundial (a los que desde hace mucho tiempo y ahora con más intensidad, se han estado disputando la ciudad de Jerusalén, porque aseguran que ese es el centro de la tierra y que desde allí lograrán el control de todo el mundo para poder gobernarlo) que Él es el verdadero dueño de Jerusalén y del mundo entero y que nadie se lo podrá arrebatar. Que todos los reinos de la tierra están bajo sus pies (CAPÍTULO 11:15-18), y les está haciendo de su conocimiento que con Él están ciento cuarenta y cuatro mil, de los que fueron redimidos de entre los de la tierra, quienes tienen el nombre de Él y el de su padre escrito en la frente, que estos son integrantes de su equipo en el gobierno de la tierra, que ellos forman parte de su cuerpo ministerial. Que ninguno de los grupos terrenales que pretenden dominar al mundo desde Jerusalén podrá lograrlo. Nada importan al respecto las resoluciones de la Organización de las Naciones Unidas ni lo que haga la UNESCO, porque el verdadero dueño y máximo gobernante es Jesucristo, el Rey de reyes y Señor de señores.

En el 14, Versículo 2 dice: *"Y oí una voz del cielo como estruendo de muchas aguas, y como sonido de un gran trueno; y la voz que oí era como de arpistas que tocaban sus arpas. Y cantaban un cántico nuevo delante del trono, y delante de los cuatro seres vivientes, y de los ancianos; y nadie podía aprender el cántico sino aquellos, ciento cuarenta y cuatro mil que fueron redimidos de entre los de la tierra"*. Estos son los que no se contaminaron con mujeres, pues son vírgenes. Son los que siguen al Cordero por donde quiera que va. Estos fueron redimidos de entre los hombres como primicias para Dios y para el Cordero; y en sus bocas no fue hallada mentira, pues son sin mancha delante del trono de Dios.

En el capítulo 7 de Apocalipsis tenemos el dato de los ciento cuarenta y cuatro mil sellados. Allá, nada más dice que fueron sellados, aquí en el 14 vemos que el sello era el nombre del Cordero y el de su padre, escrito en su frente y ahora aparecen con el Cordero, victoriosos con su redentor quien está parado firme con sus pies sobre el monte de Sión.

Esto es un mensaje de seguridad y esperanza a los seguidores del Cordero. Hay un cántico nuevo que nadie puede aprender, nada más los que están a su lado, eso indica exclusividad. Únicamente los redimidos de la tierra lo cantarán y ellos serán los que también podrán estar de pie con el Cordero sobre el monte de Sion, pese a todo lo que los adversarios de Dios puedan pretender.

Hay tres frentes de la llamada "alta política", que actualmente se están disputando la hegemonía mundial con su respectiva sede que será en Jerusalén y que pretenden desde allí tomar el control y dominio de todo el planeta:

1) La disfrazada confederación árabe. Ellos sostienen ser los elegidos para gobernar el mundo. Argumentan que fue su progenitor Ismael, hijo de Abraham, el que fue llevado al monte Moriáh para ser sacrificado, y que ellos son los herederos de las tierras de Israel. ¡Imposible! en tal caso no se llamarían tierras de Israel, sino tierras de Ismael.

2) El Clero Romano sostiene que ellos son los que regirán los destinos del mundo desde Jerusalén, porque ellos son los representantes de Cristo en la tierra. Hay una orden conocida como la compañía de Jesús, que tiene como máximo objetivo sentar al papa en Jerusalén como el gobernante en el Nuevo Orden Mundial.

3) La política judía sostiene que los herederos de la promesa son los judíos como nación, que Isaac es el hijo de la promesa y que él fue llevado para ser sacrificado en el monte Moriáh. Que ellos son los descendientes de Abraham, de Isaac y de Jacob, que Jacob es Israel y que este es el nombre de ese pueblo y su territorio. Dicen que ellos están esperando al Mesías y que cuando venga y establezca su trono en Jerusalén reinarán con Él, que hasta ahorita todavía no ha venido, pero que vendrá y pondrá en orden todas las cosas en el planeta. No están equivocados respecto a que vendrá, porque sí vendrá y nosotros decimos que vendrá otra vez, y que el número de los ciento cuarenta y cuatro mil redimidos de entre los de la tierra son judíos, también es verdad, pero ese no es todo Israel y menos como nación.

Estos tres frentes de la política mundial, están luchando por establecerse en Jerusalén, por medios políticos y bélicos, pero ese no es plan de Dios, entonces ninguno de ellos lo podrá lograr, porque el dueño de Jerusalén es el Señor de señores, Jesucristo, eso es lo que significa el hecho de aparecer en pie sobre el monte de Sión.

¿Entonces son los Judíos los que, con el Mesías, el Cristo, gobernarán el mundo?

En los ciento cuarenta cuatro mil hay judíos, pero ese número es de entre todas las tribus de Israel y no es todo Israel como nación. Por el momento lo que se está viendo es la política judía y también sabemos que Dios no los ha rechazado, así como se ha dicho. Es fácil entender el papel de los judíos en ese afán político, pero eso no significa que ellos sean los que gobernarán al mundo. En ROMANOS 11:26 dice que Israel será salvo y en LUCAS 1:30-33 dice que Cristo reinará sobre la casa de Jacob y su reino no tendrá fin.

Es importante saber que muchos judíos se quedarán sin esa bendición por causa de su apego a los espejismos de este mundo. De lo que estamos seguros es que Dios reunirá en Jerusalén a todos los israelitas y no nada más a los judíos (EZEQUIEL 37:1-28; OSEAS 1:10,11), de eso no hay duda. Hay suficiente información refiriéndose al final cuando Dios reunirá a su pueblo en el territorio que le prometió a su amigo Abraham y a toda su descendencia y también estamos seguros que Él personalmente como el único y verdadero dueño de Jerusalén, de todo Israel y de todo el planeta, será quien estará gobernando al mundo entero.

Con respecto a la situación actual de Israel, es un hecho histórico bien sabido que, por votación mayoritaria en la Organización de las Naciones Unidas, la ONU, desde el 14 de mayo de 1948, ha sido y permanece reconociéndola como nación. Desde entonces comenzaron a regresar y hasta este momento no han dejado de llegar israelitas a su territorio.

En la Biblia abundan datos concretos acerca de la restauración de Israel como nación. En ISAÍAS 2:2-6; 11:11, dice: "*Así mismo acontecerá en aquel tiempo que Jehová alzará otra vez su mano para recobrar el remanente de su pueblo que aún queda en Asiria, Egipto, Partos, Etiopía, Elam, Sinar y Hamat, y en las costas del mar, y levantará pendón a las naciones, y juntará los desterrados de Israel, y reunirá los esparcidos de Judá de los cuatro confines de la tierra*". En JEREMÍAS 23: 7,8, dice: "*Por tanto, he aquí que vienen días, dice Jehová, en que no dirán más, vive Jehová que hizo subir a los hijos de Israel de Egipto, sino, Vive Jehová que hizo subir y trajo la descendencia de la casa de Israel de tierra del norte, y de todas las tierras a donde yo los había echado; y habitarán en su tierra"*. En JE-REMÍAS 33:14-26: *"si pudieras invalidar mi pacto con el día y mi pacto con la noche, de tal manera que no haya día ni noche a su tiempo, podrá también invalidarse mi pacto con mi siervo David"*. En los versículos 25 y 26, dice: *"He aquí bien días, dice Jehová, en que yo confirmaré la buena palabra que he hablado a la casa de Israel y a la casa de Judá. ...Así ha dicho Jehová: Si no permanece mi pacto con el día y la noche, si Yo no he puesto las leyes del cielo y la tierra, también desecharé la descendencia de Jacob, y de David mi siervo, para no tomar de su descendencia quien sea señor sobre la posteridad de Abraham, de Isaac y de Jacob. Porque haré volver sus cautivos, y tendré de ellos misericordia"*. En EZEQUIEL 20:40-44, dice: *"Pero en mi santo monte, dice Jehová el santo el Israel, dice Jehová el Señor, allí me servirá toda la casa de Israel, toda ella en la tierra, allí los aceptaré... Y sabréis que Yo Soy Jehová, cuando haga por vosotros por amor de mi nombre, no según vuestros caminos malos ni según vuestras perversas obras, oh casa de Israel, dice Jehová el Señor"*.

De esta manera se puede entender todo el plan de Dios por todos los siglos, todo está escrito en su palabra, no puede caber duda de nada, todo se cumplirá.

¿Cómo han sucedido esos hechos y quienes están colaborando con Dios para consumar esa realidad?

Para entender eso lo primero sería saber cómo trabaja Dios para llevar a cabo sus planes. ¿Cómo sacó a su pueblo de Egipto? ¿Cómo usó a los Medos y Persas para el retorno de la cautividad babilónica? ¿Cómo libró al pueblo de Israel de una masacre ideada por Amán, en el tiempo del rey Asuero y la reina Ester? ¿Cómo está usando actualmente a un conglomerado ideológico, político-económico que se ha venido formando, que ha intervenido y que está interviniendo para hacer volver a su pueblo a la tierra? (DANIEL 12:7).

Pienso que además del conocimiento bíblico, podría ayudarnos un poco a darnos cuenta de lo que está sucediendo en el mundo, si sabemos que no todos los judíos regresaron de Babilonia a la tierra de Israel. Los judíos que se habían enriquecido en gran escala estando en Babilonia no consideraron conveniente regresar a encerrarse en lo que por el momento era solo un pequeño pedazo de tierra rodeado de once naciones enemigas que juraron acabar con el último judío que se hallen sobre la tierra, que no descansarían hasta lanzarlos a todos al mar Mediterráneo.

Esos judíos que se habían hecho muy ricos en Babilonia, que no se quisieron regresar a su tierra natal, se quedaron a vivir en Babilonia y, mientras que estuvieron bajo el gobierno del imperio Medo-Persa, estuvieron pasándola de maravilla en sus posesiones. Cuando los Griegos derrocan al imperio Medo-Persa, por el año 312 a.C. la vida fue diferente para ellos, pero siguieron allí, cuando el imperio romano aglutinó a los griegos, los judíos optaron por hacerse ciudadanos romanos y después de un tiempo, ya en el imperio romano, esos judíos estuvieron viendo en donde, o en qué parte del mundo, podrían ensanchar sus riquezas; tras observar alrededor del mundo, el único lugar que encontraron fue Venecia.

Aquellos judíos de Babilonia al saber que Venecia con sus 120 pequeñas islas unidas por 150 canales y 400 puentes y con una economía de punta en el mundo, pensando que en poco tiempo se convertiría en una potencia económica mundial, optaron por trasladarse hacia un horizonte más amplio y con más perspectivas que les permitiría poder realizar importantes operaciones bursátiles fundiendo sus capitales con los ya existentes en aquella maravillosa Venecia. Lamentablemente, estos judíos lo hicieron ignorando o soslayando una inconveniente realidad, que la riqueza de esos enormes capitales pertenecía nada menos y nada más que a la crema y nata de la aristocracia romana y los más fuertes entre todos ellos eran los protectores del papa, La compañía de Jesús, los muy conocidos como jesuitas, los que controlan al Vaticano y a los papas. Eso no les importó a los judíos, ellos unieron sus capitales con la banca de Venecia. Esto es solo un gajo de una larga, interesante y enigmática historia, por cierto, muy importante en el estudio escatológico. Estos judíos unidos con los jesuitas son los que han estado colaborando para que Israel vuelva a la tierra que Dios prometió que sería de ellos para siempre. Aunque los Jesuitas lo hagan de mala fe, Dios se encarga de que se cumpla su promesa a favor de su pueblo.

En APOCALIPSIS 11:15, dice que los reinos del mundo han venido a ser del Señor y de su Cristo y Él reinará por los siglos de los siglos, y en el capítulo 19 dice que su nombre es REY DE REYES Y SEÑOR DE SEÑORES. Ningún hombre, ningún imperio y ninguna institución humana gobernará el mundo, es el Señor Jesús quien ya tiene sus pies sobre el monte de Sión, o sea, Jerusalén, y con Él estarán sus escogidos. Podemos estar seguros que Dios nunca ha renunciado a sus derechos de propiedad sobre este planeta, esto es suyo, es su propiedad, porque esto es solo una pequeña parte de toda su enorme creación, de toda la inmensidad del universo. De momento, en este planeta estamos en conflicto, eso es verdad, desde el inicio de la raza adámica hasta hoy, y según nosotros ha durado mucho tiempo este conflicto, pero para Dios es solo un momento de la eternidad, Él tienen en sus manos la solución y continuará siendo quien reina sobre su propiedad, esto que nosotros llamamos tierra y creemos equivocadamente que es independiente del cielo. El Señor de señores y Rey de todo el universo, seguirá siendo el dueño directo de este tan disputado planeta que es parte de toda su creación.

¿A qué gran Babilonia se refiere el ángel diciendo que ha caído?

Versículo 8. Otro ángel. Este ángel aparece proclamando lo primero que sucederá al iniciarse los juicios divinos: "*Ha caído, ha caído Babilonia, la gran ciudad, porque ha hecho beber a todas las naciones del vino del furor de su fornicación*". Esta ejecución es contra una babilonia que ni oficialmente, ni geográficamente, ni políticamente existe en la actualidad y no se está refiriendo a la Babilonia de Nabucodonosor, porque para cuando esto se escribió esa Babilonia ya no existía. No se trata de Israel, porque si conocemos bien la historia universal, si hemos leído el sionismo, el antisemitismo histórico y conocemos bien la Biblia, no tenemos base para decir que Dios destruyó o que destruirá a Israel como nación, en la Biblia leemos todo lo contrario a lo que algunos dicen.

Tal destrucción de Israel es lo que se pretende y se enseña en las teologías del Pacto y del reemplazo y lo han manejado otros que no se han documentado bien. La Biblia habla mucho de correctivos para Israel por dejar a su Dios y adorar a los ídolos de las naciones circunvecinas, pero en ninguna parte de la Biblia se declara que definitivamente destruirá a todo Israel como nación, esos pasajes que algunos señalan, deben ser entendidos a la luz de todo el contexto bíblico respectivo. Esta Babilonia no puede ser literal, pero el juicio si lo es. ¿Entonces sobre quién está cayendo ese juicio? Tenemos que recurrir al contexto bíblico donde se habla acerca de ese juicio, a la interpretación bíblica y otros medios que nos puedan auxiliar en la comprensión de este tema. En el Nuevo Testamento, tanto el Señor Jesucristo como los escritores de todas las epístolas, en sus explicaciones utilizaron las llamadas figuras de retórica, como las parábolas, las alegorías y muchas otras y entre ellas se encuentran los tipos y el uso de dobles referencias. Esto es muy común y a la vez necesario en la buena literatura, con diferentes propósitos.

Revisemos los hechos históricos que la Biblia nos presenta referente a Babilonia; en el final de los libros de los Reyes y las Crónicas, en Isaías, y sobre todo en Jeremías, aunque también Ezequiel y Daniel aportan suficiente información sobre lo que significa Babilonia para el pueblo de Dios. En ISAÍAS 31:9; 47:1-15; 48:20; JEREMÍAS 50:8,13,15, 23,46; HECHOS 7:43, en estos textos encontramos expresiones idénticas a las que leemos en APOCALIPSIS 14:8;17:1-18;18:1-24. Al estudiar los textos citados en los libros del Antiguo Testamento y comparando sus características con estas citas de Apocalipsis y tomando en cuenta el sentido de la tipología, podemos ver con claridad la relación que existe entre la Babilonia histórica y esta Babilonia escatológica del Apocalipsis bíblico.

Hay otro detalle importante que debe considerarse, es lo referente al origen del nombre Babilonia. Según el diccionario de hebreo y griego de Strong, Babilonia se origina de Babel, que en hebreo es balal y significa mezclado o confuso, o confusión. Entonces es necesario no olvidar este significado; balal, igual a confusión. Si Balal es el origen del nombre Babilonia, la misma que se lee en APOCALIPSIS 17:5, no es simple casualidad que exista desde Génesis y por toda la Biblia hasta Apocalipsis. Esto es mucho más que simples relatos o menciones históricas. Se trata de un monstruo en moción continua, aunque amorfo y un tanto indefinido, pero de efectos reales e históricos y que ha sido regido por el príncipe de la potestad del aire, EFESIOS 2:2.

La confusión ha sido provocada por la misma serpiente antigua que es el diablo y satanás, desde GÉNESIS 3:1-5, además de las medias verdades que son astutamente sofisticadas y tergiversadas. Es el mismo espíritu que se observa en todos los ámbitos de la sociedad humana y en el diario vivir individual de las personas, en muchas y muy distintas formas de todo lo que nos rodea, no nada más en el ámbito religioso. Es común en los sistemas educativos de todo el mundo, con sus planes y sus programas sutilmente diseñados para control, preestablecidos con objetivos específicos y metas que son los determinantes en la mediatización y condicionamiento de los sujetos, con descarados fines de explotación para beneficio de los más altos intereses particulares, esos que sin respiro tienen bajo control todo el funcionamiento del mundo entero.

Eso de que cada cabeza es un mundo, es un sofisma mediatizante que se ha anclado en la filosofía popular, lo que frecuentemente nos dificulta saber con quién estamos tratando y bajo qué intereses tenemos que operar, o en los que ya sin saberlo estamos operando. Es muy difícil saber de qué se trata en realidad lo que se habla a través de todos los medios que existen actualmente, desde los más sencillos comerciales, hasta los más elaborados. ¿Qué nos está inyectando la radio, la televisión y la prensa con sus relajantes y divertidos programas y sus medias o tergiversadas informaciones? ¿Qué canal o qué cadena de televisión estamos viendo? ¿Con qué motivos y con qué objetivos se han embarcado muchos en el tren de la confusión? En política, ni se diga nada del derrumbe moral, de los manejos y la corrupción que existe, ni lo que sucede en los más grandes y más altos centros de mando de todos los países del mundo.

Lo cierto es que en todos los ámbitos del planeta existen tantas y diversas iniciativas humanas que tienen confundida a la gran mayoría de los habitantes. El sistema industrial, dentro de todo lo bueno que tenga y con la enorme y deslumbrante fachada de avances tecnológicos de servicio y beneficio para toda la humanidad, no solo ha estado dañando con sus normales y destructivos desechos derivados de su propio funcionamiento, sino con la gran cantidad de productos, tanto de servicio como alimenticios; y sobre todo, los productos intelectuales. Esto que estoy diciendo suena como que brota de una mente retrógrada, arcaica y anticuada, pero es posible entenderlo cuando alguien se da cuenta que va por un camino equivocado y se regresa, cuando ya viene de regreso se ríe por haber dejado el camino correcto sin ninguna razón, o quizás disfrute de alguna manera el haberse salido del enredo en que se había metido, o tal vez que le haya gustado vivir enredado.

Lo que considero más difícil y hasta peligroso, es distinguir entre lo que es verdaderamente bueno y qué es lo que en realidad es malo. Con esto me refiero al enorme abanico productivo de toda la industria en general; entre la inmensa cantidad de productos, subproductos y los, un tanto, nocivos productos residuales. Entonces no paramos solo en observar el perjuicio de la contaminación ambiental por cielo, mar y tierra, producida por todo el enorme trajín del sistema industrial y descubrimientos científicos; tenemos que observar también los efectos secundarios, la resultante de la elaboración de toda clase de productos de supuesto beneficio para la humanidad. Algo que nos debe importar es distinguir de, entre toda la producción generada con fines comerciales, tanto en los alimentos, en los utensilios, los saborizantes, los colorantes y todas las sustancias conservantes en productos alimenticios preparados y los efectos secundarios de los medicamentos curativos, ¿cuál es el verdadero beneficio de toda la producción en general?, ¿qué es lo que no daña, ni física ni espiritualmente?, ¿hasta dónde no tienen efectos secundarios, todos y cada uno de esos productos que nos ofrecen en el mercado en general?, siendo que la mayoría contienen sustancias químicas o son elaborados más con fines de lucro que para beneficio del consumidor, incluyendo libros o porciones informáticas. Es tanta la promoción comparativa con afán de lucro que nos inhibe poder pensar en la importancia de los efectos nocivos, es decir, en el daño y perjuicio al consumidor. La función de la mercadotecnia es provocar el apetito de consumo a como dé lugar, tanto los productos para servicio en todas las áreas, como los que se utilizan en la preparación de alimentos, además de la gran industria de alimentos procesados.

Entonces, es a nosotros los consumidores, a los afectados en todo eso, a quienes nos toca tratar de distinguir entre tanta confusión, o sea, saber qué productos nos benefician y cuáles son los que nos perjudican, pero eso no es nada fácil ante la floración primaveral de opiniones y ofertas con que somos bombardeados continuamente. Qué hacer ante los muchos y diferentes productos para mejoramiento de la producción agrícola, fertilizantes, insecticidas, herbicidas, fungicidas y tantas otras clases de productos químicos nocivos que aparte de los que por tierra, aire y agua, nos están perjudicando continuamente. Todo eso se está derramando a diestra y a siniestra indiscriminadamente con tan atractivas envolturas y tan lujosas presentaciones que nos hacen pensar que son de más alta calidad y que son necesarios y benéficos para el consumidor. Además, qué hacer con la abundante lluvia de tan amables recomendaciones estampadas en todos los productos, inclusive sobre los alimenticios presentados, algunos con etiquetas falsas, productos alterados y transgénicos y cuántos de origen inorgánico que nos ofrecen únicamente con fines de lucro. Muchos de ellos son amasados, mezclados y envasados con sus respectivos conservantes químicos.

Qué diremos de la industria farmacéutica produciendo muchos medicamentos de diferentes categorías con base en la economía de los enfermos y no precisamente los efectivos en el problema de salud del paciente. Muchos médicos, quiero pensar que no todos, con propósitos clara y ventajosamente deshonestos, convierten a los enfermos en clientes cautivos con motivo de asegurar sus ingresos periódicamente, pero los enfermos creen que se les está atendiendo para mejorar su salud. Cuantos casos y cosas más podemos señalar, y ahora mucho más que en cualquier otro tiempo de la historia, cada día se prolifera la confusión por todas partes y en todos los aspectos de la vida humana. Eso nos impulsa a comentar acerca de la realidad de la babilonia mística, la que siempre está operando en colusión con la bestia y el dragón, infiltrándose en todas las actividades de la sociedad humana, su especialidad es crear la confusión y amordazar la voluntad de los individuos.

Es bueno saber que la comunicación es uno de los instrumentos más importantes de la confusión (GÉNESIS 3:1-24). Los distintos puntos de vista en las áreas del saber humano y la extraordinaria cantidad de producción literaria con fines lucrativos que abarca todos los ámbitos de nuestra sociedad; a todo esto, le podemos agregar también, el escaso conocimiento que se tiene sobre esos dos pilares de la confusión: información y producción. Al carecer del discernimiento necesario en esos aspectos, es fácil caer en lo que nos ofrecen las promociones sin importarles para nada el daño que nos están ocasionando.

La gran ventaja que nos lleva la confusión, es que cubre todas las áreas de las reales necesidades de la vida humana: necesidades físicas, espirituales, económicas y sociales. Nosotros, los consumidores, los que necesitamos todo lo que se provee en el medio que nos rodea, ni siquiera tenemos la correcta y legítima información a la mano, para poder decidir de una manera más consciente e inteligente lo que en realidad nos conviene, la información que hay es contradictoria y por lo tanto confusa. Estamos atrapados en la cultura en la que vivimos envueltos, estamos entre la espada y la pared, entre la exagerada ambición lucrativa de productores y vendedores, y nuestra obsesiva y bastante desorientada necesidad de consumir.

Sobre todo, hay que decirlo, la mayor y más grave confusión que existe para las más grandes exigencias de la vida es la resultante proliferación de distintas corrientes de pensamiento sobre doctrinas cristianas; entre algunas de ellas se han mezclado prácticas mundanas que se han venido infiltrado como por ósmosis, en la sana doctrina que Cristo nos dejó (1ªTimoteo 1:1-11; 4:1-3, 1ªJuan 1:15-17). No me refiero tanto a las diferentes formas de practicar las litúrgicas, aunque de eso también haya algo que decir; pero más que eso, las doctrinas y prácticas que no solamente no son bíblicas, lo más grave, es que algunas son anti-bíblicas y que por falta de un correcto criterio bíblico no se ha podido ver cómo han venido operando con toda libertad en el medio cristiano, que sin pensar de manera responsable en el grave daño que se está ocasionando en las vidas de los cristianos débiles (1Corintios 8:10-12; 1Tesalonicenses 5:14).

Estas malas prácticas han destruido a cristianos que todavía necesitaban la ayuda espiritual para su maduración; las mejores enseñanzas y los mejores ejemplos, sin embargo, por mera decepción han sido empujados hasta la apostasía. En estos tiempos, iglesias completas con todo y sus templos se han convertido a la nueva Era, muchas han cambiado su enseñanza y sus prácticas cristianas, y se han unido a la confusión que prevalece en la actualidad. ¿Quién será al final el responsable de todo este teatro? Indiscutiblemente hay actores y espectadores que tendrán que rendir cuentas. No tarda el que vendrá a poner en orden todas las cosas en todas las áreas de su legítima propiedad, y está escrito que viene a destruir a los que por su desmedida ambición y por su negra consciencia destruyen la tierra (APOCALIPSIS 11:15-18). ¿Por qué no decir nada de la maniobra sigilosa que tras bambalinas se está operando en la manipulación de todo el mundo y más de lo que ya hemos estado hablando? Como cristianos, sabemos de estas cosas y su final, porque está registrado en el libro de Apocalipsis, del capítulo 11:15 hasta el último versículo del capítulo 19. Todo nos queda claro, y sabemos que se llegará el momento en que se acabarán los que destruyen la tierra y todo lo que provoca confusión, y que se aplicará la debida justicia sobre todo el mal que existe en todo el mundo.

Ese momento viene pronto y se consumará en muy poco tiempo, aunque para entenderlo sean largas y cansadas las explicaciones, o tal vez, porque no sepamos expresar el todo en concreto, pero la verdad es que necesitemos esas explicaciones, de otra manera no podríamos entender bien lo que tendremos que experimentar. Algunas de todas esas cosas profetizadas sucederán en un parpadear, en un abrir y cerrar de ojos.

Al parecer, nos olvidamos de lo que es más esencial para vivir bajo protección. Necesitamos profundizar más en la comprensión de la verdadera raíz de todos los males y permitirle al Espíritu Santo que sea Él quien nos guie a toda verdad y a toda justicia (JUAN 16:13).

"El tercer ángel los siguió diciendo a gran voz: Si alguno adora a la bestia y a su imagen y recibe la marca en su frente o en su mano, él

también beberá del vino de la ira de Dios, que ha sido vaciado puro en el cáliz de su ira; y será atormentado con fuego y azufre delante de los santos ángeles y del Cordero; y el humo de su tormento sube por los siglos de los siglos, y no tienen reposo de día ni de noche los que adoran a la bestia y a su imagen, ni nadie que reciba la marca de su nombre". El problema en esto es que la adoración a la bestia principiará como una necesidad o como una sutil, agradable y atractiva aroma, de lo contrario no lograrían engañar a nadie, por eso dijo el Señor Jesús: *"de tal manera que engañarán si fuere posible aún a los escogidos"* (MATEO 24:24).

Ese "si" condicional, me gusta: "si" alguno, adora a la bestia y a su imagen". Ese "si" indica un mensaje de esperanza, que todavía hay oportunidad, es un mensaje preventivo que busca oyentes que quieran liberarse de la ira de Dios y del Cordero. ¡Oh, Señor! Esto es todavía una advertencia, pero desafortunadamente también es ya una declaración definitiva del juicio inminente contra quien haga lo que a la vez se está diciendo que no se haga, ¡Ayúdanos Señor!

¿Quiénes son esos santos que guardan los mandamientos de Dios y la fe de Jesús?

En el versículo 12, hay algo que es bueno pensar, a quién se refiere, que dice: *"Aquí está la paciencia de los santos, los que guardan los mandamientos de Dios y la fe de Jesús".* Hay tres explicaciones:

1. Que se refiere a los santos de la Iglesia, porque la iglesia pasará por la gran tribulación.

2. Que se refiere a los que se quedaron, los que no se fueron en el arrebatamiento de la Iglesia, y tendrán que pasar por la gran tribulación para ser salvos, por no haber sido fieles. Con respecto a esa explicación, la verdad no sé cómo es que se les diga que son pacientes, que se les llame santos, que guardan los mandamientos de Dios y la fe de Jesús, y que no se fueron en el rapto porque no fueron fieles y no estuvieron listos para ser arrebatados con la Iglesia. Además, si fueron fieles, ¿por qué no vencieron las tentaciones?, ¿por qué no soportaron las crisis de las circunstancias de la vida?, ¿cómo podrán enfrentarse a un régimen de gobierno endemoniado, sigiloso y sofisticado y cómo podrán vencer o morir por su fe si no tuvieron la fuerza de voluntad para ser fieles?

3. Otros han dicho que se refiere a la paciencia de todos los santos creyentes en Jesús desde todos los tiempos, la paciencia que deben tener en su vida cristiana, para soportar todo y ser fieles siempre hasta el día del arrebatamiento de la Iglesia, para que no tengan que pasar por los juicios de la gran tribulación. Esta interpretación me parece muy fuera de contexto, no se sostiene ante una crítica textual, ni tiene nada que ver con lo que el texto está tratando. Según el contexto, tampoco coincide con la secuencia del contenido en esa parte del escrito.

Para mi manera de entender, se está advirtiendo que lo que sucederá no será nada divertido, que se va a requerir el hacer uso del carácter que se ha formado a través del vivir cristiano, que el cristiano, ante todo lo que suceda tendrá la fuerza para mantenerse fiel y firme, aplicando el carácter que se forma al vivir en una buena relación y comunión con Dios y que hayamos aprendido a confiar en

Dios para toda circunstancia de la vida. Lo que está escrito será una realidad, aunque haya cosas que no queremos creer porque no nos gustan, sin embargo, nuestros gustos no cambiarán en nada lo que ya divinamente ha sido preestablecido.

Siguiendo la secuencia del relato es fácil entender que se refiere a los santos, cristianos que están pasando por momentos críticos, persecución hasta la muerte solo por el hecho de no condescender con el sistema de gobierno, por guardar los mandamientos de Dios y la fe de Jesús. Son palabras de aliento que están necesitando, se les dice: que son bienaventurados de aquí en adelante los muertos que mueren en el Señor, que no importa si mueren, pues están con el Señor que murió y que vive para siempre.

¿Quién es el que está sentado sobre la nube blanca?

Versículo 14: "*Miré y he aquí una nube blanca; y sobre la nube uno sentado semejante al Hijo del Hombre* (semejante a un humano, o semejante al Señor Jesús en su humanidad), q*ue tenía en la cabeza una corona de oro, y en la mano una hoz aguda. Y del templo salió un ángel, clamando a gran voz al que estaba sentado sobre la nube, Mete tu hoz, y siega; porque la hora de segar ha llegado, pues la mies de la tierra está madura. Y el que estaba sentado sobre la nube metió su hoz en la tierra, y la tierra fue segada*".

Inmediatamente nos llega la información en palabras del Señor Jesús (MATEO 13:24-30, 39): "*Al tiempo de la siega yo diré a los segadores*". En el versículo 39 dice que los segadores son los ángeles. La pregunta es, en este versículo, ¿quién está dando las órdenes?

Aunque generalmente, en todas las visiones que se registran en al Antiguo y Nuevo Testamentos y principalmente en el libro de Apocalipsis, se entiende que la figura como Hijo del Hombre se refiere al Señor Jesucristo, ahora en este caso estamos viendo una figura, una nube blanca, sobre la nube uno sentado semejante al Hijo de Hombre, que tenía en la cabeza una corona de oro y en la mano una hoz aguda. Aunque parezca ser la excepción, entiendo que no lo es. Entonces lo que tendríamos que averiguar es, ¿qué es lo que se quiere que entendamos aquí? No me atrevo a decir que el que está en la nube blanca con una corona de oro, es Cristo, porque no coincide con la figura de APOCALIPSIS 19:11-16, donde se entiende que no necesita una hoz, solo con su palabra será suficiente para destruir a la bestia y a todos sus seguidores. Por otra parte, es cierto que no se dice que sea uno de los ángeles que están derramando las copas de la ira de Dios y que este esté sentado en una nube blanca que no refleja ira. También sabemos que es dentro del templo donde repetidas veces se ha observado que está el juez sentado sobre su trono y que en este caso el ángel sale del templo con la orden; esa orden tiene que ser del Juez del universo y es para ejecutarse de inmediato.

Por lo tanto, recordemos dos cuestiones: Primera, que la figura hijo del hombre significa semejanza humana y que Cristo, al humanarse, se hizo semejante a los humanos, como parte del pan de la redención para representarnos exacta y legalmente ante la justicia divina, entonces, eso no significa que Él tenga esa semejanza, aunque la pueda adquirir con algún propósito, si Él quiere, pero no tenemos autoridad para decir Él es porque ya tiene la figura humana desde que tomó nuestra semejanza.

Segunda cuestión. Que el Señor Jesús es Dios y que en este caso Él es quien está ordenado a los ángeles que ya es tiempo de que lleven a cabo las ejecuciones. Entonces esta figura que estamos viendo, nos está explicando varios conceptos: El color blanco de la nube, nos habla de lo justo, limpio y puro del juicio que se efectuará, la corona de oro nos indica el origen soberano de la orden, el ángel que sale del templo a transmitir la orden que viene del trono, es parte de los agentes que cumplen las órdenes del Juez, y la figura humana, es el mensaje para los humanos, quienes no deben ignorar que la justicia que Cristo en su condición humana se auto aplicó en la cruz, consumó la redención en favor de todos los humanos, y que muchos de ellos lo despreciaron y lo han despreciado hasta la fecha. Que ese juicio que Cristo padeció en la cruz y que ellos despreciaron, fue para librarles de la aplicación de la justicia divina contra toda la maldad del mundo.

Que les quede claro que ya Dios hizo todo para la salvación de los humanos, hasta encarnarse y venir a redimir la tierra a precio de sangre, esa redención ya está consumada, lo único que falta es limpiar, purificar y santificar el planeta para el establecimiento de su Reino celestial y eso es lo que sigue. Así, se nos hace entender que no son precisamente los ángeles los que enjuician la tierra, que la orden viene del trono de Dios y que es Jesucristo el único que tiene todo el derecho de enjuiciar la maldad, porque Él rescató al planeta con todas sus creaturas. Él es el Rey de reyes y Señor de señores, así como algunos intérpretes lo han dicho.

¿De qué se trata con esta siega o cosecha, a quién se refiere ahora?

Versículo 17. Otro ángel sale del templo que está en el cielo, también con una hoz aguda y un ángel más que tiene poder sobre el fuego, sale del altar, y llamó a gran voz al ángel que tienen la hoz aguda diciendo: Mete tu hoz, y siega; porque la hora de segar ha llegado. La palabra siega o cosecha está en relación con la parábola del trigo y la cizaña (MATEO 13:24-30), y vendimia los racimos de la tierra (la palabra vendimia se refiere a cosecha de la uva, y se relaciona con la cosecha de la parábola de la cizaña), porque sus uvas están maduras. Que están maduras, significa que se llegó el tiempo. Y aquel ángel arrojó su hoz en la tierra, y vendimió la viña de la tierra y echó las uvas en el gran lagar de la ira de Dios. Y fue pisado el lagar fuera de la ciudad, y del lagar salió sangre hasta los frenos de los caballos, por mil seiscientos estadios. Esta expresión hiperbólica indica excesiva cantidad, mucho más allá de lo que se pudiera considerar normal.

Es muy elocuente la forma de expresar estos sucesos, se observa un lenguaje retórico que, para nosotros los que no conocemos ni las plantas, ni el cultivo, ni la cosecha de la uva, no es muy fácil comprender este lenguaje, pero para los de aquella región y para la época, este lenguaje era claro y sencillo, se podía entender con toda facilidad. Un lagar es una instalación acondicionada donde se pisaba la uva para extraer el líquido rojizo que se asemeja a la sangre, es decir, el apreciado jugo que contiene esa clase de fruta. Tanto el lagar como la hoz se utilizan en el proceso del cultivo, la cosecha y la extracción del jugo de la uva.

En esta parte de la Biblia como en otras, estos objetos se utilizan metafóricamente para ilustrar lo que sucederá en el momento cuando Dios tome venganza de sus enemigos. La expresión "Salió sangre hasta los frenos de los caballos, por mil seiscientos estadios". En esta descripción se está utilizando una figura retórica que se conoce como hipérbole y que consiste en aumentar volumen del suceso a fin de que se aprecie su magnitud real. Un estadio se medía por codos, un codo se aproxima a los 45 centímetros (.45) de longitud, un estadio medía cuatrocientos codos, eso equivale a 180m. Entonces, mil seiscientos estadios son $1600 \times 180 = 288$ km de longitud. Y hasta los frenos de los caballos, estamos hablando de mínimo un metro y medio de altura. Si todo esto fuera literal, no me parece mucho si se piensa en todo lo que tiene que ser ejecutado, pero entendemos que se está ilustrando la gran magnitud del suceso.

Eso ya es el anuncio de toda la ejecución final, la misma que se anuncia en APOCALIPSIS 11:18. Destruir a los que destruyen la tierra, acabar con los sistemas de gobierno seculares y los gobernantes corruptos, injustos e inmorales y con todos sus secuaces. Es lo que se ha llamado el juicio de las naciones. Los ángeles que se mencionan en estos textos son de los colaboradores del Señor. Esto no es el juicio final, eso será otro asunto que todavía falta de tratar.

Capítulo 15.

Hermano, ¿qué vamos a ver en este video?

Juan está viendo en el cielo otra señal grande y admirable: siete ángeles que tienen las siete plagas postreras; en ellas vio que se consumaba la ira de Dios.

Dice Juan: *"vi también como un mar de vidrio mezclado con fuego; y los que habían alcanzado la victoria sobre la bestia y su imagen, y su marca y el número de su nombre, en pie sobre el mar de vidrio, con las arpas de Dios. Y cantan el cántico de Moisés siervo de Dios, y el cántico del Cordero, diciendo: Grandes y maravillosas son tus obras, Señor Dios Todopoderoso; justos y verdaderos son tus caminos, Rey de los santos. ¿Quién no te temerá, oh Señor, y glorificará tu nombre? Pues solo tú eres Santo; por lo cual todas las naciones vendrán y te adorarán, porque tus juicios se han manifestado"*.

Versículo 1. Juan al ver a los siete ángeles que tienen las siete plagas postreras, pensó: Esto ya se puso serio, ahora sí, se llegó la hora de que sea consumada la ira de Dios. Si consumar es la expresión con que se indica el fin de un proceso, entonces se está indicando que se llegó el momento final, momento en el que Dios concluye su espera y ejecuta lo que tanto había anunciado por medio de sus siervos los profetas, lo que se conoce como el gran día de Dios, el día de Jehová, o día del Señor; día en el que toma venganza de sus enemigos, los que destruyen la tierra, la propiedad de Dios el verdadero dueño del planeta (APOCALIPSIS 11:18; ISAÍAS 34; MALAQUÍAS

4:1-6). Hay muchas extraordinarias y bastante luctuosas descripciones del gran día de Jehová, registradas en la Biblia, como en JEREMÍAS 25:15-(31-33)-37, todas son referentes a lo mismo que estamos tratando en este capítulo 15. Si tomamos en cuenta que el anunciar y el esperar tanto tiempo para poner en orden lo que se ha desordenado, indica que se trata de algo que debe hacerse, pero que no se quiere dañar a ningún inocente, los que no han hecho nada del mal que existe y aun los que lo han hecho y que quieran arrepentirse, por eso lo anuncia y espera respuesta de los que oyen ese anuncio, el momento se tiene que llegar después de tanto anunciar y de tanto tiempo de esperar y se tendrá que consumar.

¿Es esta una fiesta de celebración?

En efecto esta es una fiesta en la que se está celebrando la victoria final y la unificación del pueblo de Dios. Juan 17: Hay un ambiente de alabanza y adoración. En los versículos 2-5, con esta extraordinaria, estruendosa y muy emocionante celebración, se hace la importante declaración: El pueblo del Señor es uno solo, todos pueden cantar juntos. Juan ve algo semejante a un mar de vidrio mezclado con fuego, extraño para lo habitualmente conocido, pero lo que a Juan le llamó más la atención, es ver a un grupo de personas en pie sobre aquel mar que parecía de vidrio, con las arpas que Dios les dio, listos para tocarlas y los identificó, se dio cuenta que eran todos los que habían alcanzado la victoria sobre la bestia y su imagen, su marca y el número de su nombre. Estaban en pie sobre el mar de vidrio, con las arpas de Dios y cantan el cántico de Moisés siervo de Dios y el cántico del Cordero, diciendo: Grandes y maravillosas son tus obras, Señor Dios Todopoderoso; justos y verdaderos son tus caminos, Rey de los santos, ¿quién no te temerá, oh Señor, y glorificará tu nombre?, pues solo tú eres santo; por lo cual todas las naciones vendrán y te adorarán, porque tus juicos se han manifestado.

¿Quiénes son esos y por qué cantan juntos esos dos cánticos; el de Moisés y el del Cordero?

Para la misericordia de Dios no hay barreras raciales ni tampoco denominaciones, todos los habitantes de la tierra son sus creaturas y quiere salvarlos a todos, no hace acepción de personas, allí está el remanente de Israel y todos los verdaderos cristianos, ambos grupos tuvieron motivos para cantar juntos los dos cánticos. En esta forma, Dios nos está demostrando que tanto los unos como los otros están dentro del mismo plan de redención y que todos le cantan a Él quien es el que los ha redimido a todos. Con respecto al mar de vidrio mezclado con fuego sobre el cual se ve que están parados, es una forma elegante para decir quiénes son ellos. Son aquellos quienes, a pesar de vivir sobre los riesgos de un mar enfurecido y peligroso, se mantuvieron firmes y fieles a su Dios y alcanzaron la victoria sobre la bestia, su imagen y su marca y ahora aparecen libremente victoriosos cantando con sus arpas los himnos de adoración al que los redimió, al que los liberó de una terrible y eterna condenación. Están en un lugar seguro, aislado como un mar de vidrio mezclado con fuego y protegidos por el Todopoderoso, a donde sus perseguidores nunca podrán llagar.

¿Por qué si el juicio es contra las naciones, en el versículo cuatro, dice: Las naciones vendrán y te adorarán, cuáles naciones?

Tengamos presente que este no es el juicio final, este juicio es el de Dios contra sus adversarios de todas las naciones, es contra los líderes prevaricadores que según sus intereses arrastran a los pueblos para su provecho personal; por supuesto que muchos también por sus propios intereses personales condescienden con ellos y con mucho gusto los siguen hasta donde los lleven, estos no se podrán escapar de la ira del Cordero. No olvidemos que Dios es justo, y que solamente someterá a juicio a los que sean responsables de todos los desórdenes e injusticias sociales y toda clase de delincuencia en general, no solo en el mundo sino en todo el planeta, porque Él destruirá a todos los que destruyen la tierra en todas sus formas. Después de ese juicio las naciones seguirán en la tierra ya libres de esos magnates que se han apoderado del mundo y que lo manejan, sin escrúpulo y según su propio criterio. Las naciones, ahora sin esos sistemas corruptos, estarán bajo un nuevo sistema de gobierno, un régimen de paz y de justicia en donde Cristo, el segundo Adán, señoreará y regirá con vara de Hierro (APOCALIPSIS 2:27; 12:5; 19:15). Sin embargo, esas naciones, aunque bajo el régimen divino, todavía las integrarán seres humanos que estarán expuestos a sus propias debilidades y que bajo su propia cuenta y riesgo necesitan hacer decisiones y sobre todas esas, la decisión final: reconocer a su redentor que por mil años los estará gobernando en paz, con justicia y sin miserias, con abundancia de todo bien, o dejarse engañar por su propio enemigo satanás, en su última redada (APOCALIPSIS 20:7,8).

¿Estos siete ángeles son ya los que ejecutarán las órdenes de destrucción contra el liderazgo mundial?

A Juan le llamó mucho la atención: Miré y he aquí que fue abierto en el cielo el templo del tabernáculo del testimonio y del templo salieron los siete ángeles que tenían las siete plagas postreras, ellos estaban vestidos de lino limpio y resplandeciente y ceñidos alrededor del pecho con cintos de oro, y uno de los cuatro seres vivientes dio a los siete ángeles siete copas de oro llenas de la ira de Dios, que vive por los siglos de los siglos, y el templo se llenó de humo por la gloria de Dios y nadie podía entrar en el templo hasta que se hubiesen cumplido las siete plagas de los siete ángeles.

Estas ejecuciones son contra el liderazgo mundial, señores gobernantes, empresarios poderosos, mentores que mediatizan los cerebros humanos produciendo planes y programas de estudio de acuerdo a intereses convencionales, sistemas condicionantes que controlan cerebros, con fines de dominio y explotación. Los juicios que con toda seguridad les vendrán, no son de la madre naturaleza, ni son misiles inventados por seres humanos, ni lanzados por una potencia bélica extraordinaria. Son nada menos que los juicios ejecutados por órdenes precisas desde el cielo, órdenes que salen del templo de Dios, juicios que no podrán ser interceptados por ningún poder humano, porque son enviados y dirigidos directamente hacia los objetivos determinados por el Dios todo poderoso.

Capítulo 16.

Hermano, ¿entonces estas siete copas son ya los juicios de Dios que ponen fin a todos los sistemas políticos del mundo?

El segundo "ay" pasó, este es el tercero y último "ay", se derraman las siete copas de la ira de Dios, estos son los tan anunciados juicios divinos, se llegó el momento del evento mayor en el planeta, es el cierre del gran conflicto de los siglos; el enjuiciamiento de satanás y de todos los que con él destruyen la tierra (APOCALIPSIS 11:15-18).

Continúa la narración que hemos venido analizando en el capítulo quince. Ahora Juan oye una gran voz desde el templo que decía a los siete ángeles:

"Id y derramad sobre la tierra las siete copas de la ira de Dios. Fue el primero, y derramó su copa sobre la tierra y vino una úlcera maligna y pestilente sobre los hombres que tenían la marca de la bestia y que adoraban su imagen.

El segundo ángel derramó su copa sobre el mar y este se convirtió en sangre como de muerto; y murió todo ser vivo que había en el mar.

El tercer ángel derramó su copa sobre los ríos y sobre las fuentes de las aguas y se convirtieron en sangre. Y oí al ángel de las aguas que decía: Justo eres tú, oh Señor, el que eres y que eras, el Santo, porque has juzgado estas cosas. Por cuanto derramaron la sangre de los santos y de los profetas, también tú les has dado a beber sangre, pues lo merecen. También oí a otro, que desde el altar decía: Ciertamente, Señor Dios Todopoderoso, tus juicios son verdaderos y justos.

El cuarto ángel derramó su copa sobre el sol, al cual fue dado quemar a los hombres con fuego y los hombres se quemaron con el gran calor y blasfemaron el nombre de Dios que tiene poder sobre estas plagas y no se arrepintieron para darle gloria.

El quinto ángel derramó su copa sobre el trono de la bestia y su reino se cubrió de tinieblas y mordían de dolor sus lenguas y blasfemaron contra el Dios del cielo por sus dolores y por sus úlceras y no se arrepintieron de sus obras.

El sexto ángel derramó su copa sobre el gran río Éufrates; y el agua de este se secó, para que estuviese preparado el camino a los reyes del oriente".

Juan vio salir de la boca del dragón, y de la boca de la bestia, y de la boca del falso profeta, tres espíritus inmundos a manera de ranas; pues son espíritus de demonios, que hacen señales, van a los reyes de la tierra en todo el mundo, para reunirlos a la batalla de aquel gran día del Dios Todopoderoso. Ni tenemos que ocuparnos en pensar quiénes son esos espíritus inmundos a manera de ranas, allí dice que son espíritus de demonios que, saltando por todas partes, van a los reyes de la tierra en todo el mundo, se entiende que son agentes comisionados por la bestia, para reunir a los reyes de la tierra para la batalla de aquel gran día de Dios. No deja de haber resistencia de parte de los enemigos de Dios (11:18) es todo el sistema político (la bestia), la ramera (la religión falsa) y el diabólico (el dragón que formó ya toda una trinidad satánica) y unidos se alistan para lanzarse contra el Rey de reyes, o sea, toda esa nefasta trinidad satánica con sus grandes, enardecidas y furiosas intenciones, se moviliza organizando una grande y multitudinaria confederación, intentando enfrentarse a la batalla en el gran Día del Señor (APO-CALIPSIS 11:15-18-19) en aquel gran día en el que el Todopoderoso y único Dios dará fin a toda la maldad, la injusticia y la corrupción de este mundo, y establecerá su reino sobre la tierra porque es el dueño único de todo este planeta. El versículo 16, dice: Y los reunió en el lugar que en hebreo se llama Armagedón, o sea, como históricamente se reunían todas las naciones de las épocas pasadas, para pelear en ese lugar llamado Armagedón, así se reunirán todas las naciones en su última manifestación contra su creador (MATEO 25:31-46).

Lo más interesante es, que para cuando esto suceda, ya se escuchó el toque de la séptima, o la final trompeta (APOCALIPSIS 11:15) y es allí donde se inician los preparativos finales para la parte ejecutoria de todo lo que se ha anunciado en toda la Biblia del tiempo del fin, y en lo que hemos leído en los capítulos anteriores de Apocalipsis.

El séptimo ángel derramó su copa por el aire; y salió una gran voz del templo del cielo, del trono, diciendo: Hecho está. Entonces hubo relámpagos y voces y truenos, y un gran temblor de tierra, un terremoto tan grande, cual no lo hubo jamás desde que los hombres han estado sobre la tierra. Y la gran ciudad fue dividida en tres partes, y las ciudades de las naciones cayeron; y la gran Babilonia vino en memoria delante de Dios, para darle el cáliz del vino del ardor de su ira. Y toda isla huyó, y los montes no fueron hallados. Y cayó del cielo sobre los hombres un enorme granizo como del peso de un talento (aproximadamente 22 kilos, poco más de 40 libras) y los hombres blasfemaron contra Dios por la plaga del granizo; porque su plaga fue sobremanera grande. Esa gran voz que salió del templo al toque de la séptima trompeta, indiscutiblemente es la gran voz del Rey de reyes y Señor de señores, el verdadero Juez de toda la tierra.

En el primer versículo se les ordena a los siete ángeles derramar las siete copas de la ira de Dios sobre la tierra. Los primeros seis juicios de Dios sobre sus enemigos todavía se podrían confundir con meros fenómenos naturales. El primer ángel hiere a los hombres con úlceras malignas y pestilentes, el segundo convierte el mar en sangre como de muerto, el tercero convirtió en sangre los ríos y las fuentes de las aguas, el cuarto hizo que el sol quemara a los hombres. El quinto ángel cubre de tinieblas el trono de la bestia, esto todavía lo pueden considerar como un fenómeno político, el sexto ángel seca el gran río Éufrates para dar paso a los reyes del oriente. Con respecto a las naciones airadas (APOCALIPSIS 11:18), este fenómeno es una preparación para los hechos siguientes. Sin embargo, aun cuando parezcan, no son simples fenómenos naturales, es el cumplimiento de las órdenes directas que salen del cielo, del mismo templo de donde salen todas las órdenes divinas. Esto es parte de la culminación de los juicios de Dios sobre sus enemigos, pero nos falta ver lo que será más crítico para el diablo y sus seguidores, el final será el clímax fulminante sobre los enemigos de Dios que habitan en todo el planeta.

El Armagedón.

La palabra Armagedón se encuentra nada más una vez en la Biblia, en APOCALIPSIS 16:16, es una palabra hebrea, compuesta de dos vocablos, "Har" que significa montaña y "Maghiddóhn" que se ha traducido Megido y este es el nombre de una ciudad que hubo en las proximidades de esa montaña, actualmente y en castellano se conoce como la Montaña de Megido, o Monte Megido, además, es conocida como Asamblea de tropas y también como reunión de tropas. Está por el camino bajando de la ciudad de Nazaret a Capernaum. Se encuentra al S.O. de Jezreel y N. O. Del Mar Muerto, por lo que también se conoce como el valle de Jezreel y valle de Esdrelón, nombre griego del período clásico. Desde la cima del monte Megido se aprecia una amplia extensión de ese gran valle, muy mencionado en la Biblia.

Hablemos de la tremenda batalla en la que el Rey de reyes enjuiciará a los líderes de todas las naciones del mundo. Es un hecho que allí se iniciarán las justas ejecuciones por orden del Cordero en la gran manifestación de su justa ira. En el versículo 16, dice: *"y los reunió en el lugar que en hebreo se llama Armagedón, es decir, Asamblea de Tropas o Reunión de tropas"*. Esta será la estruendosa batalla final entre Dios y los gobiernos humanos de todas las naciones del mundo. Estos gobiernos con sus tropas y sus partidarios, con sus arsenales bélicos actuales intentan luchar contra Dios porque no aceptan someterse a su autoridad. En APOCALIPSIS 11:18, dice: Y se airaron las naciones, y tu ira ha venido, y el tiempo de juzgar a los muertos, y de dar el galardón a tus siervos los profetas, a los santos, y a los que temen tu nombre, a los pequeños y a los grandes, y de destruir a los que destruyen la tierra. Aquí vemos a las naciones que, influenciadas por el espíritu diabólico, se organizan contra el Rey de reyes y Señor de señores, porque no se quieren humillar ante su creador.

El SALMO 2:1-12, dice: *"¿Por qué se amotinan las gentes, y los pueblos piensan cosas vanas? Se levantarán los reyes de la tierra y príncipes consultarán unidos contra Jehová y contra su ungido, diciendo: Rompamos sus ligaduras, y echemos de nosotros sus cuerdas. El que mora en los cielos se reirá; el Señor se burlará de ellos. Luego hablará a ellos en su furor y los turbará con su ira. Aunque este salmo, de momento se refiera al rey de Israel, es una declaración profética referente a lo que aquí estamos tratando. Ninguna nación podrá en ese momento, ni siquiera mover un dedo contra el Dios que es fuego consumidor"* (HEBREOS 12:29).

Permítame decir, que he estado en el monte Megido y que inclusive una vez me tocó predicar en esa famosa colina. Estuve observando toda la explanada, lo que alcancé a ver desde mi punto de ubicación, pensando en todo y recordando la historia de ese lugar. Tantas civilizaciones sepultadas, el increíble número de batallas que se han librado en ese mismo sitio y la gran cantidad de muertos; millones y millones que han servido de alimento para las aves de rapiña y para los animales carnívoros de esa región. Medí con la vista el espacio geográfico hasta donde pude pensando en aquella gran extensión de superficie relativamente plana, pero a la vez imaginándome a todos los ejércitos del mundo, cada uno con todo su respectivo equipo de guerra, toda esa inmensidad reunidos en ese lugar que se percibe reducido, desde luego, considerando lo que sucederá según lo que dicen los capítulos 16 y 19 de Apocalipsis; ISAÍAS 34:1-17; JEREMÍAS 25:15-38; EZEQUIEL CAPÍTULOS 38 Y 39; DANIEL CA-

PÍTULO 12; JOEL CAPÍTULO 2; ZACARÍAS CAPÍTULOS 13 Y 14 MALAQUÍAS 4:1; MATEO 24:21,22; MARCOS 13:19,20; LUCAS 21:24; APOCALIPSIS 11:2; 19:11-21. Esto me llevó a reflexionar en la expresión que dice: *"Y los reunió en el lugar que en hebreo se llama Armagedón"* (APOCALIPSIS 16:16).

La verdad es que sería difícil encontrar otro nombre, o expresión más apropiada que Armagedón para tan singular evento, según lo describen los profetas en los textos que se han citado. Nada más para ejemplo revisemos ISAÍAS 34: 1-17. Al decir que los reunirá en el lugar que se llama Armagedón, podemos estar seguros que el Señor Jesucristo iniciará sus justos juicios en esa área, reunirá a todas las naciones enemigas y desde allí se extenderá por todo el planeta para liquidar hasta el último de sus enemigos, o de otra manera, esa expresión puede ser una figura de retórica, la "sinécdoque", en la que se toma la parte por el todo. Considerando que Armagedón es conocido como un lugar de Reunión de tropas, ahora el dragón con todas las tropas del mundo se reunirá con amenazante furia contra el Rey de reyes; Él en su justa ira responderá y eso convertirá el momento en el que todo el mundo se ve envuelto en un impresionante, verdadero y ardiente "Armagedón". Tal como lo describe el capítulo 19 de Apocalipsis.

Entonces, ¿por qué Armagedón?

Mi punto de vista se apoya en que no existe en la historia, y en ninguna otra parte del mundo, un lugar tan representativo como este para lo que leemos en APOCALIPSIS 19:17-21. En este lugar se han encontrado 26 estratos de ruinas arqueológicas, o sea, 26 civilizaciones anteriores y todas, o cada una de ellas sin excepción, muestren distintos vestigios de guerras; y es el lugar del mundo, conocido históricamente, como el único donde se han librado más y muy importantes guerras entre naciones. También es importante al respecto, saber que el pueblo de Israel en ese lugar sostuvo grandes guerras que fueron decisivas contra otras naciones (JUECES 5:19,20; 2REYES 9:27; 23:29). Cómo no ha de ser significativo que allí se hayan librado más guerras que en cualquier otro lugar del mundo, en un período de 2540 años, del 608 a.C. hasta 1945 d.C., y de entre ellas, tres de las más grandes e importantes entre naciones. Además, también con respecto a lo que estamos tratando, es muy significativo que ese lugar se conozca como "Asamblea de tropas y Reunión de Tropas", una perfecta similitud con APOCALIPSIS 19:17-21, y le da sentido de relación lo que dice APOCALIPSIS 16:16.

Si la guerra llamada "Armagedón" no será en ese lugar, ¿dónde enjuiciará el Rey de reyes y señor de señores, a todos sus enemigos?

No hay porqué desubicarse, el Señor Jesús es el dueño de todo el planeta, Él en un momento puede convertirlo en un terrible Armagedón y nada más con una batalla como esta de APOCALIPSIS 19. Armagedón es la palabra más apropiada para referirse a todo el planeta sacudido por el enorme estruendo de todas las naciones airadas (11:18), todas influenciadas por la furia del gran dragón y dispuestas para la guerra contra el grande y poderoso Rey de reyes, quien nada más con la espada de su boca controlará todos los equipos de guerra y sofocará toda la acción de sus enemigos.

Ningún país poderoso del mundo, aunque pueda presumir del más sofisticado arsenal bélico nuclear, podrá resistir la ira del Cordero en el gran día de su grande y gloriosa manifestación. Por más airadas que las naciones tomen la iniciativa contra el Cordero, el gran Rey de reyes con estruendosa voz de mando dará las órdenes y sus ángeles entrarán en acción contra todas las naciones enemigas y esas naciones ni siquiera podrán imaginar de qué lado les estará lloviendo; y por fin, el séptimo ángel derrama su copa por el aire y se oye una voz desde el templo del cielo, del trono, diciendo: Hecho está (APOCALIPSIS 16:17-21; 19:11-21). Se terminó la prevaricación, la corrupción, la injusticia y todo tipo de maldad en la tierra.

Ahora, algo interesante, el Armagedón no es el fin del mundo, es solamente el juicio contra todo el liderazgo de las naciones. Todavía faltan otras cosas por cumplirse en nuestro planeta. Falta el encarcelamiento de satanás, el milenio, que satanás salga de su prisión para engañar a las naciones a fin de reunirlas para la batalla contra los santos y la ciudad amada, la destrucción total y definitiva de todas las naciones con fuego del cielo, el juicio final. Entonces, Armagedón es un evento que sucede al retorno del Señor Jesús, en el juicio de las naciones y antes del milenio.

¿Cómo puedes asegurar que eso será así como dices?

El comentario anterior es parte de lo que se anunció en el capítulo 11:15-18. Las naciones airadas se alistaron para la batalla de aquel gran día del Dios Todopoderoso, y Juan vio que el Rey de reyes los reunió en el lugar que en hebreo se llama Armagedón, será una batalla de todas las naciones del mundo contra el Rey de reyes y Señor de señores. En el (11:18) dice: "*Y se airaron las naciones, y tu ira ha venido, y el tiempo de juzgar a los muertos, y de dar el galardón a tus siervos los profetas, a los santos, y a los que temen tu nombre, a los pequeños y a los grandes, y de destruir a los que destruyen la tierra*". Esto es suficiente para entender que se trata de lo mismo, que es parte de todo lo que está incluido en el retorno del Señor Jesús, en el gran advenimiento del Rey de reyes y Señor de señores.

Capítulo 17.

Hermano, ¿sigue la enumeración de los mismos acontecimientos?

Lo que veremos en este capítulo 17 es la continuación del capítulo 16.

Uno de los siete ángeles que tenían las siete copas, le muestra a Juan la sentencia contra la gran ramera, la que está sentada sobre muchas aguas con la cual han fornicado todos los reyes de la tierra, y los moradores de la tierra se han embriagado con el vino de su fornicación. Para que Juan sepa de qué se trata y pueda informar a la Iglesia, el ángel lo lleva en el espíritu al desierto y le muestra una mujer sentada sobre una bestia escarlata llena de nombres de blasfemia, que tenía siete cabezas y diez cuernos. Y la mujer estaba vestida de púrpura y escarlata, adornada de oro, de piedras preciosas y de perlas, y tenía en la mano un cáliz de oro lleno de abominaciones y la inmundicia de su fornicación; y en su frente un nombre escrito, un misterio: BABILONIA LA GRANDE, LA MADRE DE LAS RAMERAS Y DE LAS ABOMINACIONES DE LA TIERRA.

¿Por qué aún con la interpretación del ángel, se dificulta tanto este capítulo 17? ¿Cómo está todo eso?

Versículo 7. Juan se asombró. El ángel le dijo a Juan: "*¿Por qué te asombras? Yo te diré el misterio de la mujer, y de la bestia que la trae, la cual tiene las siete cabezas y los diez cuernos. Esto es lo que Dios quiere que sepas para que se lo expliques a otros para que todos lo sepan*".

El ángel interpreta el misterio de la mujer y la bestia.

"*La bestia que has visto, era, y no es; y está para subir del abismo e ir a perdición; y los moradores de la tierra, aquellos cuyos nombres no están escritos desde la fundación del mundo en el libro de la vida, se asombrarán viendo la bestia que era y no es, y será*" (Apocalipsis 13:4-8. 17:9). Esto para la mente que tenga sabiduría; las siete cabezas son siete montes, sobre los cuales se sienta la mujer. "*Versículo 10. Y son siete reyes. Cinco de ellos han caído; uno es, y el otro aún no ha venido; y cuando venga, es necesario que dure breve tiempo. Versículo 11. La bestia que era, y no es, es también el octavo; y es de entre los siete, y va a la perdición. Versículo 12. Y los diez cuernos que has visto, son diez reyes que aún no han recibido reino; pero por una hora recibirán autoridad como reyes juntamente con la bestia. Estos tienen un mismo propósito, y entregarán su poder y su autoridad a la bestia".*

La bestia que has visto era. Era de siete cabezas y no es; ahora es de una sola cabeza y dos cuernos y habla como dragón 13;11. y será, de todas maneras, será, aunque con diferente presentación, pero es la misma fórmula. Aquí dice que está para subir del abismo e ir a perdición. Es el dragón, la serpiente antigua que es el diablo y satanás (2ª TESALONICENSES 2:1-10).

Que las siete cabezas son siete montes sobre los cuales se sienta la mujer. Roma está asentada literalmente sobre siete colinas, o montes. Se refiere al imperio romano que como poder político representa a los demás imperios, por eso dice: son siete reyes. Dios nos muestra a la ramera sentada sobre los siete reyes o imperios (DANIEL 7:17-25), son los imperios mundiales ya mencionados más arriba.

Cinco de ellos han caído: el Egipcio, el Asirio, el Babilónico, el Medo-Persa, el Griego. Para cuando se le dio a Juan esa revelación ya habían pasado a la historia estos cinco imperios. Uno es, o uno está en el momento que el ángel le explica la revelación a Juan, el imperio romano, que en ese momento está dominando al mundo de su tiempo. Con ese son seis y está todavía vigente, no ha desaparecido y no me refiero a ningún símbolo, es literalmente el mismo imperio romano. El otro aún no ha venido, este durará breve tiempo. Esa bestia que vendrá será el séptimo, pero en realidad será también el octavo y es de entre los siete y va a perdición. ¿Por qué el octavo después de los seis reinos humanos que son hasta el romano?

El que debe seguir es el reino de Cristo, el verdadero séptimo, el celestial, pero el impostor trata de ganar el espacio al Rey de reyes y se interpone como otro imperio.

Versículo 12. Los diez cuernos que has visto, son diez reyes que aún no han recibido reino, por una hora recibirán autoridad como reyes juntamente con la bestia. En DANIEL 7:7,8,25, APOCALIPSIS 12:3; 13:1 así como en este capítulo 17 se habla de estos diez cuernos que son diez reyes. Aquí dice que le entregarán su poder y autoridad a la bestia. Además, todo eso se refiere al imperio romano. Estos diez reyes o reinos, o sea, bloques de naciones, tienen un mismo propósito, le van a entregar su poder y su autoridad a la bestia. De allí en adelante la bestia ,que ahora es el dragón humanizado, será el único gobernante en el Nuevo Orden Mundial. Así se efectuará la tan deseada globalización.

1. ¿Qué es una ramera? Dios califica a Israel como ramera. ISAÍAS 1;21, dice: "*¿Cómo te has convertido en ramera, oh ciudad fiel? Llena estuvo de justicia, en ella habitó la equidad; pero ahora, los homicida*s". EZEQUIEL 16:30, dice: "*¡Cuán inconstante es tu corazón, dice Jehová el Señor, habiendo hecho todas estas cosas, obras de una ramera desvergonzada, edificando tus lugares altos en toda cabeza de camino y haciendo tus altares en todas las plazas! Y no fuiste semejante a una ramera, en que menospreciaste la paga, sino como mujer adúltera, que en lugar de su marido recibe ajenos. A todas las rameras les dan dones, mas tú diste tus dones a todos tus enamorados; y les diste presentes, para que de todas partes se llegasen a ti en tus fornicaciones. Por tanto, ramera, oye palabra* *de Jehová*". OSEAS 9:1, dice: "*No te alegres, oh Israel, hasta saltar de gozo como los pueblos, pues has fornicado apartándote de tu Dios; amaste salario de ramera en todas las eras de trigo*".

2. ¿Qué significa muchas aguas? Muchas aguas es igual a mucha gente (VERSÍCULO 15). Con la cual han fornicado los reyes de la tierra y los moradores de la tierra se han embriagado con el vino de su fornicación.

3. **La fornicación** queda explicada en las referencias anteriores: Isaías, Ezequiel y Oseas.

Versículo 3b. Sentada sobre una bestia escarlata. Si ella va sobre la bestia, ella es la que lleva las riendas de la bestia y esa bestia tiene que ir a donde la dirija quien lleve las riendas. Ahora, si la bestia es el poder político (DANIEL 7:17) es la mujer quien dirige al poder político.

3c. La bestia era de color escarlata, un color rojo intenso. Era de un tinte muy costoso, nada más los reyes y ciertos de la realeza lo podían lucir como adorno. Su costo se debía al origen del tinte. Era extraído de la cochinilla del nopal, su tamaño era muy pequeño, como el de una chinche, y poco su tinte. Se necesitaban muchos de esos animalitos y reunir la cantidad necesaria para teñir las prendas de lana fina o lino exageradamente recargadas de adornos de distintas formas, todo eso resultaba excesivamente laborioso y sumamente costoso y nada más los reyes y los gobernantes podían usarlo por ser demasiado caro. Entonces ¿Qué representa la bestia? Al poder político.

4. La mujer estaba vestida de púrpura y escarlata. El color púrpura es de otro tinte costoso. Se extrae de un molusco marino que segrega una pequeñísima cantidad de tinte amarillento, el que al contacto con el aire toma el color verdoso, el cual se cambia en rojo y se convierte en un violeta de tono oscuro. Los antiguos combinaban tintas de varias especies de moluscos parecidos para teñir prendas de lana fina o de lino. Estas prendas, por su costo, únicamente los reyes, gobernantes y sumos sacerdotes las podían lucir. Es por eso que estos colores llegaron ser símbolo de la realeza.

5. La mujer sobre esa bestia escarlata llena de nombres de blasfemia, que tenía siete cabezas y diez cuernos. La mujer vestida de púrpura y escarlata y adornada de oro, de piedras preciosas y de perlas. Dios nos está informado que la ramera ha controlado a todo el sistema político desde el principio. Con la ramera y su vestimenta de púrpura y escarlata nos muestra que ella es la reina en toda la trayectoria del poder político desde el inicio hasta su final. La forma más clara para entender lo del poder político a cargo de los humanos en toda la historia del mundo, se resume en siete imperios que son: El Egipcio, el Asirio, el Babilónico, el Medo-Persa, el Griego y el Romano, esto es lo que Dios ha estado viendo desde que el dragón le arrebató al primer hombre los derechos de gobernar. La pregunta lógica es: ¿Por qué seis, si la bestia muestra siete cabezas? La respuesta está un poco más adelante.

Tenía en su mano un cáliz de oro lleno de las abominaciones y de la inmundicia de su fornicación y en su frente un escrito: Babilonia la grande, la madre de las rameras y de las abominaciones de la tierra. Ebria de la sangre de los santos, y de sangre de los mártires de Jesús; y cuando la vi, quedé asombrado. La ramera es básicamente la responsable de todo el gran mal en el planeta que Dios creó.

El imperio romano actualmente se encuentra en todo el mundo, Roma como ciudad, en estos días es más que todo representativa, sin embargo, no quedará sin castigo. Todas las naciones son fragmentos del imperio romano y la ramera también se encuentra en todas las naciones del mundo. Lo que históricamente se sabe al respecto, es que, en algunas monedas romanas, antiguas, Roma aparecía asentada sobre siete lomas o montes; en la leyenda de esas monedas se reflejaba el inconsciente timonear de los monarcas que han liderado los imperios.

En este video, Dios nos está presentando un resumen de todo el movimiento político mundial manejado por satanás. Aquí se nos está informando acerca de dos poderes mundiales, ambos adversarios coludidos contra Dios, los que han existido desde aquel entonces: "La mujer y el dragón". La Eva madre de los vivientes que ocasionó que Adán se hiciera pecado por amor a ella. Dios, nos muestra a la gran babilonia como una mujer, como la Madre de las Rameras del mundo, con todas sus formas de religión falsa y todo el elevado número de sus desvíos.

La ramera.

Para tener conceptos claros de todo ese resumen que parece difícil, tenemos que irnos por partes. Primero, debemos revisar lo que se refiere a la mujer, la misteriosa ramera. Necesitamos aclarar la relación que existe entre esa mujer ramera, la bestia y el dragón.

Observemos el siguiente dato: Dios llama ramera; infiel, falsa y traidora a la nación de Israel, al verla irse tras los ídolos o dioses de las naciones vecinas y vivir una vida y placentera sin tomar en cuenta la voluntad de su hacedor (Isaías 1:21-23; Ezequiel 16:1-58; Oseas capítulos 3-14). No obstante, cuando se refiere a esta nación, Israel, siempre termina dándole esperanza de volverla a su redil (Isaías 1:24-27;43:1-8; Ezequiel 16:1-59-63; Oseas 3:1-5).

En cambio, al referirse a Babilonia, dice: *"Ha caído, ha caído Babilonia (14:8.) Y la gran Babilonia vino en memoria delante de Dios, para darle el cáliz del ardor de su ira (16:19). Ha caído, ha caído la gran babilonia y se ha hecho habitación de demonios y guarida de todo espíritu inmundo (18:2). Y los diez cuernos o reyes que viste en la bestia, estos aborrecerán a la ramera, y la dejarán desolada y desnuda; y devorarán sus carnes, y la quemarán con fuego; porque Dios ha puesto en sus corazones el ejecutar lo que Él quiso: ponerse de acuerdo y dar su reino a la bestia* (el reino de la ramera) *hasta que se cumplan las palabras de Dios* (Versículos 16 y 17)". Ya se le acabó su poder y grandeza y ya no podrá llevar las riendas de la bestia, los sistemas de gobiernos de todos los tiempos desde Adán hasta hoy, no se podrá lucir sentada sobre la bestia de siete cabezas y diez cuernos, porque se ha llegado su fin.

La mujer, adornada de oro, de piedras preciosas, y de perlas, y tenía en la mano un cáliz de oro lleno de abominaciones y de la inmundicia de su fornicación, y en su frente un nombre escrito, un misterio: BABILONIA LA GRANDE, LA MADRE DE LAS RAMERAS Y DE LAS ABOMINACIONES DE LA TIERRA. De acuerdo con los filólogos y los lingüistas semíticos, la palabra babilonia significa confusión. Entendiendo bien esto, podemos saber quién es esa Babilonia que se menciona en Apocalipsis. Es la perfecta representación de la religión falsa y de toda la confusión religiosa en general y la desinformación política en todo el mundo. Es el principal instrumento del dragón, quien la utiliza para fomentar la confusión y el desorden en todas las esferas de la sociedad humana. Esta no es precisamente una denominación religiosa, esta influye en todas las denominaciones y en todos los sistemas operativos del mundo entero. Esta religión falsa es la protagonista de toda la enorme y enredada madeja de confusión que ha tenido y tiene envuelto a todo el mundo. Es la que crea las motivaciones en las iniciativas malévolas, es el organismo patógeno que está infestando a todos los organismos hospedadores en todos los medios donde se le permite entrar.

En la sede de la ONU (Organización de Las Naciones Unidas), el organismo político más grande y más significativo de la élite mundial, que representa a 193 países de los 195 reconocidos y bien documentados, desde hace más de cincuenta años viene operando la "Nueva Era", que es una "Sociedad Teosófica", fundada en el año 1875, en Nueva York, por una mujer rusa. Su identidad es confusa, por sus muchas y muy complejas fachadas y su trenzada madeja de religiones falsas. A finales del año 1999, se unió un grupo de líderes religiosos radicales, entre ellos la URI, los líderes de la famosa Nueva Era y otros, en lo que llamaron "Cumbre del Milenio", cuyos objetivos fueron proponer los nuevos roles de la ONU para el siguiente siglo y dar mayor aceleración a los trabajos sobre la creación de lo que quieren que sea la única religión del mundo, a la vez, con el propósito de establecer una asamblea permanente de la estatura y la visibilidad de las Naciones Unidas.

El presidente de la URI, el Reverendo Charles Gibbs, describe a su organización como un socio espiritual de las Naciones Unidas. Ellos se afanan en sostener los temas políticos más controversiales de hoy: los derechos homosexuales, matrimonios igualitarios, apoyan la práctica del control demográfico, el aborto, la anticoncepción, etc. Si esto no es religión falsa, ¿cómo se le podría llamar? Si no está unida la religión falsa con la política, ¿qué significan todos los movimientos religiosos que están operando dentro de los sistemas gubernamentales y centros de mando en todos los países del mundo?

Todo lo que está sucediendo en el mundo actual está planeado a la perfección, lo están haciendo seres humanos que, sin saberlo, cumplen lo que Dios desde hace mucho tiempo nos reveló en su palabra escrita. La confusión en todos los órdenes de la vida de la sociedad humana es la máxima función de la ramera que reina sobre los reyes de la tierra (APOCALIPSIS 17:18). Así trabaja la triada diabólica: Religión falsa, bestia y dragón. Entre todas las reuniones de líderes de los sectores empresariales y políticos del mundo, estará el sector religioso, tanto de las cinco religiones mundiales más importantes, así como varias de las religiones más pequeñas. Los líderes de estas religiones están trabajando en la ONU para el establecimiento de la Asamblea permanente que quieren que sea de la estatura y la visibilidad de las Naciones Unidas, donde las religiones del mundo y las comunidades espirituales se reúnan diariamente.

Otra confusión es que el Vaticano promueve el ecumenismo religioso, a la vez que condena a la URI. Señalándole que "El sincretismo religioso es un error teológico. Por esa razón el Pontificio

Consejo para el Diálogo Interreligioso no aprueba la Iniciativa para las Religiones Unidas ni colabora con ella". ¿Qué es esto sino también otra confusión más? ¿O pretende el vaticano que en el ecumenismo religioso todos se sometan a su teología?

Por otro lado, según la fuente citada, en el año 2018 se cuentan casi dos mil millones de adeptos en la religión Musulmana, esta es la de más rápido crecimiento que se está extendiendo en todo el planeta y muchos de ellos están alcanzando un alto grado de influencia sobre todos los gobiernos del mundo.

Se entiende que la llamada ramera ha sido pueblo de Dios que le ha dado la espalda y se ha vuelto a la idolatría, a la fornicación y a la inmundicia. Comenzó bien, pero ha dejado a Dios y se ha ido en pos de la idolatría (COLOSENSES 3:5). El riesgo de caer en la apostasía es inminente, al descuidar nuestra relación con Dios en nuestra vida espiritual, o sea, que le demos la espalda a Él por ir en pos de otros dioses; sea cual sea la forma, el tamaño o el material que se use para hacer los dioses, los hemos hecho a nuestra propia conveniencia, ídolos a los cuales nos inclinamos más que al verdadero Dios nuestro creador. Esa es la identificación de la ramera. A eso se refirió Cristo en términos concretos cuando dijo: *"No todo el que me dice: Señor, Señor, entrará en el reino de los cielos, sino el que hace la voluntad de mi Padre que está en los cielos. Muchos me dirán en aquel día: Señor, Señor, ¿No profetizamos en tu nombre, y en tu nombre echamos fuera demonios, y en tu nombre hicimos muchos milagros? Y entonces les declararé: Nunca os conocí; apartaos de mí, hacedores de maldad"* (MATEO 7:21-23).

En Apocalipsis 2:20-23, se le dice al ángel de la iglesia de Tiatira, *"pero tengo unas pocas cosas contra ti: que toleras que esa mujer
Jezabel, que se dice profetisa, enseñe y seduzca a mis siervos a fornicar
y a comer cosas sacrificadas a los ídolos. Le he dado tiempo para que se
arrepienta, pero no quiere arrepentirse de su fornicación. He aquí, yo la
arrojo en cama, y en gran tribulación a los que con ella adulteran, si no
se arrepienten de las obras de ella. Y a sus hijos heriré de muerte, y todas
las iglesias sabrán que Yo soy el que escudriña la mente y el corazón; y
daré a cada uno según sus obras"*. Jezabel estaba en la iglesia de Tiatira,
esta iglesia representa el cuarto período de la historia de la Iglesia,
conocido como la Edad Media, el más largo de todos los períodos
de la historia después de Cristo, se inicia en el siglo V y finaliza en
el XV, mil años de duración. ¿Quién es esa Jezabel? Una mujer que
estaba dentro de esa congregación contaminando a todos los fieles
de la Iglesia del Señor. Tiatira es la que representa a las personas,
a todas las confesiones; denominaciones, organizaciones, grupos y
congregaciones de la Iglesia del Señor en todos los tiempos, todas
las hijas de la madre de las rameras de la tierra.

Observemos el versículo 24, la conjunción adversativa,
"pero", contrapone este concepto al anterior y dice: *"Pero a vosotros
y a los demás que están en Tiatira, a cuantos no tienen esa doctrina y
no han conocido lo que ellos llaman las profundidades de satanás, yo os
digo: no impondrás otra carga; pero lo que tenéis, retenedlo hasta que yo
venga"*. Notemos que el Señor hace una diferenciación dentro de
iglesia, separando a los fieles de los falsos. Por otra parte, con la
expresión; "Retenedlo hasta que yo venga", nos está indicando que
su mirada se proyecta hacia adelante, más allá de la iglesia local en

Tiatira, está mirando hasta el final del recorrido de su Iglesia por el mundo, hasta que Él regrese para dar el galardón a sus siervos. Su mensaje no fue solo para la iglesia de Tiatira, porque esa iglesia no duraría literalmente hasta el regreso del Señor. Lo interesante es que al tomar a los fieles como representativos de su Iglesia en el futuro, también de la misma manera está tomando a Jezabel como representativa de los infieles, como la madre de las rameras, como la maestra que está enseñando a fornicar a los que la sigan. En el cristianismo en general, es bien sabido que en alguna parte y en algún momento algo se principió mal. ¿Hasta dónde llegará y cómo terminará ese mal?

En el período de la Iglesia apostólica, comenzaron a brotar algunas corrientes de pensamiento cristiano sutilmente matizadas con ideas filosóficas de la época, al mismo tiempo estas confusiones avanzaron a la par con el cristianismo hasta la triste deformación de la doctrina pura, la que Cristo en su ministerio estableció entre su naciente Iglesia. La confusión se vino agigantando desde el año 313 d.C. con ese llamado edicto de tolerancia decretado por Constantino I, a lo que se sumó su declaración en el año 325 en el concilio de Nicea y más tarde con el edicto firmado en Tesalónica el 27 de febrero del año 380 d.C., por Graciano Augusto y el emperador romano de occidente Valentino II, en su quinto consulado, y también firmado por Teodosio emperador romano de oriente, en su primer consulado, quien a la vez lo promulgó el 3 de marzo de ese año 380, y en el año 391 el mismo Teodosio, basado en el edicto de Tesalónica, proclama, categórica y solemnemente, que el cristianismo es la religión oficial del imperio romano. Que toda religión pagana o culto a otros dioses será castigado. Al respecto, San Ambrosio pidió que se respetara la vida de las personas y que solo se destruyeran los templos y las imágenes de los dioses paganos. La verdad histórica ofrece otra versión respecto a la forma cruel e indigna como se ejecutó a los cristianos inconformes con los cambios doctrinales y las formas de conducta alejados de las enseñanzas del Maestro, el Señor Jesucristo.

Con base en el documento de Tesalónica, quedó oficialmente establecido el cristianismo como la religión del Imperio romano, pero conforme al patrón establecido por los teólogos oficiales. La doctrina básica ya estaba matizada con la filosofía griega y la conducta cristiana confundida con prácticas paganas. Se presentaron cambios notables, por ejemplo: La estructura orgánica de la iglesia inicial había sido: apóstoles, presbíteros y los diáconos. Después de la declaración de Teodosio, la Iglesia cambia y toma la nueva estructura jerárquica: papa, obispos, presbíteros y diáconos. Para este tiempo, el filósofo griego y teólogo, muy conocido como Agustín de Hipona, ya figuraba en el ámbito cristiano de la época y partiendo de allí se desarrolló una mezcla de cristianismo y filosofía platónica salpicada de esoterismo. Agustín llegó a ser altamente reconocido como el doctor de la Iglesia y desde el año 395, por más de mil años, su pensamiento teológico fue el rector de la Iglesia católica romana, Agustín quedó considerado el máximo pensador de la iglesia y así es reconocido hasta hoy.

El problema para los cristianos leales fue que la teología de Agustín de Hipona constituyó una combinación de cristianismo y filosofía platónica. Para completar la olla, en el año 538 d.C. el emperador romano de oriente Flavius Petrus Sabattius Justinianus (Justiniano) facultó al obispo de Roma para ser el jefe universal de la Iglesia, este período se extendió, por decir algo aproximado, hasta el año 1,517 cuando explotó y se definió el movimiento de Reforma de la Iglesia. A esto podemos seguir agregando datos, pero creo que, para el buen entendedor, con pocas palabras. Además, esto está ampliamente explicado en el desarrollo del capítulo 13 de Apocalipsis (Historia de la Iglesia Católica Romana. Pedro Brunori La iglesia católica: fundamentos, personas, instituciones. Editorial, Madrid: Rialp, 2000).

¿Por qué Dios llama la Madre de las Rameras a esa Babilonia y le agrega otros calificativos? ¿Qué significa eso?

Si entendemos que ramera es un calificativo que en la Biblia se usa para una mujer fornicaria y adúltera, nos damos cuenta de lo siguiente: Si alguien ama a una persona, a un grupo de personas o a una nación y hace todo lo que está de su parte para favorecerlos, sin embargo, a ellos no les importa lo que se ha hecho en su favor y en lugar de reconocerlo y tratar de agradecerle, le son desleales, falsos y traidores, ¿qué calificativo merecen? Para entender bien esto, debemos leer todo el capítulo 16 de Ezequiel y el libro de Oseas capítulos 1-14. Dios llama a Babilonia, la grande, la madre de las rameras, porque no solo se ha corrompido ella, también ha corrompido a otras. Hay muchos grupos en el mundo que de una u otra manera profesan y practican la religión falsa. Dios ha hecho tantas cosas en favor de sus creaturas; a favor de Israel como nación, a favor de muchos que reciben sus beneficios y de muchos cristianos que han apostatado de la fe, dándole la espalda a su creador y salvador, se han vuelto a las religiones falsas. Dios como su creador que los ama, quiere que todos puedan vivir felices y tranquilos bajo su cuidado y protección, en comunión con Él, y ellos se alejan de Él y no les importa ajustarse a su voluntad ni quieren agradarle, adorando a otros dioses, ídolos que de nada les van a servir, esa nación, o esa denominación, o grupo, se convierten en una ramera, falsa, traidora e infiel. A todos los de esa clase, Dios los llama rameras, a los que se cubren con las falsas hojas de higuera, esa religión falsa que ha venido envolviendo a la gran mayoría de la población del mundo entero (ROMANOS 1:18-32).

La bestia de siete cabezas.

En los capítulos 12:3-17:13 y 17 de Apocalipsis, se ve al dragón en varias actuaciones y asociándose con la bestia. En el capítulo 12:3,4, Dios viste al dragón disfrazado con siete cabezas y diez cuernos, de manera que podamos identificarlo con la bestia, de esa manera nos informa que ese dragón siempre ha dirigido a todos los sistemas políticos del mundo (LUCAS 4:5-7; JUAN 12:31;14:30 2ª CORINTIOS 4:4; EFESIOS 2:1-10;1ª JUAN 5:19). En el 12:17, el dragón, al ver que no pudo hacer nada contra la mujer que dio a luz al Hijo varón que regirá con vara de hierro a todas las naciones, lleno de ira se fue a hacer guerra contra el resto de la descendencia de ella, los que guardan los mandamientos de Dios y tienen el testimonio de Jesucristo.

Dios nos construye la maqueta completa de todo el proceso político en la historia del mundo; una bestia con siete cabezas y diez cuernos y una de sus cabezas estaba herida. Ningún imperio quedó herido y después vivió como se ve en este capítulo 13, lo único que vemos es que el imperio romano se dividió (DANIEL 2:41). Esa división es la misma que ve DANIEL, CAPÍTULO 7, en los diez cuernos de la cuarta bestia, y vio que de entre los diez cuernos surgió un cuerno pequeño que hablaba grandezas contra el Altísimo. Si buscamos por concordancia bíblica, el retoño que brotó de la cuarta bestia que vio DANIEL 7:7,8,21-25, lo encontramos en APOCALIPSIS 13:4-8 (2ª TESALONI- CENSES 2:4,8,10). Vemos que la bestia que sana de la herida, o sea, que se unifica y otra vez, toma la forma de imperio, y no es otro, es el mismo imperio romano que estaba dividido y es unificado y revita- lizado. Dios arma la figura adecuada para ayudarnos a entender el definitivo y claro consorcio leonino que se inicia entre el ambicioso dragón y los grandes políticos del mundo.

La bestia que era, ya no es y será.

La bestia de siete cabezas, la que era (la que conocían), la que re- presenta siete imperios mundiales, la que tenía una de sus cabezas herida, la que se veía muy fragmentada, dividida en pequeños reinos llamados naciones o países, la que los moradores de la tierra veían débil, difusa y vaga, de momento dicen: esta bestia ya no es la mis- ma, ha cambiado. ¿Qué pasó?, pues la intervención del dragón que vemos en el capítulo 13, el que se humanó y se hizo hombre, la ha transformado, sí es la misma bestia, porque sigue siendo el imperio romano, pero ha cambiado tanto su aspecto como su espíritu. Al darle el dragón a la bestia herida; su poder, su trono y grande autoridad ella sana de su herida, ya no está dividida. Su enfermedad era la división, pero ya sanó y toda la tierra se maravilla en pos de la bestia, la adoran y adoran al dragón que dio gran autoridad a la bestia. Debido a estos cambios, a esta transformación, los moradores de la tierra, aquellos cuyos nombres no están escritos desde la fundación del mundo en el libro de la vida, se asombran viendo la bestia que "era". Resulta que es muy diferente, ya no está herida, no se le nota debilidad, es otra. ¡No "es"! ¿Por qué? Es que ahora el dragón es quien manipula el gran imperio romano que se está reiniciando en su tercera etapa, por eso se le dice a Juan que esta bestia no es y será, ¿Cómo es que será? Porque aunque sea de otra manera, el imperio romano continuará, no es otro imperio, solo que manipulado por satanás.

Sabiendo que es el mismo imperio romano que "era", y viendo que al reiniciarse es muy diferente, en realidad, a fondo "no es" la misma bestia, porque el dragón es el espíritu de esta bestia y él es el gobernante, pero por el hecho de ser un gobierno global para todos los humanos, es decir, un gobierno mundial y que es el imperio romano en su tercera etapa, entonces, aunque no parezca la misma bestia, sin embargo "será" la misma.

El abismo.

La bestia que has visto está para subir del abismo. ¿A cuál abismo se refiere? El abismo que está sirviendo de habitación provisional de satanás, el que después también será su propia cárcel. Sabemos que esto es una revelación y no un misterio. Una revelación es una información que se hace con el propósito de hacer saber, o de alertar, de advertir sobre algo que se desconoce y que representa riesgos, por lo que hay que tomarla en cuenta.

Iniciemos revisando el contenido en APOCALIPSIS 9:1-11. En los versículos 1,2, se menciona un abismo. Leyendo todo el texto hasta el versículo 11, nos informamos que a una estrella que cayó del cielo se le permitió residir en un abismo y en el momento se le dio la llave de ese lugar, eso significa que se le permitió cierta autoridad, pero no se le entregó el lugar como un regalo. Desde allí desplaza a todos sus ejércitos quienes tienen la misión de recorrer la tierra en sus múltiples y malignas actividades. En el versículo 11, leemos que esa estrella es un ángel, y ahora pasa a ser el ángel del abismo, y es el rey de esas huestes malignas; el nombre de este ángel, en hebreo es Abadón y en griego Apollyón, el mismo nombre en dos idiomas, y en los dos significa destructor.

Por la información en este pasaje, más lo que el Señor Jesús dijo, según Juan 10:10, donde se refiere al destructor, se trata del mismo y entendemos que no es nadie más que satanás, quien también recorre la tierra (JOB 1:6,7). Con esto ya tenemos la información básica. Entonces en el capítulo 11:7 DE APOCALIPSIS, esta misma bestia sube del abismo, hace guerra contra los dos testigos, los vencerá y los matará. Este abismo de donde sube la bestia o está para subir, es el mismo que se menciona en APOCALIPSIS 17:8, y dos veces en el 20:1-3. Concluimos que estas citas, se refieren al mismo abismo donde reside el dragón, de donde sube esa bestia y a donde tendrá que ir a prisión y después, saldrá de allí a su definitiva perdición. Entonces concluimos que, el abismo es la residencia que se le proporcionó provisionalmente a satanás, y donde por mil años estará bajo arraigo domiciliario, mientras se levanta la última parte de la cosecha, los que se hallen escritos en el libro de la vida.

La bestia que sube del abismo.

Esa bestia que sube del abismo, es la misma de la que ya hemos venido hablando, pero con esta declaración nos damos cuenta del momento en el que definitivamente se inicia la tercera y última etapa del imperio romano, es su resurgimiento, el reino fugaz con el dragón que ahora presume ser el supremo gobernante del séptimo imperio, o sea, la misma bestia ya transformada.

¿Por qué dice que "es también el octavo; y es de entre los siete"?

En el versículo 11 dice: "*La bestia que era, y no es, es también el octavo; y es de entre los siete, y va a perdición*". Se está refiriendo a la misma bestia que vio Juan, la que ahora se ve transformada, capítulo 13. Al decir que es el octavo se nos está informando que este no es parte del plan de Dios, porque en el plan divino de los siglos nada más son siete, seis grandes reinos humanos y el verdadero séptimo Reino, el del Señor Jesucristo. Él es el dueño del planeta y su verdadero gobernante, no tiene porqué formar parte del ramillete de siete cabezas en la bestia que vio Juan, ni se podrá confundir con los imperios influenciados por el dragón. Porque la bestia que Dios muestra en

APOCALIPSIS 13, contando los dos imperios anteriores, más los cuatro que vio Daniel, suman seis imperios mundiales humanos, entre estos está el siete, pero en realidad no es el séptimo, viene a ser el octavo, o sea, otro. Estos son los que Dios eliminará, aquí no está el verdadero séptimo, el Reino perfecto que está en el plan de Dios, el Reino celestial, el que operará en todo el séptimo milenio con Cristo a la cabeza, DANIEL 2:34,35,44,45; 7:9-14,26,27.

Los diez cuernos.

Referente a lo que hemos venido analizando, aquí en APOCALIPSIS 17:12,13, dice: Y los diez cuernos que has visto, son diez reyes, que aún no han recibido reino; pero por una hora recibirán autoridad juntamente con la bestia. Estos entregarán su poder y su autoridad a la bestia. En el versículo 16 de este capítulo 17, donde se refiere a la ramera, también los diez cuernos de la bestia desempeñan su correspondiente función; aborrecerán a la ramera, y la dejarán desolada y desnuda; devorarán sus carnes, y la quemarán con fuego; porque Dios ha puesto en sus corazones el ejecutar lo que Él quiso; ponerse de acuerdo y dar su reino (el reino de la ramera 17:18) a la bestia, hasta que se cumplan las palabras de Dios. Se ve con toda claridad cómo dios enjuicia y pone en orden todos los desajustes que por tanto tiempo han existido el mundo.

Entonces, atando cabos, estos diez cuernos citados en Daniel 7, en Apocalipsis 13, y en este capítulo 17, son los mismos diez que significan diez reinos que se levantarán de la cuarta bestia que vio Daniel, o sea, el sexto de los imperios mundiales que Dios ha estado viendo desde el principio.

Estos reinos organizados en bloques, desde hace un tiempo para acá ya se han venido conformando, por supuesto que con cierto disfraz: el económico y político. Estos ya son noticias mundiales de actualidad y llegarán hasta formar reinos o bloques de países que por intereses comunes se unirán. Al parecer, con intereses y objetivos diferentes unos de otros, pero en esencia todos llevan el mismo rumbo y todos llegarán al mismo fin. Para ejemplo de estos reinos, bien podemos citar algo ya muy conocido como bloques económicos: Los Estados Unidos Europeos, y otros que se han estado fraguando. Por ejemplo: El acuerdo firmado el año 2005, en la Universidad Baylor de Waco, TX. por los presidentes: George W. Bush, de los Estados Unidos de América, Vicente Fox de México y Paul Martin de Canadá. Este acuerdo que fue modificado y firmado el día 30 de Noviembre, 2018, en la cumbre del G20 en Buenos Aires Argentina, por el Presidente Donald Trump, de Estados Unidos de América, Enrique Peña Nieto presidente saliente de México y Justin Pierre James Trudeau, primer ministro de Canadá, y otros que están en proceso de gestación, como el BRICS. La verdad es que ya se pueden vislumbrar cerca de diez bloques político-económicos, en todo el mundo. Estos tienen un mismo propósito en el plan de Dios, entregarán su poder y su autoridad al último régimen gubernamental, el Nuevo Orden Mundial, atizado con la política de la globalización y todos los programas que querramos o no, ya están en acción. Estos se pondrán a disposición del grande y muy reconocido magnate mundial y lo apoyarán contra el Rey de reyes y Señor de señores (APOCALIPSIS 17:12-14).

¿Cómo pueden funcionar esos bloques si cada país tiene su presidente, primer ministro, o rey?

Pienso que es como todas las cosas que se forman en la naturaleza, con sus líneas conducentes y tolerantes necesarias para su despolarización, y en este caso serán los conceptos y las posturas de las partes en el proceso de fusión, o en otros casos, según los fines que se persigan.

Al respecto, andando por allá, tuve la oportunidad de platicar con una persona que es oficial, no recuerdo de qué, allí en el Parlamento Europeo, en Bruselas, Bélgica, entre otras cosas, le pregunté: ¿Cómo funciona el Parlamento Europeo, siendo que Bruselas es la capital de Bélgica y a la vez también capital de La Unión Europea? Me contestó lo siguiente: "Se trata de algo muy complejo, pero funcional. La Unión Europea ha venido desarrollando un comunitario europeo, único en el mundo, este se rige por mecanismos y procedimientos de funcionamiento interno muy complejos, que han venido evolucionado a lo largo de su historia hasta conformar, actualmente, un sistema híbrido de gobierno transnacional difícilmente homologable, que combina elementos muy próximos a la cooperación multilateral con otros que son bastante supranacionales, pero a pesar de eso, la Unión Europea está muy fuertemente estructurada y muy bien institucionalizada". Esa respuesta, me hizo pensar en el cómo van a funcionar los bloques multinacionales que actualmente están en proceso de formación y la facilidad con que en un momento se unirán para cumplir con los propósitos de Dios.

Así es como funcionará cada uno de los diez bloques que corresponden al sexto imperio mundial, mejor unificado que los otros cinco anteriores, los cinco que ya han caído, y estos diez bloques serán los que entregarán su poder y su autoridad a la bestia que representa el séptimo imperio (17:9-14)

¿Qué son los siete montes?

Los siete montes representan siete reyes. Estas figuras son el resumen final de los sistemas de gobierno que han operado en el mundo por todos los tiempos desde que Adán perdió su señorío. Dios nos muestra a grandes rasgos todo lo que ha sucedido, sucede y sucederá en el ámbito político desde entonces hasta el final. Dándonos a entender, primero, que debemos estar seguros que Roma es todavía una ciudad metropolitana, a la vez la capital de Italia, que esta ciudad fue y aún está geográficamente asentada o situada sobre siete colinas, o montes, como también se les ha llamado.

Roma era el imperio mundial cuando Juan recibió la revelación del Apocalipsis, estaba operando todavía en su primera etapa, la monarquía. Si alguien quisiera decir que esta gran ciudad no fue seleccionada por previa determinación Divina, de todos modos, se puede decir que es la más idónea para ilustrar lo que Dios quiere enseñarnos; literal y físicamente está asentada sobre siete montes o colinas que representan a los siete imperios, y las demás características incluyendo la clase de gobierno que era en ese momento, y que ha sido y es hasta la fecha.

El imperio romano es el último en turno de todos los imperios mundiales, el que está representado por el hierro en la estatua que soñó el rey Nabucodonosor y por la cuarta bestia en las visiones de Daniel (DANIEL 2:40) y hasta hoy todavía el hierro sigue avanzando mezclado con el barro, es el mismo imperio mundial, aquel cuyo emperador, en el año 391 d.C. en base al Edicto de Tesalónica, declaró al cristianismo como su religión oficial, uniendo a la iglesia con la bestia, esto, en esencia, no se ha cambiado. El Vaticano es una Ciudad-Estado dentro de la ciudad de Roma, un Estado en toda forma y debidamente reconocido ante la comunidad de naciones, con toda la participación política en igualdad de circunstancias como todas las demás.

Aunque se diga que el papa es solo un observador en la ONU, la verdad es que el papa es el jefe de Estado del Vaticano ante las Naciones Unidas; sin embargo, a la vez es el Sumo Pontífice de la llamada Santa Sede de Dios en la tierra. Extraño signo de superioridad, reconocido ante las ciento noventa y tres naciones que integran la ONU. Además, el papa es el jefe de la iglesia que tiene una población de mil ochocientos millones de católicos en todo el mundo, es el que está a la cabeza del CONCILIO ECUMÉNICO MUNDIAL DE IGLESIAS, al que pertenecen también las iglesias evangélicas liberales, es EL JEFE MÁXIMO DEL CONSEJO MUNDIAL DE IGLESIAS. Es una maravillosa sinergia política-religiosa. Suficiente base para que sea tomada por Dios como la ideal ilustración, para mostrarnos en resumen toda la confusión en el sistema de gobierno mundial como Él lo está viendo desde Adán hasta la fecha. Observemos que Dios no solamente está viendo a Roma, Él está viendo todas las características del imperio romano, que está en el alto grado de representación del gobierno que siempre ha operado y sigue operando en el planeta desde Adán (EFESIOS 2:2; 1ªJUAN 5:19) y nos revela todo lo que ha sido, lo que es y lo que será en el futuro.

Capítulo 18.

Este capítulo 18 no se debe separar del 17, es continuación. Aquí se presentan las escenas que describen la caída de la ramera, la gran Babilonia. Es muy revelador el que se mencione repetidas veces la caída de este grande y despreciable monstruo; en el capítulo 14:8, se anuncia su caída y se señala que ha hecho beber a todas las naciones del vino del furor de su fornicación. En el 16:19 se dice que la gran babilonia vino en memoria delante de Dios, para darle el cáliz del vino del furor de su ira. En el capítulo 17: 3-18 se exhibe públicamente sentada sobre la bestia escarlata y se describe su sentencia. En el 18 se escucha la definitiva declaración de caída de Babilonia. Otro ángel desciende del cielo con gran poder y la tierra fue alumbrada con su gloria, y clamó con voz en potente, diciendo: Ha caído, ha caído la gran Babilonia, se ha hecho habitación de demonios y guarida de todo espíritu inmundo y albergue de toda ave inmunda y aborrecible. Porque todas las naciones han bebido del vino del furor de su fornicación; y los reyes de la tierra ha fornicado con ella, y los mercaderes de la tierra se han enriquecido de la potencia de sus deleites.

¿A quién se refiere la expresión: Salid de ella, pueblo mío, para que no seáis partícipes de sus pecados?

Es un llamado a su pueblo a todos los que están en las congregaciones donde opera la ramera. Actualmente muchas congregaciones han sido afectadas por la ramera y el Señor conoce a los cristianos fieles que sufren en ese ambiente y les ordena salir de ese medio que afecta la vida espiritual.

¿Quién le va a dar a Babilonia, la ramera, el doble de lo que ella dio?

El señor está ordenando a los ángeles que están comisionados para ejecutar los castigos y les dice: *"Dadle a ella como ella os ha dado, y pagadle doble según sus obras; en el cáliz en que ella preparó bebida, prepáradle a ella doble. Cuanto ella se ha glorificado y ha vivido en deleites, tanto dadle de tormento y llanto; porque dice en su corazón: Yo estoy sentada como reina, y no soy viuda, y no veré llanto; por lo cual en un solo día vendrán sus plagas; muerte, llanto, y hambre, y será quemada con fuego; porque poderoso es Dios el Señor que la Juzga"*.

En el capítulo 19:2, refiriendo lo sucedido en el 18, dice: pues ha juzgado a la gran ramera que ha corrompido la tierra con su fornicación y vengado la sangre de sus siervos de la mano de ella.

El señor describe la increíble delincuencia de Babilonia y el daño que ha hecho a todas las naciones que han participado del vino de su fornicación, señala a los reyes de la tierra y a los mercaderes y a todos los que se han enriquecido con la potencia de sus deleites. Por lo cual en un solo día vendrán sus plagas: muerte, llanto y hambre y será quemada con fuego; porque poderoso es Dios el Señor, que la juzga. Se describe a los reyes de la tierra lamentando y llorando cuando ven el humo de su incendio, y diciendo: ¡Ay, ay de la ciudad de Babilonia, la ciudad fuerte; porque en una hora vino su juicio! Se lamentan por la gran pérdida de todas las riquezas, de todos los objetos preciosos, exquisitos y espléndidos que nunca hallará. Se escucha el lloro y el lamento de todos sus admiradores de todo el mundo. Se oyen voces que dicen: alégrate sobre ella, cielo, y vosotros, santos, apóstoles y profetas; porque Dios os ha hecho justicia en ella.

Un ángel poderoso tomó una piedra, como una gran piedra de molino y la arrojó en el mar, diciendo: Con el mismo ímpetu será derribada Babilonia, la gran ciudad y nunca más será hallada. Se hace una descripción de todo lo que se oía que ya nunca más se oirá en ella. Por tus hechicerías fueron engañadas todas las naciones. Y en ella se halló la sangre de los profetas, y de los santos, y de todos los que han sido muertos en la tierra. Un amplísimo y tremendo veredicto con su descripción de cargos y la descripción de su horrendo y merecido juicio, que demuestra la verdadera justicia del Dios que es lento para la ira y grande en misericordia. Voz de arpistas, de músicos, de flautistas y de trompeteros no se oirá más en ti; y ningún artífice de oficio alguno se hallará más en ti, ni ruido de molino se oirá más en ti, ni voz de esposo y de esposa se oirá más en ti; porque tus mercaderes eran los grandes de la tierra; pues por tus hechicerías fueron engañadas todas las naciones. En ella se halló la sangre de los profetas y de los santos y de todos los que ha sido muertos en la tierra.

Así será el fin de la Gran Babilonia, la madre de las rameras de todo el mundo. Ya no habrá más guerras mundiales, no habrá persecución contra los justos que ha sido chivos expiatorios, ni morirán profetas ni santos que han tratado de vivir conforme a la voluntad de Dios. Se acabó la injusticia, y la maldad en general.

Capítulo 19.

Esta parte del Apocalipsis bíblico, enmarcada en este capítulo diecinueve, es definitiva en esta revelación. En las escenas que se ven aquí se resume todo el escenario de la tercera parte del libro de apocalipsis, la que se inicia en el capítulo 11:15 con el toque de la séptima trompeta. En estas escenas es donde se ve la consumación de todo lo anunciado en los sellos y las trompetas. Y aquí por fin hemos llegado hasta donde tanto deseábamos llegar, donde vemos la gloriosa manifestación del REY DE REYES Y SEÑOR DE SEÑORES, el que tanto hemos estado esperando. Hasta que se llegó el momento de la manifestación de la justicia del Dios Todopoderoso.

Se está oyendo el ruido de una gran multitud, se escucha como una gran fiesta, alabanzas y adoración a Dios, y con estruendosas manifestaciones de júbilo y alegría, se celebra la gran aparición del Cordero glorificado. Se oye que dicen: ¡Aleluya! Salvación y honra y gloria y poder son del Señor Dios nuestro.

¿Cómo se puede entender que en este capítulo se termina todo lo relacionado con el imperio romano y el sistema de gobierno humano?

La primera observación en este capítulo es que dice: Después de esto (19:1). Lo importante de esa expresión es que al decir, Después de esto, nos obliga a entender que aunque los hechos siguientes son continuación, no se deben confundir con lo que ya sucedió antes. En este video se nos están presentando escenas diferentes, lo primero es que se escuchan voces y alabanzas que decían: ¡Aleluya! Salvación y honra y gloria y poder son del Señor nuestro; porque sus juicios son verdaderos y justos; pues ha juzgado a la gran ramera. Y otra vez se oye que dijeron: ¡Aleluya! Y el humo de ella sube por los siglos de los siglos. Así se le acaba toda su fiesta a la grande y famosa ramera, ya no se volverá a oír nada más acerca de ella.

Lo siguiente: Y los veinticuatro ancianos y los cuatro seres vivientes se postraron en tierra y adoraron a Dios, que está sentado en el trono (4:4-6). Todos los reyes terrenales y sus reinos con sus tronos se acabarán y Él es el único que está sentado en el trono, Él es el Rey de los reyes y no hay nadie que pueda presumir más de ser el rey de la tierra. Se oyen muchas voces, una gran multitud, decían: ¡Aleluya, porque el Señor nuestro Dios Todopoderoso reina! Gocémonos y alegrémonos y démosle gloria: porque han llegado las bodas del Cordero y su esposa se ha preparado. Y a ella se le ha concedido que se vista de lino fino, limpio y resplandeciente; porque el lino fino representa las acciones justas de los santos. Estamos ante la más grande de todas las fiestas que podamos imaginarnos, todo es alegría, júbilo y regocijo, es la celebración de la llegada de lo que con tanto anhelo hemos esperado. Y el ángel me dijo, escribe: Bienaventurados los que son llamados a las bodas del Cordero. Y me dijo: estas son palabras verdaderas de Dios.

Se oyen gritos de júbilo, se aplaude y se vitorea, mientras los cronistas relatan la tan anunciada y deseada aparición de EL VERBO DE DIOS. Se abre el cielo y principia a dibujarse la figura de un inmaculado caballo blanco, majestuoso y más imponente que un avión presidencial, el Rey que lo monta es incorruptible, santo, divino y se llama Fiel y Verdadero. Y con justicia juzga y pelea. Sus ojos son como llama de fuego y en su cabeza había muchas diademas; y tenía un Nombre escrito que ninguno conocía sino Él mismo. Este si es el auténtico jinete del verdadero caballo blanco y no el de aquel caballo blanqueado como los sepulcros que el Señor mencionó en los reproches que hizo a la hipocresía (MATEO 23:27). Que no nos engañen las apariencias, cuidado con los artísticos disfraces del gran padre de la mentira. Necesitamos en nuestro diario vivir proponernos a detectar esos engañosos artificios, para poder notar la diferencia entre la mentira y la verdad. El engaño ha prevalecido y ha vencido desde el principio, y siempre adoptando distintos camuflajes, por eso existe la posibilidad de que engañe aún a los escogidos (MATEO 24:24).

Este inconfundible jinete estaba vestido de una ropa teñida en sangre y su nombre es EL VERBO DE DIOS. Y los ejércitos celestiales, vestidos de lino finísimo, blanco y limpio, le seguían todos en caballos blancos. De su boca sale una espada aguda, para herir con ella a las naciones y Él las regirá con vara de hierro; nadie más gobernará si no es con el Supremo Rey de reyes. Él pisa el lagar del vino del furor de la ira del Dios Todopoderoso. Y en su vestidura y en su muslo tiene escrito este nombre: REY DE REYES Y SEÑOR DE SEÑORES.

El falso gobernante humano, ese engendro diabólico y todos sus ciegos seguidores, llegan hasta el descomunal y monstruoso atrevimiento de enfrentarse a pelear contra el REY DE REYES Y SEÑOR DE SEÑORES, en su humillante derrota no les queda otra más que aceptar fracasados que definitivamente no pudieron contra su Creador.

No hubo tiempo ni manera de que alguien se pudiera defender. En realidad no hubo ninguna batalla, nadie tuvo tiempo de levantar ni siquiera una mano, sin embargo se llama la gran batalla de Armagedón, simplemente por el hecho de que todas las naciones se organizaron y se dispusieron para pelear la batalla contra el Dios Todopoderoso, intentando destruir y acabar con su creador, pero después de tanto prepararse y de tanto instrumento de guerra, en un instante quedaron liquidados. Se ha terminado el momento de las justas ejecuciones contra los rebeldes, su triste final no da lugar ni tiempo para funerales ni sepelios.

"Vi a un ángel que estaba en pie en el sol, y clamó a gran voz, diciendo a todas las aves en medio del cielo: venid, y congregaos a la gran cena de Dios, para que comáis carne de reyes y de capitanes y carne de fuertes, carnes de caballos y de sus jinetes y carnes de todos, libres y esclavos, pequeños y grandes. Y vi a la bestia, a los reyes de la tierra y a sus ejércitos, reunidos para guerrear contra el que montaba el caballo y contra su ejército. Y la bestia fue apresada (los gobernantes) *y con ella el falso*

profeta que había hecho delante de ella las señales con las cuales había engañado a los que recibieron la marca de la bestia y habían adorado su imagen (se acaba la bestia en todas sus formas y en la persona del falso usurpador, el dragón que es el diablo y satanás humanizado). *Estos dos* (todos los gobernantes del mundo y el falso profeta que es el espíritu encarnado del dragón) *fueron lanzados vivos dentro de un lago de fuego que arde con azufre. Y los demás fueron muertos con la espada que salía de la boca del que montaba el caballo y todas las aves se saciaron de las carnes de ellos".* (APOCALIPSIS 19:11-21). Este es el fin de todos los sistemas de gobierno humano.

Con ese pretenso séptimo imperio se acabó la tercera y última etapa del imperio romano que tanto había durado. Ese séptimo imperio, el octavo reino, el que sale de entre los siete imperios mundiales, el cuerno pequeño de la cuarta bestia que vio Daniel. Este falso profeta imitador que actúa como si fuera el Cristo gobernando y haciendo maravillas, pero engañando a los moradores de la tierra con las señales que se le ha permitido hacer en presencia de la bestia, terminará en un lago de fuego de donde nunca podrá salir. (APOCALIPSIS 13: 11- 18)

¡Qué bien! ¿Pero mientras? ¿Antes de ser lanzado a ese lago de fuego, qué hará?

Pues, mientras se le llega el momento, siendo él ese inicuo cuyo advenimiento es por obra de satanás, con gran poder y señales y prodigios mentirosos tendrá atractivo para engañar al mundo entero, al que no esté espiritualmente preparado para reconocer sus artimañas (2ªJUAN 1:7; 2ªTESALONICENSES 2:1-10 (9): APOCALIPSIS 13:11-18).

Capítulo 20.

El final de la tercera parte de la estructura del libro de Apocalipsis.

Hermano, ¿este capítulo es todavía continuación de los anteriores que venimos revisando, o cambiamos a otros temas?

El tema de la tercera parte del libro de Apocalipsis es el mismo desde el capítulo 11:15, hasta APOCALIPSIS 22:21. Todo esto todavía es referente a la segunda venida de Cristo; el juicio sobre las naciones y el establecimiento de su reino con pleno Señorío en todo el planeta. En APOCALIPSIS 10:5-7, dice que el ángel que estaba parado sobre el mar y sobre la tierra, levantó su mano al cielo y juró por el que vive por los siglos de los siglos, el que creó el cielo y las cosas que están en él y la tierra y las cosas que están en ella y el mar y las cosas que están en él, que el tiempo no será más, sino que en los días de la voz del séptimo ángel, cuando él comience a tocar la trompeta, el misterio de Dios se consumará, cómo Él lo anunció a sus siervos los profetas. Esta es la última trompeta (10:7;15;11:15) porque se tocará la final trompeta (1ªCORINTIOS 15:52; 1ªTESALONICENSES 4:16) y es la misma trompeta que menciona ISAÍAS 27:13, cada cita se refiere a lo mismo: la segunda venida del Señor de señores.

El Apocalipsis bíblico es el libro de los finales, son siete trompetas, en Apocalipsis (8:7) hay siete ángeles y a cada uno se le dio su trompeta para tocarla y cada toque emite un mensaje, el séptimo es de la final trompeta, al toque de esta séptima y última trompeta el misterio de Dios se consumará, como Él lo anunció a sus siervos los profetas. Esto se aclara muy bien, si se lee 1ªTESALONICENSES 4 DESDE EL VERSÍCULO 13 HASTA EL 5:11, lo que sigue no está fuera del tema, es una exhortación para que vivamos a la expectativa del toque de la final trompeta, la venida del Rey de reyes y Señor de señores. Lo enfatiza 1ªCORINTIOS 15:51-58. En la segunda carta a los cristianos tesalonicenses, capítulo dos, les recuerda y los orienta respecto a la reunión con Él (2ªTESALONICENSES 2:1-17, recordándoles lo que ya antes se les impartió).

En el capítulo 11:15-18 se resume todo lo que implica la segunda venida del Señor Jesucristo como el Rey de reyes, hechos que se irán presentando en el orden que Dios los tiene establecidos y en este capítulo 20, continuación del 19, se inicia el segundo video de la tercera parte del libro de Apocalipsis, con su respectivo escenario. Este es el último video y contiene todas las escenas que muestran el definitivo control Del Rey de reyes y Señor de señores sobre todo el planeta tierra. Inicia su gobierno celestial y su dominio se extiende por toda su creación. En estos capítulos del 20:1 al 22:21 se ven las actuaciones del Rey de reyes; pone en prisión a satanás por mil años, se establecen tronos donde se sientan los que reciben la facultad de juzgar, los mártires resucitan; la segunda muerte no tiene potestad sobre estos sino que serán sacerdotes de Dios y de Cristo y reinarán con Él mil años. Los otros muertos no volvieron a vivir hasta que se cumplan mil años (20:5). Cuando los mil años se cumplan satanás será suelto de su prisión, y saldrá a engañar a las naciones que están en los cuatro ángulos de la tierra, a Gog y a Magog, a fin de reunirlos para la batalla; el número de los cuales es como la arena del mar.

"Y subieron sobre la anchura de la tierra, y rodearon el campamento de los santos y la ciudad amada; y de Dios desciende fuego del cielo, y los consumió. Y el diablo que los engañaba fue lanzado en un lago de fuego y azufre, donde estaban la bestia y el falso profeta; y serán atormentados día y noche por los siglos de los siglos. Se ve *un gran trono blanco y al que está sentado en él, no se vieron ni la tierra ni el cielo; se vieron los muertos* (resucitaron) *grandes y pequeños, de pie ante Dios; y los libros fueron abiertos y otro libro fue abierto, el cual es el de la vida; se juzgan a los muertos por las cosas que estaban escritas en los libros, según sus obras. El mar entregó los muertos que estaban en él; la muerte y el Hades entregaron los muertos que estaban en ellos; y fueron juzgados cada uno según sus obras. Y la muerte y el Hades fueron lanzados al lago de fuego. Esta es la muerte segunda. Y el que no se halló inscrito en el libro de la vida fue lanzado al lago de fuego".*

¿Quiénes son esos Gog y Magog que aparecen después del milenio?

Magog, en hebreo se escribe "מגוג", y en griego Μαγωγ. En la tabla de naciones, es el nombre del segundo hijo de Jafet, GÉNESIS 10:2, y en 1ºCRÓNICAS 1:5, se confirma la descendencia de Adán, pasando el diluvio por el puente de Noé y sus hijos: Sem, Cam y Jafet; los que poblaron el mundo después del diluvio. Se entiende que Magog funda una nación, por lo que también llega a ser el nombre de ese territorio donde la fundó. Ese nombre está compuesto por el prefijo Ma, que significa tierra en el idioma hebreo. En este idioma, "Ma" y Mi", se usan con el sentido de, "lugar de". Puede ser reino o nación, que está situada, se dice que en el extremo norte del mundo. Se menciona combinada con Gog, el nombre del más reconocido Monarca de esa nación, o territorio. Magog hijo de Jafet, como fundador de esa nación que resultó quedar en un territorio al lado norte de Israel, él fue quien hizo que a dicha nación se le llamara con su nombre: "Magog". Pasando el tiempo, en el desarrollo de esa nación aparece un líder llamado Gog, nombre que deriva de su madre patria, Magog.

En la Biblia, Magog se menciona 5 veces, cuatro en el Antiguo Testamento y una vez en el Nuevo, en APOCALIPSIS 20:8. En Ezequiel capítulos 38 y 39, se menciona dos veces como una nación regida por su respectivo soberano Gog. Ese territorio o región es vecina por el lado norte, de otras naciones que están ubicadas al norte de Israel. Según esa profecía de Ezequiel capítulos 38 y 39, en esa región es donde se orquestará, antes del milenio, una invasión contra Israel, la que se pretende ser devastadora, pero que al fin será frustrada, en la cual Magog sí será devastada por el verdadero y único gran Rey de esa pequeña nación israelita, la que ha sido tan odiada y maltratada y que no obstante, se sigue llamando Israel.

Observemos esta expresión que se refiere a satanás después de que sale de su prisión: APOCALIPSIS 20:8. Y saldrá a engañar a las naciones que están en los cuatro ángulos de la tierra, a Gog y a Magog, a fin de reunirlos para la batalla; el número de los cuales es como la arena del mar.

Si observamos bien, nos damos cuenta que la expresión Gog y Magog está entre dos comas, no hay ninguna conjunción, esas comas están haciendo la función de paréntesis aclaratorio. Con esa expresión no se está agregando contenido al texto, solo se está calificando a todo el conjunto de naciones enemigas de Dios, eso es lo que aquí se está tratando, o explicando. En este caso se está refiriendo a todo el conjunto de naciones enemigas de Dios. Todas las que al igual que Gog y Magog se rebelaron contra Dios, o sea, las naciones que se unen haciendo alianza con el dragón; la serpiente antigua que es el diablo y satanás. Si se quiere entender de otra manera, entonces nada más Gog y Magog, sería el que está extendido sobre los cuatro ángulos de la tierra, su número como la arena del mar. Estas naciones serán las que reúnen para poyar al dragón en su última batalla. Valga la repetición, esa expresión en este capítulo es solo un calificativo para las naciones que se han atrevido a enfrentarse al Dios Todopoderoso y que terminarán como Gog y Magog. No es precisamente que se esté refiriendo a la profecía de EZEQUIEL 38 Y 39 como que también forme parte de este juicio. Se está refiriendo a todas las naciones que se encuentran sobre los cuatro puntos cardinales de la tierra sin especificar a ninguna en particular, y si entre ellas van habitantes de Magog, solo van entre todas esas naciones con las que Dios por fin, ya tiene que dar por terminado el gran conflicto y arreglar con ellas un último asuntito.

El diablo, cuando ya se siente suelto de su prisión, presumirá una batalla más en contra de su creador en la que envuelve a todos los que por engaño lo siguieron después del milenio. Esta será su última batalla, en la que terminará en su más grande derrota con el amargo sabor a un eterno y triste final en el lago de fuego y sus seguidores estarán con él (MATEO 25:41).

¿Entonces cuando será la batalla de Gog y Magog contra Israel, según lo que se lee en Ezequiel 38 y 39?

Ahora, con la anterior aclaración estoy comprometido a explicar, en este mismo capítulo, cuando en realidad será la batalla de Gog y Magog y su confederación, contra el pueblo de Israel. Se ha discutido mucho argumentando que si es parte de la gran tribulación, que si es antes, o al inicio, o entre, o al final de la gran tribulación, o si es antes o después del arrebatamiento de la Iglesia.

Como se trata de una explicación cuyos datos no se pueden encontrar en otra parte más que en la misma Biblia. Lo más lógico es buscar en ella tal explicación.

Con relación al tiempo cuando Gog y su gran ejército y toda su confederación, ataquen al pueblo de Israel, dice que será al fin de los tiempos. En Ezequiel 38:8, dice Dios: De aquí a muchos días, y al cabo de años. En el versículo 16, dice: "*Subirás contra mi pueblo Israel como nublado para cubrir la tierra; será al cabo de los días*". Esto nos ubica en el tiempo aproximado al fin de los sistemas gubernamentales existentes en la actualidad.

En el mismo versículo 8, dice: "*Vendrás a la tierra salvada de la espada, recogida de muchos pueblos, a los montes de Israel, que siempre fueron una desolación; mas fue sacada de las naciones, y todos ellos morarán confiadamente*". El pueblo de Israel estará tranquilo y confiado, habitando sin muros, ni cerrojo ni puertas, en tierras que fueron desiertas, pero que ya están pobladas. En el versículo 11 dice: "*Dirás: subiré contra una tierra indefensa, contra gente tranquila que habitan confiadamente; Todos ellos habitan sin muros y no tienen ce-*

rrojos ni puertas". En el 12 dice: *"para arrebatar despojos y para tomar botín, para poner tus manos sobre las tierras desiertas ya pobladas y sobre el pueblo recogido de entre las naciones, que se hace de ganado y posesiones, que mora en la parte central de la tierra* (El ombligo de la tierra, RVR1909) 13) *Te dirán: ¿Has reunido tu multitud para tomar botín, para quitar plata y oro, para tomar ganados y posesiones, para tomar grandes despojos?"* (39:25-29).

Notemos que estas declaraciones indican que será después de que se acabe la dispersión del poder del pueblo santo (Daniel 12:7), cuando todos ellos estén en su tierra y después que los gentiles al mando del dragón los dejen en paz. Aquí es el momento en el que se ve que Israel se siente seguro. Gog con sus ejércitos crucen el Río Éufrates, es cuando se dice: y se airaron las naciones, Apocalipsis 11:18. Aquí se está dando mucha información, pero nada se hará antes de que se cumpla la profecía de Ezequiel 37:1-14,15-28; Jeremías 32:37; Daniel 12:1,7. Cuando el pueblo de Israel esté ya en su tierra, no será después del juicio de las naciones cuando dice que se airaron y que serán divinamente ejecutadas. Se entiende que por tres años y medio al dragón se le permitirá pisotear al pueblo de Israel y la santa ciudad de Jerusalén. Apocalipsis 11:1-3; 12:6,14;17; 13:4-9. Si nos fijamos bien, vemos que después de dejar en paz a Israel, lleno de ira se va a guerrear contra el resto de la descendencia de la mujer (12:17), y al tomar el poder político actúa contra el resto de la descendencia de la mujer, con autoridad por cuarenta y dos meses. (13:5-8) Por cuarenta y dos meses persiguió a Israel y por otros cuarenta y dos meses persiguió al resto de la descendencia de la mujer (Siete Años).

"*Dice que Israel está salvado de la espada, recogido de muchos pueblos, sacado de entre las naciones, que mora confiadamente, que estará tranquilo, sin muros y sin cerrojos ni puertas, que tendrá ganado y posesiones, que mora en la parte central de la tierra, que habitan con seguridad, le dice a Gog: Vendrás contra ellos al cabo de los días, cuando Yo sea santificado en ti, oh Magog*". Esto indica que será después de la actuación del Dragón contra Israel, el anticristo cuando ya los haya dejado en paz. APOCALIPSIS 11:1,2; LUCAS 21:24, Y 2ª TESALONICENSES 2:3,4. Cuando viendo que no pudo hacer nada, decepcionado y lleno de ira se retire a hacer guerra contra el resto de la descendencia de ella, los que guardan los mandamientos de Dios y tienen el testimonio de Jesucristo (APOCALIPSIS 12:17). Entonces, esto será cuando ya todo el pueblo de Israel esté reunido en el territorio que Jehová Dios les ha heredado; en paz y tranquilidad (DEUTERONOMIO 26:1; EZEQUIEL 38:10-12;39:9-16).

¿Entonces esas expresiones: Al fin de los tiempos, de aquí a muchos días, al cabo de años, se refieren al toque de la séptima trompeta, según Apocalipsis 10:5-7?

No precisamente, pero tiene que ser alrededor de o en esos tiempos, cuando se tenga que ejecutar al dragón que arremete (el anticristo) contra Israel (LUCAS 21:24; APOCALIPSIS 11:1,2), porque en la invasión de Gog con su gente de Magog y toda la confederación de naciones, Israel estará en paz y tranquilidad en su territorio ya librados de la espada, y les dice el Señor Jehová que no esconderá más su rostro de ellos porque habrá derramado su Espíritu sobre la casa de Israel (EZEQUIEL 39:29). Ellos no sufrirán nada en este intento de invasión porque Dios no permitirá que sea tocado por Gog ningún israelita, Él mismo se enfrentará a Gog con sus poderosas y grandes manifestaciones, tanto que no les dará tiempo ni siquiera para tocar a un solo israelita.

¿Entonces el Pueblo de Israel no saldrá pelear contra Gog en esa batalla?

No, para Israel serán momentos de fiesta. En el 39:9, dice: "*Y los moradores de las ciudades de Israel saldrán, y encenderán y quemarán armas, escudos, paveses, arcos y saetas, dardos de mano y lanzas; y los quemarán en el fuego por siete años, 11) En aquel tiempo Yo daré a Gog lugar para sepultura allí en Israel, el valle de los que pasan al oriente del mar; obstruirá el paso a los transeúntes, pues allí enterrarán a Gog. La casa de Israel los estará enterrando por siete meses, para limpiar la tierra. Este no es el tiempo de angustia, cual nunca fue desde que hubo gente hasta entonces*" (DANIEL 12:1; MATEO 24:21; APOCALIPSIS 11:1,2). No se refiere a eso, la invasión de Gog no dañará en lo absoluto a Israel.

Capítulo 21.

Los capítulos 21 y 22 son informativos por excelencia, no tenemos nada que interpretar, solamente creer lo que dicen y por supuesto entender que especialmente los materiales, las medidas y otras cosas, todo está descrito usando lo que nosotros conocemos bien, para ayudarnos en nuestra comprensión, pero eso sí, todo es superior a lo que se conoce en este planeta pisoteado, manejado y maltratado por el diablo y por hombre.

Principiaré por afirmar que, decir nuevo, no tiene que significar sustitución o reemplazo de lo anterior, no es otro en todo el sentido del término, puede ser cambio o una verdadera y profunda transformación (JUAN 3:3; EFESIOS 4:24; ECLESIASTÉS 1:9). Juan ve un cielo y una tierra diferentes, nada que ver con lo que conocemos, eso ya pasó. Todas las cosas tienen que ser diferentes en todos los sentidos. Juan vio la santa ciudad, la nueva Jerusalén, descender del cielo de Dios, dispuesta como una esposa ataviada para su marido. Y oí una gran voz del cielo que decía: He aquí el tabernáculo de Dios con los hombres y Él morará con ellos; y ellos serán su pueblo y Dios mismo estará con ellos como su Dios.

Premios.

Enjugará Dios toda lágrima de los ojos de ellos y ya no habrá muerte, ni habrá más llanto, ni clamor, ni dolor; porque ya todo eso pasó. Y el que estaba sentado en el trono dijo: "*He aquí yo hago nuevas todas las cosas. Y me dijo: Escribe; porque estas palabras son fieles y verdaderas. Y me dijo: Hecho está*" (Firma: Yo Soy el alfa y la omega, el principio y el fin).

"*Al que tuviere sed, yo le daré gratuitamente de la fuente del agua de vida. El que venciere heredará todas las cosas, y seré su Dios, y él será mi hijo*".

A los que no les importan los premios.

El que venciere heredará todas las cosas (VERSÍCULO 8). Los que se mencionan enseguida no podrán recibir los premios, porque no vencieron, vencer es igual a ejercer voluntad para hacer lo que se debe hacer. Pero los cobardes e incrédulos, los abominables y homicidas, los fornicarios y hechiceros, los idólatras y todos los mentirosos tendrán su parte en el lago de fuego que arde con fuego y azufre, que es la muerte segunda. Después de morir físicamente hay otra muerte, la verdadera, la eterna, no es una aniquilación, es una separación eterna de Dios, con plena conciencia de la realidad que no quisieron creer antes de morir físicamente.

La nueva Jerusalén.

Versículo 9. *"Vino entonces a mí uno de los siete ángeles que tenían las siete copas llenas de las siete plagas postreras (CAPÍTULO 15) y habló conmigo diciendo: Ven acá, yo te mostraré la desposada, la esposa del Cordero. Y me llevó en el espíritu a un monte grande y alto y me mostró la gran ciudad santa de Jerusalén, que descendía del cielo de Dios"* (VERSÍCULO 2).

La ciudad no tiene necesidad de sol ni de luna que brillan en ella; porque la gloria de Dios la ilumina; y el Cordero es su lumbrera. Las naciones que hubieren sido salvas andarán a la luz de ella; y los reyes de la tierra traerán su gloria y honor a ella, sus puertas nunca serán cerradas de día, pues allí no habrá noche.

¿Quiénes entrarán en esa ciudad?

No entrará en ella ninguna cosa inmunda, o que haga abominación y mentira, sino solamente los que están inscritos en el libro de la vida del Cordero.

Capítulo 22.

Este capítulo es continuación del anterior y con la palabra "después", que está haciendo la función de conjunción de tiempo, como enlace o conector, indicando lo que sigue después de lo expresado antes. Por lo tanto, al principio del 22, el ángel continúa agregando información, y más adelante desarrolla la recapitulación de lo expuesto en ambos capítulos, 21 y 22, y termina con las conclusiones que definen la seguridad para los creyentes. Aquí declara la responsabilidad en el tratamiento de lo que está escrito, respecto a quitar o añadir a la información en este libro, diciendo que Dios traerá las plagas escritas en este libro y quitará su parte del libro de la vida y de la santa ciudad y de las cosas escritas en este libro.

Ya se puede respirar un nuevo ambiente en el planeta, ha sido completamente renovado en todos los aspectos; la naturaleza en general y un nuevo régimen administrativo.

"Después me mostró un río limpio de agua de vida, resplandeciente como cristal, que salía del trono de Dios y del Cordero. En medio de la calle de la ciudad, y a uno y otro lado del río, estaba el árbol de la vida, que

produce doce frutos, dando cada mes su fruto; y las hojas del árbol eran para la sanidad de las naciones. Esto indica vida y salud con permanencia continua. Habrá provisión y vida abundante y no habrá contaminación de ninguna especie, gracias a nuestro Dios".

No habrá más maldición; el trono de Dios y del Cordero estará en ella, sus siervos le servirán y verán su trono, y su nombre estará en sus frentes. No habrá allí más noche; no tienen necesidad de luz de lámpara, ni de luz del sol, porque Dios el Señor los iluminará; y reinarán por los siglos de los siglos.

Se enfatiza la venida de Cristo. Me dijo: *"Estas palabras son fieles y verdaderas. El Señor, el Dios de los espíritus de los profetas, ha enviado su ángel, para mostrar a sus siervos las cosas que deben suceder pronto. ¡He aquí, vengo pronto! Bienaventurado el que guarda las palabras de la profecía de este libro".*

Conclusión del libro de Apocalipsis.

"Yo Juan, soy el que oyó y vio estas cosas. Después que las hube oído y visto, me postré para adorar a los pies del ángel que me mostró estas cosas, pero él me dijo: Mira, no lo hagas, porque yo soy consiervo tuyo, de tus hermanos los profetas, y de los que guardan las palabras de este libro. Adora a Dios".

La orden de no sellar las palabras de esta profecía.

"Me dijo: No selles las palabras de la profecía de este libro, porque el tiempo está cerca. Que el injusto siga haciendo injusticias, que el impuro siga siendo impuro, que el justo siga practicando la justicia, y el que es santo siga guardándose santo. He aquí, yo vengo pronto y mi recompensa está conmigo para recompensar a cada uno según sea su obra" (LBLA). Es altamente maravilloso y admirable el respeto que Dios muestra a los hombres, no los obliga a que hagan lo que Él quiere, les pone delante la vida y la muerte, la bendición y la maldición, y les pide escoger la vida. Les permite a cada quien que decida bajo su propia cuenta y riesgo, lo que mejor les parezca (DEUTERONOMIO 30:19,20).

Identificación de quien envía este gran mensaje.

"Yo Soy el alfa y la omega, el principio y el fin, el primero y el último. Bienaventurados los que lavan sus vestiduras, para tener derecho al árbol

de la vida y para entrar por las puertas a la ciudad. Mas los perros estarán fuera, los hechiceros, los fornicarios, los homicidas, los idólatras y todo el que ama y practica la mentira. Yo Jesús he enviado mi ángel, para daros testimonio de estas cosas en las iglesias. Yo Soy la raíz y el linaje de David, la estrella resplandeciente de la mañana.

El Espíritu y la Esposa dicen ven, El que oye, diga: ven. El que tiene sed, venga; y el que quiera, tome del agua de la vida gratuitamente.

Yo testifico a todo aquel que oye las palabras de la profecía de este libro: Si alguno añadiere a estas cosas, Dios traerá sobre él las plagas que están escritas en este libro. Y si alguno quitare de las palabras del libro de esta profecía, Dios quitará su parte del libro de la vida y de la santa ciudad y de las cosas que están escritas en este libro. El que da testimonio de estas cosas dice: Ciertamente vengo en breve. Amén, sí, ven Señor Jesús".

Saludos a todos. La gracia de nuestro Señor Jesucristo sea con todos vosotros. Amén.

Hermano, ¿Cuál es tu verdadero propósito al presentar en público este trabajo?

Este trabajo tiene el propósito de participar en la importante campaña alertadora que de cierto tiempo para acá se ha venido intensificando, debido a la presencia de presagios indicadores de la proximidad de la segunda venida del Señor Jesucristo en Gloria y Majestad. Aunque para mí represente un considerable esfuerzo de investigación practicada en el paso de varios años, con sus costos y tiempo dedicado, digo con toda sinceridad, no existe en mí ningún ápice de pretensión de ser original, pero tampoco está basado en el insolente plagio de obras ajenas, procurando no apropiarme de ninguna de las interpretaciones existentes, y también, espero no haber cometido el daño de elaborar alguna interpretación forzada. La verdad es que el instituto bíblico abrió mi mente y se produjo un semillero de temas y los tengo guardados con el título de temas a desarrollar. Sí tengo muchas fichas bibliográficas de consultas; libros de varias corrientes escatológicas, de historia eclesiástica y obras de historia universal, todos los diccionarios que necesité consultar y sobre todo, una atenta y muy reverente consulta bíblica comparativa. Sin olvidar que todo trabajo de corte espiritual, no tendrá el mínimo de significado si no cuenta con la muy necesaria y gloriosa iluminación del Espíritu Santo, Gracias a Él, puedo dar por terminado este modesto, aunque muy laborioso intento de interpretación, con el sincero deseo de que sea de bendición para los que se interesen en leerlo.

A MANERA DE CIERRE.

Desde Comalcalco, Tabasco, México.

Luego de un insistente repaso sobre sus hojas, recuerdo aquella mañana cuando hablamos del tema, me dijo: quiero escribirlo, pero no todos estarán de acuerdo. Le dije: Debes escribirlo precisamente por eso, porque ilustrarás la mente del que piensa como del perezoso y nos darás la oportunidad de analizar tu pensamiento.

Ahora contemplo la importancia del legado. Su dicotomía en varios de los temas lo llevó a exorcizar un dualismo obsesivo, pero al fin se atrevió a dejarnos esta obra que se muestra de cuerpo entero.

En el marco de la ley del cuadro completo, la revelación contiene todo, nada le hace falta. Cual diseño perfecto se demuestra que la historia es sierva del futuro y que sin pasado no hay futuro. Por otro lado no hay futuro sin futuro. Cada espacio de la revelación demuestra que el futuro perfecto es un diseño del pasado perfecto y del presente imperfecto.

Nada se parece más a la antesala del Apocalipsis que el presente que vivimos, cada noticia que pasa nos recuerda lo inminente, cada caso, sucede lo que no había pasado, eso nos regresa al libro de la revelación de Jesucristo.

Cuando el profeta suelta el mensaje se convierte en precusor de la historia que, al cumplirse, quedará personalizado en él. Es entonces cuando escribe el ángel, antes que partiera de Edinburg a la eternidad. Hoy sabemos lo que descubrió, porque lo dejó escrito.

El problema quiliástico del menzismo, pasa desapercibido en la explicación escatológica del Dr. Pablo Sánchez. No se trata de la eternidad como un montón de tiempo indefinido. Más bien de una obra en drama que se congela en la imagen del cuadro completo. Luego de los nuevos cielos y la nueva tierra, junto al descenso de la nueva Jerusalén, seguirá el drama de los siglos planificados desde la peregrinación de Abraham, que encuentra para su descendencia -la de la arena y las estrellas- la ciudad que tiene fundamentos.

El Dr. Pablo Sánchez fue un gran amigo de mi padre, los vi platicar, discutir, frente a una taza de café a la media noche o frente a un plato de menudo al amanecer. No siempre de acuerdo, pero siempre amigos.

Ese es el gran tesoro, que podamos cruzar el apocalipsis sin perder la fe, manifestando la gracia de Dios por medio de Jesús y mantener viva la esperanza de lo que viene.

¡Maranata! ¡El Señor Viene!

Dr. Daniel de los Reyes Villarreal.

BIBLIOGRAFÍA CONSULTADA

Biblias.

BDO1,569 (1,573) RVR1,602, RVR1,862, RVR1,865, RVR1,909, RVR1,960, RVR1,977, RVACTUALIZADA 1989 RVACTUA-LI-ZADA 1,990, RVR1995, LBLA, BNC, BLPH, NVI, DHHDK.

BIBLIA DE REFERENCIA, THOMPSON

Frank Charles Thompson, D.D., Ph. D.

Editorial Vida.

SAGRADA BIBLIA

Versión Directa de los Textos Primitivos.

Por Mons. Dr. Juan Straubinger. La prensa católica. Chicago.

BIBLIA Bilingüe, Dios habla Hoy. Sociedades Bíblicas Unidas.

Comentarios.

COMENTARIO BÍBLICO MOODY

Editorial Portavoz

COMENTARIO Textual del Nuevo Testamento en Griego. (Manuscrito uncial del siglo V) Apocalipsis 13:11-18 Pags. 615 y 616. Codex Ephraemi Rescriptus, o Codice Ephraemi Syri Rescriptus. Paris, Biblioteca Nacional de Francia.

COMENTARIO EXEGÉTICO Y EXPLICATIVO DE LA BIBLIA Antiguo y Nuevo Testamentos.

R. Jamieson y Fausset.

Casa Bautista de Publicaciones.

COMENTARIO. Nuevo comentario ilustrado de la Biblia.

Earl D. Radmacher, Ronald B. Alan, H. Wayne House: Editores. Editorial Caribe.

COMENTARO BÍBLICO DEL EXPOSITOR

M A T E O D. A. Carson.

Editorial Vida.

Diccionarios.

DICCIONARIO BÍBLICO ILUSTRADO

VILA.

Editorial CLIE.

DICCIONARIO DE HISTORIA DE LA IGLESIA

Wilton M. Nelson, Editor General.

Editorial Caribe.

DICCIONARIO DE TEOLOGÍA

E.F. Harrison. G.W. Bromiley y C.F.H. Henry

DICCIONARIO. NELSON'S, New Illutrated Bible Dictionary.

General Editor, Ronald F. Youngblood.

DICCIONARIO TEOLÓGICO ILUSTRADO

Francisco Lacueva, Revisado y ampliado por Alfonso Ropero.

Editorial Clie.

DICCIONARIO. WEBSTER'S Universal Encyclopedic Dictionary.

2002 Barnes & Noble Books.

DICCIONARIO HISPÁNICO UNIVERSAL

W. M. Jackson, Inc., Editores. México.

DICCIONARIO, PEQUEÑO LAROUSSE ILUSTRADO

Ramón García-Pelayo y Gross

Ediciones Larousse

Teología

TEOLOGÍA SISTEMÁTICA. Una perspectiva Pentecostal.

Editado por Stanley M. Horton (Edición ampliada).

TEOLOGÍA SISTEMÁTICA

L. Berkof

Libros Desafío, Grand Rapids, Michigan, EE.UU.

TEOLOGÍA SISTEMÁTICA

Lewis Sperry Chafer, Tres tomos.

Publicaciones Españolas

TEOLOGÍA SISTEMÁTICA Tomo I.

James Leo Carrett

Casa Bautista de Publicaciones.

TEOLOGÍA. INTRODUCCIÓN A LA TEOLOGÍA CRISTIANA

H. Orton wiley, S.T.D. y Paul T. Culbertson, Ph.D.

Beacon Hill Press Kansas City 10, Mo., EE.UU. de A.

TEOLOGÍA BÍBLICA Y SISTEMÁTICA

Myer Pearlman

Editorial Vida, Miami, Florida.

TEOLOGÍA SISTEMÁTICA, DOS VOLÚMENES

Charles Hodge, D.D.

Editorial Clie.

TEOLOGÍA Fundamentos bíblicos de nuestra fe. Tomo 5.

Asociación Publicadora Interamericana. Gema Editores. México.

TEOLOGÍA BÁSICA

Charles C. Ryrie.

Editorial Unilit.

TEOLOGÍA. MANUAL DE TEOLOGÍA BÍBLICA

Stanton W. Richardson D.D.

Editorial Clie

TEOLOGÍA REFORMACIONAL. UN NUEVO PARADIGMA PARA HACER LA DOGMÁTICA.

Gordón J. Spykman

The Evangelical Literature League.

Jenison, MI.

TEOLOGÍA SISTEMÁTICA, INTRODUCCIÓN

G. H. Lacy.

Casa bautista de Publicaciones.

Escatología.

PROFECÍA. BIBLIA DE ESTUDIO DE PROFECÍA

Tim LaHaye.

Broadman & Holman publishers. Nashville, Tennessee.

EVENTOS DEL PORVENIR

J. Dwight Pentecost.

Editorial Vida.

ESCATOLOGÍA II

Curso de Formación Teológica, Tomo IX.

Francisco Lacueva,

Libros Clie.

ESCATOLOGÍA FINAL DE LOS TIEMPOS

José Grau.

Editorial Clie.

Hermenútica.

HERMENÉUTICA BÍBLICA

José M. Martínez

Editorial Clie.

HERMENÉUTICA

M. S. Terry

Editorial Clie

El Opus Dei

Fernando de Orbaneja

Ediciones B.

El Último Papa y el Fin de la Iglesia.

Jorge Blaschke

Editorial Lectorum

Secretos del Vaticano

Diálogo con los Protestantes

P. Flaviano Amatulli Valente

Ediciones Apóstoles de la Palabra

Historia.

HISTORIA ECLESIÁSTICA

Eusebio de Cesarea.

Editorial Clie. Colección Historia.

HISTORIA, Antiguedades y Geuerras de los Judíos.

Flavio Josefo, historiador judío.

Editorial Portavoz

HISTORIA DE LA IGLESIA CRISTIANA

Jesse Lyman Hurlbut

Editorial Vida.

HISTORIA COMPENDIADA DE LA IGLESIA CRISTIANA

Juan Fletcher Hurst.

Editorial Clie.

HISTORIA, Usos y costumbres de las tierras bíblicas.

Fred H. Wight, E. & H. Christian books. Garland, TX.

HISTORIA SAGRADA TOMO II

Henry C. Thompson.

Editorial Clie.

HISTORIA BÍBLICA

Kendell H. Fasley

Nashville, Tennessee.

HISTORIA. Historia de la Iglesia Católica Romana. La iglesia católica: fundamentos, personas, instituciones.

Pedro Brunori.

Editorial, Madrid: Rialp, 2000.

HISTRORIA, Historia de la Iglesia I.

Joseph Lortz

Ediciones Cristiandad. (2003)

HISTORIA, Historia de la Iglesia. La Iglesia antigua y medieval.

José Orlandis.

Ediciones La Palabra. (1998)

HISTORIA, Vicente Cárcel Ortí, 2003: Historia de la Iglesia. La

Iglesia en la época contemporánea.

Ediciones La Palabra. (2003)

HISTORIA UNIVERSAL

Amalia López Reyes y Jos´de Manuel Lozano Fuentes.

Compañía Editorial Continental. S.A.

HISTORIA UNIVERSAL, Antigua y Edad Media.

Editorial Porrua, Ciudad de México.

.

Dr. Pablo S. Sánchez

Nació en San Miguel de la Mora, municipio de Ciudad Mante, Tamaulipas, en 1935. Egresó de la Universidad Autónoma de Tamaulipas, México, con el título de Licenciado en Ciencias de la Educación y en la Normal Superior se tituló en Pedagogía, Psicología y Orientación Vocacional. Asistió a la Universidad Panamericana (ahora The University of Texas Rio Grande Valley) para aprender Idiomas. Trabajó en la Secretaría de Educación Pública, fue director de varias Escuelas Superiores en diversos estados de la república mexicana y maestro en el Instituto Politécnico Nacional. Eclesiásticamente obtuvo una Maestría en Consejería Bíblica Familiar en la Universidad Bautista de las Américas y un Doctorado en Teología en la Universidad de Hawái. Fue fundador y pastor, junto con su esposa Dra. Elizabeth Posada de Sánchez, por más de 30 años de la Iglesia Nuevo Nacimiento, Conferencia Latina Inc. Además fue fundador del Instituto Bíblico Emaús y Fundador de Church of God, Conferencia Latina; además de ser fundador y director de EICU (Eagles International Christian University) a través de la TACI (Transworld Accrediting Comission International) en CA, U.S.A.

Fue autor de varios libros entre los cuales destacan: **Todos podemos lograrlo, Dos en uno, Reflexiones Teológicas** y **¿Misterio o revelación?...** siendo este su último proyecto, al cual le dedicó más de cinco años de su vida. Eso sin mencionar todos los materiales didácticos para las clases de educación cristiana de las iglesias locales y materias para los institutos bíblicos.

CONTENIDO

Segunda Parte

Made in the USA
Columbia, SC
10 February 2024

31187653R00288